[CSSCI来源集刊]

Financial Law Forum

金融法苑

2018 总第九十六辑 北京大学金融法研究中心 ◎ 主办

▶ 主编：洪艳蓉 ▶ 本辑执行主编：杨文尧天

中国金融出版社

责任编辑：黄海清
责任校对：李俊英
责任印制：丁淮宾

图书在版编目（CIP）数据

金融法苑（Jinrong Fayuan）. 2018 年：总第九十六辑/北京大学金融法研究中心主办.
—北京：中国金融出版社，2018. 1
ISBN 978 - 7 - 5049 - 9406 - 6

Ⅰ. ①金…　Ⅱ. ①北…　Ⅲ. ①金融法—研究—丛刊　Ⅳ. ①D912. 280. 4 - 55

中国版本图书馆 CIP 数据核字（2018）第 016753 号

出版
发行　中国金融出版社

社址　北京市丰台区益泽路 2 号
市场开发部　(010)63266347，63805472，63439533（传真）
网上书店　http://www.chinafph.com
(010)63286832，63365686（传真）
读者服务部　(010)66070833，62568380
邮编　100071
经销　新华书店
印刷　北京市松源印刷有限公司
尺寸　185 毫米×260 毫米
印张　11. 5
字数　240 千
版次　2018 年 1 月第 1 版
印次　2018 年 1 月第 1 次印刷
定价　20. 00 元
ISBN 978 - 7 - 5049 - 9406 - 6
如出现印装错误本社负责调换　联系电话（010）63263947

致　谢

本辑出版得到深圳物明投资管理有限公司捐赠的
“《金融法苑》发展基金”的大力支持，特此致谢！

《金融法苑》

声　明

向《金融法苑》投稿即视为授权本刊将稿件纳入北京大学期刊网（www. oaj. pku. edu. cn）数据库、《中国学术期刊网络出版总库》及 CNKI 系列数据库、“北大法宝”（北大法律信息网）期刊数据库、台湾元照出版公司月旦法学知识库，超星数字期刊以及本刊确定的其他学术资源数据库和微信公众号，包括但不限于通过北京大学金融法研究中心网站（www. finlaw. pku. edu. cn）和微信公众号（“Pkufinlaw”和“北京大学金融法研究中心”）对外传播。本刊支付给作者的稿酬已包含上述数据库和微信公众号著作权使用费。如有异议，请在来稿时注明，本刊将作适当处理。

刊稿仅反映作者个人的观点，并不必然代表编辑部或者主办单位的立场。

Financial Law Forum
金融法苑
2018 总第九十六辑

目 录
Contents

专 论

证券法制

金融创新法制

金融科技法制

Financial Law Forum
金融法苑
2018 总第九十六辑

专　论

外部接入信息系统服务商非法证券经营责任研究*

■缪因知**

摘要： 第三方开发维护的外部接入信息系统提高了证券交易的效率，使更为复杂的证券交易成为可能，也引发了新的监管争议。外接系统服务商不具有独立地向证券交易所报送有效交易指令的权能，只是在证券经纪业务的外围提供信息传输和记账服务，也不从事跨账户清算交收。分仓式资管系统可以层层设立虚拟的子账户，这违反了账户实名制监管。但外接系统可实现基于客户终端信息的2.0版实名制，优于基于身份信息的1.0版实名制。股灾前，外接系统的使用方式包括配资业务的违法性不突出，并无明确地禁止提供此类系统的法律规范存在，故外接系统服务商也不构成协助开展非法证券经营业务。

关键词： 外部接入信息系统　计算机资产管理系统　第三方交易终端软件 HOMS　非法经营证券业务

一、 选题背景和主要争议

证券交易外部接入信息系统，指专业信息技术（IT）公司开发的通过互联网、专线等通信手段从外部接入证券公司等证券期货经营机构的交易系统，以从事证券信息提供、交易协助及更高级的证券资产交易分仓管理功能的信息系统。其外在形式是提供给交易者使用的计算机系统电脑端、手机端软件。由于它们不同于证券公司自行提供的只可由本公司经纪客户登录使用的交易软件、客户端，中国证监会的文告也将这些系统称为第三方交易终端软件。

这些系统有的较为简单，只是提供了一个界面更为友好、运行更为流畅的单用户版终端软件，以便客户向自行选定的证券经纪公司发送指令；有的则较为复杂，可用于支持需要快速反应的程序化交易和多层级账户的资产管理。运行这些系统软件的计算机必须和证券交易行实时联通、能够接收和发送信息，才能发挥基本买卖功能，否则就变成了无源之水、无本之木。故而，

---

* 本文获得北京市社会科学基金（14FXC035）资助，特此致谢。

** 中央财经大学法学院副教授。

此类系统固然具有显著提高证券交易效率的软件能力，但通过和证券公司作出有效安排、获取数据接口和证券交易信息才是更为关键的“生命线”。故其被称为“外部接入信息系统”。

2015 年股灾前，主要的外接系统运营商有恒生、同花顺、铭创、金证、大智慧、东方财富等，不过其主营业务各有所不同。例如恒生的子账户资管系统、配资业务地位领先，铭创在与信托公司的合作中具有压倒性优势。同花顺主要面向个人投资者提供电脑和手机终端的证券交易软件服务，东方财富、大智慧与之类似，但已经开始尝试收购证券公司、往独立券商转型。①这些运营商不属于证券业机构，不直接受证券监管部门和证券行业协会管辖。

2014 年下半年到 2015 年 6 月股灾发生前，证券场外配资高度活跃。恒生公司等提供的资管系统为个人化配资提供了可能。证券交易个人终端特别是手机端交易也大大活跃了市场买卖。据中国证券业协会 2015 年 7 月间调研显示，场外配资主要通过恒生网络技术服务公司的恒生订单管理系统（Hundsun Order Management System，HOMS，2012 年正式上线）、上海铭创软件技术有限公司 FPRC 系统和浙江核新同花顺网络信息股份有限公司的系统进行。通过 HOMS 接入的客户资产规模约 4 400 亿元，通过铭创系统的约 360 亿元，同花顺约 60 亿元。② 自 2015 年 7 月起，中国证监会对外接系统的清理整顿引发了高度瞩目，但相关争议至今尚未平息。③

2015 年 9 月，证监会批评恒生、铭创、同花顺三家公司“开发具有开立证券交易子账户、接受证券交易委托、查询证券交易信息、进行证券和资金的交易结算清算等多种证券业务属性功能的系统。通过该系统，投资者不履行实名开户程序即可进行证券交易”，“在明知客户的经营方式的情况下，仍向不具有经营证券业务资质的客户销售系统、提供相关服务”，宣布拟没收相关所得和予以所得 3 倍的罚款，金额高达约 6 亿元。④证券公司也被禁止外接系统，包括直接为交易者服务的股票买卖个人终端。

2015 年 11 月，证监会就处罚事宜进行了听证。2016 年 2 月，听证程序结束，进入复核程序；11 月，证监会对三家公司作出处罚决定，理由基本维持，即“明知一些不具有经营证券业务资质的机构或个人的证券经营模式，仍向其销售具有证券业务属性的软件（涉案软件具有开立证券交易账户、接受证券交易委托、查询证券交易信息、进行证券和资金的交易结算等功能），提供相关服务，并获取收益”，违反了《证券法》第一百二十二条“设立证券公司，必须

---

① 2016 年 3 月，被东方财富收购的西藏同信证券公司正式更名为西藏东方财富证券股份公司。同月，受自身信息披露违规的影响，大智慧向证监会申请撤回收购湘财证券公司的重大资产重组计划。

② 中国证券业协会：“证券业协会有关负责人答记者问”，资料来源：http：//www. sac. net. cn/tzgg/201506/t20150630_ 123346. html，2017 年 12 月 2 日访问。

③ 对此番清理整顿的探讨，参见缪因知：《证券交易场外配资清理整顿活动之反思》，载《法学》，2016（1）。

④ 证监会：《证监会拟对恒生公司、铭创公司、同花顺公司非法经营证券业务案作出行政处罚》，资料来源：http：//www. csrc. gov. cn/pub/newsite/zjhxwfb/xwdd/201509/t20150902_ 283593. html，2017 年 12 月 2 日访问。

经国务院证券监督管理机构审查批准。未经国务院证券监督管理机构批准，任何单位和个人不得经营证券业务”。并没收违法所得和予以所得3倍的罚款，总金额仍高达5亿元，但对违法所得绝对数额较高的恒生、铭创的违法所得认定量有所削减。① 由于这些公司显然并未参与非法设立证券公司，所以“未经国务院证券监督管理机构批准，任何单位和个人不得经营证券业务”是它们涉嫌违反的关键规范。

根据证监会的上述表述和对三家公司的处罚书中的表述，它们的主要违法情形为：（1）在未获得经营证券业务的行政许可时，开发具有证券业务属性（指“具有开立证券交易账户、接受证券交易委托、查询证券交易信息、进行证券和资金的交易结算等功能”）的软件；（2）明知一些机构或个人在不具有经营证券业务资质时开展证券经营模式，却向它们销售上述软件、提供相关服务，并获取收益。

换言之，一是它们开发的外接系统本身涉嫌具备非法经纪（交易委托）、非法交易结算、非法开立证券账户的违法功能属性。② 二是它们涉嫌为从事非法证券经营的主体提供技术服务。下文将分别对之予以讨论。

本文初步结论：外接系统的使用的确违反了账户实名制规定，但不构成非法经纪或非法结算责任或协助开展非法证券经营业务。尽管过度杠杆化是2015年股灾的重要原因，外接系统的使用也助长了杠杆化。但股灾前，外接系统的使用并未完全在地下，而至少得到了监管者的默许，也符合当时“国家牛”“政策牛”并鼓励互联网技术创新甚至“颠覆式创新”的宏观氛围。上述对信息系统商的指控，对当代交易指令传送的自动化程度认识不足，未从信息化下的证券交易整体发展的视角展开；在法理上对复杂法律关系的区分和辨识不够，处罚的法律依据不足，草率认定会对证券信息服务业和市场的发展造成损害，也对投资者福祉不利。而此话题由于技术性较强，法学界目前的研究尚不深入。

二、 外部接入信息系统服务商并未从事非法经纪

证监会在新闻稿和处罚决定书里批评了恒生等三家公司开发具有交易委托功能的系统或“具有证券经纪功能的体系”。但这个认识并不准确，交易委托功能不等于经纪功能。

（一）证券经纪业务的本质与经纪商体系存在的合理性

证券经纪业务的本质是通过代为提交证券买卖指令、订单来收取手续费、通道费性质的经

① 证监会：《证监会对场外配资中证券违法违规案件作出行政处罚》，资料来源：http：//www. csrc. gov. cn/pub/newsite/zjhxwfb/xwdd/201611/t20161125_ 306638. html，2017年12月2日访问。

② 证监会对恒生、同花顺的处罚书提及违法所得不可扣除系统开发成本，理由是这些系统的开发是用于非法证券经营业务。

纪费用。我国法律对经纪商未有专门定义，按照美国《证券交易法》3（a）（4）（A）节的定义，经纪商（broker）指“任何从事使他人账户的证券交易生效（effecting）之业务者”，换言之，经纪商是令证券交易得以发生的必需途径。

证券公司享有经纪法定专营权的合理性在于通过二级结算制度令经纪商（而非交易者）对证券交易所承担交收责任，从而保证交易所作为中央交付结算方的安全性。在计算机自动化交易及中国这种买入T+0的交易制度下，证券买卖的生效实际上以钱券两清为前提，如钱券不符根本不能提交有效交易指令。交易者在买卖生效后无法交收的可能性几乎为零，经纪商对交易所的保障功能聊胜于无。从理论上讲，倘若交易所的计算机主机强大到能直接为每一个投资者开户并即时记录其证券和资金余额，则经纪商环节是可以省略的。

不过，历史发展路径下形成的经纪商制也有其价值。至少在中国，2015年5月的牛市已经见证了连续数日交易金额突破2万亿元，打破人类历史纪录的盛况。故仅仅为了减轻交易所主机的数据运载负荷，就有必要允许经纪商作为信息分处理中心存在。[①]令交易所直接接入千万级别的交易者终端，也可能增加计算机病毒攻击交易所主机的可能性，影响其安全性。

另外，从经纪商制度衍生出来的一些制度也体现出了其独有价值。如融资融券制度，由熟悉、掌握自己的客户交易数据的经纪商来担任融资融券商，可能有更好的风险控制作用。又如不同证券公司营业部的交易“龙虎榜”已成为市场观测主力资金流向的重要渠道。所以，经纪商体系是一个兼具安全与效率功能的一中心多节点体系，但这个体系保护的是交易所市场，而不是经纪活动本身。经纪业务与承销、投资咨询等业务不同，已经日趋成为简单的通道业务。为了便捷这种通道业务而展开的辅助活动不应被视为变相经纪。

（二）外部接入信息系统只能起到协助交易者向证券经纪公司报送指令的作用

恒生、同花顺等公司本身只是计算机服务提供商，通过出售信息技术（IT）系统和提供维护来收取费用，并不直接参与系统出售后的订单报送决策。交易者虽会先登入外接系统客户端，借助其软件连接到证券公司从事买卖，但这只是在经纪业务的最外围延长了一步交易者的买卖指令传递环节，而不是在经纪业务的核心地带进行活动。

1. 外接系统只是协助终端交易者进行下单。终端交易者即交易的实际决策者与外接系统之间的关系，类似于交易者自行雇人代为从事下单。外接系统只是一种供交易者使用的高效的自助式下单信息系统，交易者可以随时停用外接系统，外接系统也无法影响证券公司和证券交易所是否接受指令、执行交易。外接系统不会也无法有意促进、保证或阻碍订单的报送与成交。证券交易所只接受来自证券经纪商的交易指令，其他主体不过是将自身嵌入终端交易者和证券公

① 可参考春运期间全民“围攻”铁路网上售票系统（www.12306.cn）、“双十一”网络购物促销节屡屡导致相关网站瘫痪时的情景。

司之间，而非取代证券经纪商。不能仅仅由于存在代为申报交易指令并收取一定手续费的情形，就认为存在证券经纪。

深圳中级法院2015年11月颁布的《关于审理场外股票融配资合同纠纷案件的裁判指引》第十一点规定："配资软件的提供者仅提供系统分仓模式服务，融资方请求其赔偿损失或承担连带赔偿责任的，人民法院不予支持。"这一规定确认了外部分仓系统提供商并非证券买卖关系中的一方主体。

有证监会人士认为外接系统和交易者"形成了事实上的直接代理关系"，配资公司反而是为外接系统招徕客户的。其理由是子账户委托交易无须通过配资公司的管理客户端。[①]此说颠倒了外接系统和系统用户之间的关系。外接系统虽然由于技术优势在配资中处于主导地位，并可能进行了自我推销，但配资公司是外接系统的自主购买者，并可以自行终止使用，而非外接系统雇佣配资公司来扩大终端交易者群体。所谓子账户交易者不经过配资公司的主账户，最多只是使用外接系统后交易指令的直接自动传输程度提高，无须配资公司转送。但实际上这些交易是通过配资公司的账户或上级账户传送到不同的证券公司，而非汇总传送到外接系统的某个总账户。配资公司为维护自身利益，仍然对子账户保持监控，可以通过参数设置等中断子账户的交易甚至予以强制平仓。

2. 外接系统起到了为证券经纪商招徕客户的作用。由于外接系统服务商必须与证券公司通过一对一的谈判形成接口，故其并非"私下"招揽客户，[②]而是代证券公司招揽客户，[③]与证券公司有较为明显的契约关系和利益关系，地位接近于松散型经纪人或自由型经纪人。[④]诚然，2008年《证券公司监督管理条例》第三十八条规定："受证券公司委托、代理其进行客户招揽、客户服务等活动的证券经纪人应当具有证券从业资格。"第三十九条规定："证券经纪人只能接受一家证券公司的委托，进行客户招揽、客户服务等活动。证券经纪人不得为客户办理证券认购、交易等事项。"故外接系统及其使用者不属于合规的证券经纪人，但这些交易安排的要旨仍然是证券公司自愿接入了外部系统，以扩大业务量。

---

① 聂祥辉等：《H公司与相关配资公司利用H系统非法经营证券业务之违法性分析》，载《证券法苑》，2016（2）。

② 有证券公司曾辩称不知情，但证监会认为按照《关于加强证券期货经营机构客户交易终端信息等客户信息管理的规定》第十三条规定，证券公司对客户身份具有审查、了解义务，其对接入"不知情进一步印证其没有尽到相关义务"，参见《中国证监会行政处罚决定书（方正证券股份有限公司）》，〔2016〕129号。

③ 《证券公司监督管理条例》第三十三条规定："证券公司不得违反规定委托其他单位或者个人进行客户招揽、客户服务、产品销售活动。"故证券公司如果提示、鼓励客户利用分仓式资管系统以便增加自身交易佣金收入等，涉嫌违反此条，但目前证监会并未援引此条处罚证券公司。

④ 此概念见刘德：《证券经纪人制度与国内券商经纪业务的拓展》，资料来源：http：//www.szse.cn/szseWeb/FrontController.szse？ACTIONID = 15&ARTICLEID = 1470&TYPE = 0，2017年12月2日访问。

证监会处罚书显示，恒生网络自2015年5月开始按照证监会的要求上报HOMS交易情况，同花顺公司从2015年6月中旬开始遵循证监会要求，配合清理资管系统客户和资金，铭创公司在2015年7月12日《关于清理整顿违法从事证券业务活动的意见》发布后，关闭了交易系统，配合调查，但华泰证券、海通证券却在2015年7月12日后仍“未采取有效措施严格审查客户身份的真实性，未切实防范客户借用证券交易通道违规从事交易活动”，新增大量下挂子账户，券商对使用外接系统吸引客户的积极性可见一斑。

实践中，有的外接系统商会就其支持的证券交易量收取费用，这种费用甚至会被命名为佣金。具有开户导流功能的外接系统服务商也试图直接根据导流量来与证券经纪商分取佣金。但归根结底，外接系统只能起到指令代递、后勤保障和引介客户的作用。尽管交易真实决策者的身份会被掩盖，可是未经正式开立证券账户就发出的每一笔交易指令，仍然必须由证券公司从正式的证券账户接收并转发至交易所。每一笔交易也仍然需要交纳经纪费用给证券公司。

证监会批评外接系统“使得投资者可以不开立证券账户，即可通过其终端从事证券交易”，但却回避了外接系统的存在并非交易者自家的小秘密，而是证券公司都知道的。证监会批评系统服务商“明知从事配资业务的客户将子账户提供给社会不特定投资者使用”，仍对其提供服务。① 但终端使用者不特定与否，与是否构成非法经纪无关。

3. 外接系统“去主体化”“去人格化”的工具性较强。作为交易指令报送者的外接系统的突出特点还在于其“去主体化”“去人格化”的工具性。就交易决策者和交易指令报送者的法律关系而言，外接系统和人工代为报单并无本质区别。但在运作时，这个计算机辅助下单者并无自身的独立意志、利益、意思表示和裁量。外部系统只是按照计算机程序设定的操作步骤运行，也无须具备对证券知识的理解能力。它也不能独立从事民事法律行为，并以此约束被代理人。尽管外部系统服务商本身具有人格，但其只是作为IT后台服务商存在，在制度设计上不会介入交易指令报送的流程，就像我们无须担心为证券公司提供经纪交易系统的第三方IT服务商是否会利用后台程序介入证券交易。

与之相比，作为标准的证券交易代理人②的证券经纪机构是证券交易关系中的关键一环，也具有独立的意志、利益、意思表示和裁量权，有危害委托人利益的潜能。例如，1998年《证券法》专门禁止证券公司违背客户的委托为其买卖证券、私自买卖客户账户上的证券，或者假借

---

① 《中国证监会行政处罚决定书（杭州恒生网络技术服务有限公司、刘曙峰、官晓岚）》，〔2016〕123号。

② 证券经纪不能被视为标准的委托代理关系。例如，一般委托代理中，代理人在收到明确指令后，只负责提出缔约请求，而不对合同成立后委托人是否能履约承担责任。但经纪人有权根据委托人的实际资金和证券持有拒绝特定指令（这不能被视为法定义务，因为证券公司可以仍然发出指令，只是需要自行承担交付责任）。也可以不把证券经纪视为一个完整的委托代理关系，而是每个交易构成一个独立委托代理，但代理人根据预先设定的条件决定是否接受特定的代理。

客户的名义买卖证券、为牟取佣金收入诱使客户进行不必要的证券买卖等行为。而对外接系统服务商而言，由于其框架设计，几乎不可能从事此类有害行为。2005 年《证券法》修订时删除了上述条文，可能也与场内交易计算机自主化普及、券商以上述手段损害客户利益的可行性变小有关。

故而，仅仅因为外接系统能通过自动化服务报送电子数据包，就认为其构成所谓二级代理，是不正确且无意义的。

4. 外接系统与信托公司在证券交易关系中的地位类似。还能与之对比的是证券投资信托。虽然信托公司是信托产品的名义受托人和证券交易指令的名义发出者，但实践中公开的秘密是私募证券投资基金作为投资顾问成为证券投资信托的实际操盘人，特别是结构化信托。信托公司通道化，成了交易指令的报送代理人。① 第三方外部接入的分仓式系统本质上不过是对分仓式（伞形）结构化信托的高仿。② 作为某种可以令多个匿名交易者通过一个合法证券账户发送指令的系统提供者，恒生等三家公司和信托公司扮演的角色是一样的。2010 年，重庆国际信托投资公司和上海铭创软件技术有限公司合作设计了第一单配资意义上的伞形信托软件。而铭创后来也成为第二大的分仓式资管系统服务商。证监会对铭创处罚时指出其“FPRC 系统按照证券账户建立主账户，在主账户下按照配资客户建立并下挂子账户，相关交易指令下达及回报数据反馈流程与信托通道模式原理相同”。③

二者的区别只在于信托公司自己提供了合法证券账户供伞形信托下的诸多子伞控制人使用，而恒生等三家没有这么做。因此，反而是信托公司更像在从事非法经纪。因为信托公司单独就能实现“不正式开户就能买卖”的全流程，而恒生等三家的系统还需要等待为配资商所用。但 2015 年股灾后证监会虽然大力清理了结构化信托，却并未将非法经纪用于对信托公司的追责。

总之，外部系统提供的服务与证券经纪性质不同，其不具有独立性，只是为协助终端交易者通过证券公司最终实现证券交易而提供的一种交易指令报送协助服务。

三、 外部接入信息系统服务商并未从事非法结算

《证券法》第一百一十二条规定：“证券公司根据成交结果承担相应的清算交收责任；证券登记结算机构根据成交结果，按照清算交收规则，与证券公司进行证券和资金的清算交收，并为证券公司客户办理证券的登记过户手续。”

---

① 缪因知：《证券投资信托的法律构造与监管流变》，载《当代法学》，2017（2）。

② 如有研究者称 HOMS 为类伞形信托，蔡奕：《伞形信托业务模式及监管对策分析》，载《财经法学》，2015（6）。

③ 《中国证监会行政处罚决定书（上海铭创软件技术有限公司 、刘照波、谢承刚）》，〔2016〕125 号。

《证券登记结算管理办法》（2009 年修订）规定：结算，指清算和交收。清算，指按照确定的规则计算证券和资金的应收应付数额。我国证券登记结算机构是中国证券登记结算有限公司，其实行多边净额结算，根据业务规则作为结算参与人的共同对手方，按照货银对付原则，以结算参与人为结算单位办理清算交收。多边净额结算，指中证登将每个结算参与人所有达成交易的应收应付证券或资金予以冲抵轧差，计算出相对每个参与人的应收应付证券或资金的净额，再按照此净额与每个参与人进行交收。简而言之，结算是对不同账户之间证券和资金往来结果进行计算确认和重新拨付分配。

在普通的外部交易指令发送系统中，每一个终端上只有一个账户，其交易指令和交易结果通过外部接入的系统分别发送到证券账户各自对应的证券经纪公司，不存在跨账户结算功能。

而分仓式资管系统尽管在接入证券公司时以一个证券账户的形式出现，但不同分账户/子账户发出的交易指令是各自逐笔即时进行的，就像同一个人对同一证券的反复买卖一样，不存在内部先行将买单或卖单冲抵轧差的过程。如处罚书指出："HOMS 系统采集这些指令，并通过主账户报盘给证券公司报盘系统，然后根据证券公司报盘系统反馈的成交结果，按照子账户在 HOMS 系统内的委托交易日期及委托流水号进行匹配。"① 即使不同分仓对同一证券的相反买卖指令恰好同时发出，也不能自行撮合成交成功。② 进行资金清算时，也是一笔笔分别计算，即时变动。如处罚书指出，铭创"FPRC 系统同步主账户的当日证券持仓及经过清算之后的资金和证券清算流水，根据子账户委托成交回报信息、浮动交易管理费率等对主账户的清算流水进行核算，计算出每个子账户的证券持仓、交易流水资金发生额。配资的投资者可以通过交易端查询到最终清算后的证券和资金余额以及每笔成交委托的资金证券流水和费用扣除情况。"③

尽管对外界而言，同一正式证券账户下诸多虚拟子账户内的证券资金增减，均汇总体现为该账户名义持有人的增减，但这是随着每一笔交易实时自动进行的一次性穿透式分配行为，外接系统仍然只是行使代为传递信息的功能，并以证券交易所、中证登的确认结果为最终结果，而非自行汇总接收交易信息、自行清算。如处罚书指出，同花顺系统"盘中实时记录子账户的委托和成交记录，在收盘后计算子账户当日结算后的资金余额和股份数量，并于每日证券公司清算结束后，通过交易通道向证券公司查询主账户的清算数据，在系统内进行同步，同时会将子账户的数据进行汇总，并与从证券公司查询到的主账户的结算结果进行对账。"④

---

① 《中国证监会行政处罚决定书（杭州恒生网络技术服务有限公司、刘曙峰、官晓岚）》，〔2016〕123 号。

② 在外观上，这会显示为从同一证券账户中发出的自买自卖，所以有对敲的嫌疑。但真正的对敲者可以使用不同账户下的分仓来实施，反而不会利用同一账户行事。

③ 《中国证监会行政处罚决定书（上海铭创软件技术有限公司、刘照波、谢承刚）》，〔2016〕125 号。

④ 《中国证监会行政处罚决定书（浙江核新同花顺网络信息股份有限公司、朱志峰、郭红波）》，〔2016〕124 号。

有的外接系统的相关功能指令就叫“清算”。该命名是否妥当，可作讨论，但这就像破产中的“清算”一样，与《证券登记结算管理办法》中的“清算”风马牛不相及，属于同词异义。其使用者也不会产生该软件能从事证券清算的误解。

外接系统设置清算功能，是由于实践中交易费用、分红、操作风险（如指令输入错误）等因素可能导致不同账户数据汇总时出现差错。通过“清算”功能可对账除错。如处罚书指出，“HOMS 系统清算功能包括两个层次：第一个层次是主账户的清算，由 HOMS 系统将证券公司反馈的主账户成交数据与 HOMS 系统记载的主账户成交情况作比对；第二个层次是子账户的清算，HOMS 系统将主账户的总成交情况与各子账户之间的成交情况作比对，对子账户的成交、持仓情况、红利分配等进行确权，对异常数据进行处理。”①

在处罚恒生、同花顺时，证监会明确批评它们参与子账户的清算业务，违反《证券登记结算管理办法》第八条和第七十九条，② 但第八条为登记结算机构的职能（且未强调专营性）、第七十九条为证券公司以外的机构经批准，可开立证券账户、托管证券、成为结算参与人，似乎关联度不大。

有证监会人士进一步指出外接系统的非法清算责任是为每一个虚拟子账户进行了本该由证券公司承担的盘中清算和中证登承担的收盘后清算。③ 此说可成立，但其危害性不大，因为这只是为每一个交易者提供记账功能而已，并不直接影响证券交易秩序。

四、 外部接入信息系统会导致账户非实名化

《证券法》第八十条规定：“禁止法人非法利用他人账户从事证券交易；禁止法人出借自己或者他人的证券账户。”第一百六十六条规定：“投资者委托证券公司进行证券交易，应当申请开立证券账户。证券登记结算机构应当按照规定以投资者本人的名义为投资者开立证券账户。”此即证券账户实名制要求。其对于促进证券交易的公正，防止内幕交易、操纵市场、收购上市公司时违规不作权益披露等均具有重要价值。

（一）外接系统中的子账户开立会导致账户非实名化

外接系统在为单机客户辅助发送交易指令时（如同花顺客户端），当然不存在违反实名制问题。

---

① 《中国证监会行政处罚决定书（杭州恒生网络技术服务有限公司、刘曙峰、官晓岚）》，〔2016〕123 号。

② 《中国证监会行政处罚决定书（浙江核新同花顺网络信息股份有限公司、朱志峰、郭红波）》，〔2016〕124 号。另外，恒生、铭创受罚的自然人为公司董事长、总裁，而同花顺为副总经理、资管项目负责人，不知为何有此区别。

③ 聂祥辉等：《H 公司与相关配资公司利用 H 系统非法经营证券业务之违法性分析》，载《证券法苑》，2016（2）。

分仓式资管系统的情形则更为复杂。其在形式上只是一个操作系统，外接一个正式的证券账户，但对内却是一个理论上可无限扩张的操作系统生态，用户可根据自己的需要添加或修改多层级分账户/子账户，①设置由不同交易员独立操作并分别设置控制指标（如报价范围）的分系统/分仓单元/投资组合。不同人登录操作，进入不同界面。这些分账户/子账户在交易功能上与正式的证券账户相同，如利用通达信等终端的用户进行操作的交易界面近乎一致。HOMS 等在技术上可以作为通达信等终端的外挂软件。

分账户/子账户的开立是软件操作行为，开立时不在登记结算机构处登记，设立时并无身份资料提交备份。交易者身份在中国证券登记结算公司的系统里并不显示，而呈现一种由资管系统管理者（正式证券账户的名义持有人）"间接持有"的格局。系统使用者不断层层向下开设分仓时，开设者一般最多只了解自己直接下一层分仓的使用者信息，体系透明度很低。

这些分账户/子账户在交易时无须向证券公司、证券交易所、证券登记结算机构报告。但终端交易决策者的指令可能会被资管系统的管理者（甚至只是上一级分仓持有人）通过系统设置自动或手动拦截。在场外配资的情形下，如果触及平仓线，资管系统的管理者（或上一级分仓持有人）就会接管账户，与融资业务中的证券公司类似。

这样的系统对私募基金管理者分仓管理不同客户的产品，监测、评估不同交易员的绩效颇有裨益。可是，如果不同单元的操作者不从属于同一家机构投资者，不代表同一主体的意思表示和法律行为，这样的操作就相当于是证券账户的出借和非实名化，可按照《证券法》第二百零八条对外部系统创制的虚拟账户的法人使用者予以处罚，即法人以他人名义设立账户或者利用他人账户买卖证券的，责令改正，没收违法所得，并处以违法所得一倍以上五倍以下的罚款；没有违法所得或者违法所得不足三万元的，处以三万元以上三十万元以下的罚款。对直接负责的主管人员和其他直接责任人员给予警告，并处以三万元以上十万元以下的罚款。证券公司主动介绍客户使用外接系统的虚拟账户的，可以视为第二百零八条规定的证券公司为此等违法行为"提供他人的证券交易账户"，除依照前述规定处罚外，还应当撤销直接负责的主管人员和其他直接责任人员的任职资格或者证券从业资格。

此外，与具有法定的账户买卖记录保存义务的证券经营机构不同，② 外接系统不保存各账户

---

① 这些账户虽然对外不独立显示，但有时实际上是独立的责任承担主体，账户持有人与总账户持有人的利益彼此独立，故比照子公司、分公司的提法，似乎在场外配资的情形中更适宜称为子账户，而在私募基金内部进行管理时可称为分账户。

② 《证券法》第一百四十条规定："客户的证券买卖委托，不论是否成交，其委托记录应当按照规定的期限，保存于证券公司。"第一百四十一条规定："证券公司接受证券买卖的委托，应当根据委托书载明的证券名称、买卖数量、出价方式、价格幅度等，按照交易规则代理买卖证券，如实进行交易记录。"第一百四十七条规定："证券公司应当妥善保存客户开户资料、委托记录、交易记录和与内部管理、业务经营有关的各项资料，任何人不得隐匿、伪造、篡改或者毁损。上述资料的保存期限不得少于二十年。"

内部分仓的经营记录。分仓单元在资金清算后可注销、使用记录可消抹等特性，也增强了这种不可控性，为发现、稽查证券欺诈行为增加了难度，甚至可以帮助洗钱。在上海浦东新区法院审理的“上海首例配资纠纷”宋某诉上海赏利投资有限公司案、田某诉福溪（上海）资产管理有限公司案中，可能由于当时被告配资公司提供的账户只是 HOMS 下的一个非正式子账户，现在已经无迹可寻，所以原被告双方都无法证明 HOMS 自动进行平仓时的账户资金数据是否符合配资双方约定的标准。①

（二）外接系统中的账户非实名化源于系统用户对分仓功能的滥用

不过值得注意的是，计算机软件本身是中性的。分仓式资管系统兴起于 2001 年，主要是为了服务大型机构公募基金、资管机构、自营商对不同投资经理进行考核评估的分仓需求。分仓在铭创系统中被称为项目功能，在恒生系统中被称为子单元功能。在此之前，诸多基金因为没有设立独立证券账户的资格，交易无法实现自动化，而必须通过人工电话报单、传真等方式，每日收盘后还必须使用 Excel 软件结算。

分仓式资管系统通过仿照伞形结构化信托用于场外配资，大约是近三年才发生的事。场外配资是对场内融资业务的仿真。期货市场一向是高杠杆交易，所以很早就尝到了场外配资的甜头，以至于 2011 年证监会就发文开始试图整顿期货业的场外配资。但证券交易融资融券业务 2010 年才启动，场外配资到 2014 年股市火爆时才大规模出现，外接系统大量用于配资也在那时才发生。

所以，很大程度上是资管系统用户滥用了系统的分账户功能，而实现了账户交易的非实名化，实名制合规责任不能全部压在系统开发商头上。这就像卖菜刀的如果不知道买家要去砍人，即不该有责。至 2015 年 7 月 16 日三大计算机服务商均基本暂停业务、关闭资管系统和账户。城门失火，殃及池鱼。这导致私募基金等失去了有效的合法分仓投资工具。

（三）外接系统对基于客户终端信息的实名制之作用不应忽视

上述讨论是基于现行《证券法》框架下的实名制要求，即只是要求交易者以本人名义开立一个正式的证券账户再进行操作。我们应注意到现代计算机技术对实名制和看透式监管其实别有价值。

尽管分仓式资管系统被指责为允许不开立正式的证券账户就能交易，但在传统技术下，合法账户所有人和操作人之间的关系很难实时核查。借用他人的真名实姓批量开设的“麻袋账户”并不比分仓系统里的虚拟账户更可靠，实际上反而更有欺骗性，如过去三十年股市中层出不穷的代持问题、山区老农忽然被披露为上市公司大股东之一的怪象。

---

① 值得注意的是，被告辩称平仓是 HOMS 系统自动执行，故其不存在恶意提前平仓。高改芳：《上海首例场外配资案开庭“强平”引发的纠纷》，载《中国证券报》，2015 - 12 - 10。

而同花顺等的系统已经开发出了更先进的技术。记录开户者身份信息的实名制可谓 1.0 版，而新式的分仓式资管系统能记录所有发出交易指令的计算机或手机的终端硬件信息、指令发出的互联网通信地址等，在手机交易中还能获得绑定手机号等。这相当于 2.0 版的、更高级的基于客户终端信息①的实名制。这些数据在实践中已经有提供给证券公司，也能更好地用于监管。故执法者不宜胶柱鼓瑟地过分强调外接系统未能记录不同分仓的名义持有人的身份信息。

五、 外部接入信息系统服务商不构成协助开展非法证券经营业务

前几个部分讨论了外接系统服务商本身是否构成非法证券经营业务责任。与之在理论上不相同但相关联的一个合法性疑问：在系统服务商明知用户在从事非法证券经营时，而根据其需求提供软件技术服务，则其责任为何？

对此，本文认为：（1）股灾前，外接系统之使用（包括配资）的违法性不明显。（2）外接系统本身是一种技术工具，处罚工具提供行为时，应以明确禁令之存在为前提。

（一）外接系统的使用不具有明显违法性

2015 年股灾后，证监会、证券业协会起草了多个规范性文件来规制外接系统，主旨是要求证券公司在接入时加强安全评估、防止开立虚拟子账户等非实名制违规行为。但渡过了股灾时的风口浪尖，相关规章的制定活动似乎陷入了沉寂。② 然而，在股灾前，外接系统的使用，包括用于配资，并不具有明显的违法性。

纯粹为单一客户代为发送交易指令的外接系统只是在辅助个体化的交易者及证券经纪公司（如令网上交易流程变得更流畅），被辅助对象不具有多账户运作的问题，违法性不明显。

分仓式系统如本文第四（二）部分所述，从 2001 年开始便被广泛使用，设计开发的目的是便于私募基金对不同交易员的操作进行评估和控制。③尽管从 2014 年起，一些外接系统的用户将该系统为互不相干的交易者提供配资服务，但终端交易者彼此之间的联系和系统管理者之间的联系，是否实行了实名制，属于如何使用系统的问题。即使场外配资违法，也属于系统客户滥用了系统操作上的方便性，系统服务商对此不应承担责任。何况，配资的违法性在事前并不明显。

股灾前，在深圳等地，场外配资业务可以在通衢要道上大做广告。2015 年 4 月，中国配资

---

① 证监会 2013 年《关于加强证券期货经营机构客户交易终端信息等客户信息管理的规定》第三条规定：客户交易终端信息，指客户通过证券期货经营机构下达交易指令的交易终端特征代码，是客户委托记录、交易记录的重要组成部分，包括但不限于电话号码、互联网通讯协议地址（IP 地址）、媒介访问控制地址（MAC 地址）以及其他能识别客户交易终端的特征代码。

② 缪因知：《证券交易外部接入信息系统监管路径研究》，载《证券法律评论》，2017。

③ 主张外接系统违法的人士认为其为财务集团、阳光私募所用，即便不涉及无法穿透识别众多交易者身份的弊端，也由于影响交易信息采集而违法。聂祥辉等：《H 公司与相关配资公司利用 H 系统非法经营证券业务之违法性分析》，载《证券法苑》，2016（2）。此说法显然过苛。

行业大会在浙江嘉兴乌镇这一中国互联网“圣地”高调举办。一些监管人士也表态认为场外配资和 HOMS 是证券业互联网金融的创新突破。

的确，证监会曾经试图阻止证券公司涉足场外配资。其于 2015 年 2 月发文禁止证券公司通过代销伞形信托、P2P 平台、自主开发系统等形式为场外配资提供便利和服务；4 月，证监会主席助理重申证券公司不得为场外股票配资、伞形信托活动提供数据端口等服务或便利；5 月，证监会向证券公司下发内部通知，要求全面自查自纠以 HOMS 接入等方式进行的场外配资；6 月 13 日，证监会发布《关于加强证券公司信息系统外部接入管理的通知》表示对证券公司“引发信息安全事件，以及存在为场外配资活动提供便利、直接或者间接参与非法证券活动等情形的，采取行政监管措施”。可即便如此，证监会并未明确禁止场外配资，直接受证监会管辖的证券公司也一直未拒绝接入具有场外配资功能的信息系统。在证券交易流程中处于技术性辅助地位的信息系统服务商不可能因为对合法合规性存疑而主动停止运作。

直到股灾后，2015 年 7 月 12 日，国家互联网信息办公室才发布《关于全面清理“配资炒股”等违法网络宣传广告的通知》。但证券交易所的资深监管人士仍然对配资商是否构成非法经纪等表示质疑，不赞同予以处罚。①直至今日，用百度查阅相关新闻时，股票配资广告依然出现在搜索结果最前列。

2016 年 11 月，证监会以“场外配资中证券违法违规”为题，在与恒生等 3 家信息系统公司同批处罚了 4 家证券公司，主要处罚理由是这些券商接入系统时“未对客户的身份信息进行审查和了解”；② 而同批使用外接系统“为客户提供账户开立、证券委托交易、清算、查询等证券服务，且按照证券交易量的一定比例收取费用”的 6 家非金融机构及个人，才是真正的第一批由于使用/滥用分仓式外接系统而被认定“非法经营证券业务”的主体。③ 所以，从实证法上看，在证监会启动清理整顿活动后近 17 个月，使用/滥用分仓式资管系统才被确认为构成非法经营证券业务，倒推性地要求信息系统公司在股灾前“明知”客户的经营模式非法，是否过苛？如蒋大兴教授等所言：HOMS 系统只是提高了已有的配资模式的效率，“是否使用 HOMS 系统对于配资业务的完成没有根本影响”，“HOMS 系统的初衷是供私募基金使用，它具有正当合法的用

---

① 蔡奕：《伞形信托业务模式及监管对策分析》，载《财经法学》，2015（6）。

② 有研究者认为证券公司不违反此条，因为配资商就是证券公司的客户，客户身份信息无误；但证券公司未曾了解或制止客户将账户用于配资，应构成非法证券经营责任。蒋大兴、龚浩川：《用 HOMS 系统进行场外配资违法吗?》，中国社科院法学所，“‘互联网 +’时代的市场创新与商法规制”学术研讨会，2015 年 10 月。不过，若证券公司允许外部信息系统接入且明知作为经纪客户的配资商另有配资客户存在，则可构成对这些实际客户/交易者的信息的不了解。

③ 证监会：《证监会对场外配资中证券违法违规案件作出行政处罚》，资料来源：http：//www.csrc.gov.cn/pub/newsite/zjhxwfb/xwdd/201611/t20161125_ 306638.html，2017 年 12 月 2 日访问。

途"，"符合世界金融市场发展的大势"，"应该把这种系统作为证券交易中的常量来对待"。①

（二）令工具提供者承担责任应以明确禁令之存在为前提

退一步言，即使场外配资客观上具有一定的违法性，如违反融资业务专营性规定，外部系统的提供也不明显违反法律。系统软件是一种工具，具有中立性，将工具用于违法目的是一回事，工具是否违法是另一回事。工具制作和销售的违法性必须由专门的法律禁令来确认。若工具具有多功能、通用性，而非明显只能用于违法目的，则工具的制作销售不违法。外部系统公司的经营牌照并不由证监会颁发，其从事的并不是证券经营活动，在法律法规未曾明确禁止时，其设计、销售、维护软件的活动不应受到证监会处罚。

工具制造销售和工具使用的责任分离是法律中的普遍场景。例如，在武器交易并不完全被禁止的国家，针对特定武器和购买者的禁令是通过具体法律规则明文列出的。在国际法上，向参战国销售武器本身并不违法，要实现对特定国家的武器禁运必须通过联合国决议等专门法律程序。证监会指责恒生等"向不具有经营证券业务资质的客户销售系统、提供相关服务"，宜先明确不得向这些主体提供服务的禁止性法律规范何在。

《水浒传》第十二回中杨志公开叫卖宝刀时强调其"杀人刀上没血"的优点。显然，买刀后杀人，可能违法。可卖刀时宣传宝刀的杀人功能不违法。如今宝刀或许已被归入管制刀具而不能直接销售，但菜刀仍然可以销售，即便其实际上能够杀人。"刀能杀人"是一个实然性客观技术属性，卖菜刀的如此宣传可能有悖公序良俗，但并不违反法律。

类似地，一群人在械斗，第三人在附近销售菜刀，也不违法。仅从"是否客观上有助于危害结果发生"来判断行为的违法性，法律禁令的外延就过于宽广了。否则这意味着一群人在械斗时，则在附近销售棒球棍、拐杖、砖块甚至任何硬物锐物的商店都可能构成违法。

诚然，具有行业内主导性的龙头企业应当主动对产品的正反面进行不断的反思和总结，② 不能过分拘泥于"我放弃这块市场、别人也会占领之"的囚徒困境式思维。其有更强的社会责任去审慎地从法律、合规、金融、财务等多方位全面评估产品对证券市场所可能造成的消极影响，并及时向监管部门报告、沟通。公司不宜过于关注经营的效益性、过于迎合客户偏好，而忽视了产品在广受客户欢迎之余对整个市场的潜在负外部性；不能简单以监管者尚未作出限制，而对潜在的风险和其他消极后果心存侥幸。事实上，恒生公司一直把配资功能作为一个重要卖点在推介，使得该系统支持的配资规模呈翻番式增长，最后被证监会认定的违法所得也比铭创、同花

---

① 蒋大兴、龚浩川：《用 HOMS 系统进行场外配资违法吗?》，中国社科院法学所，"'互联网 +'时代的市场创新与商法规制"学术研讨会，2015 年 10 月。该文讨论了配资商、系统商、交易者和证券公司的责任，指出论及对违法事项的原因和责任为证券公司 > 配资商 > 系统商，但具体立场与本文有所不同。

② 据调研了解，有的此类业务规模较小的公司就是认为"既然恒生公开把业务做这么大，应该受到了监管者的默许"而跟进的。

顺高出2个数量级。

只有在能合理认定系统服务商知道或应当知道系统用户购买和使用系统是用于违法活动而仍然提供销售和维护服务，才涉嫌构成协助从事违法行为。如果软件提供商突出系统的违法功能（如重点宣传其可以不通过登记结算机构就实施开户），更是涉嫌违法。

六、结语

总之，分仓式外接系统违反了证券账户设立和使用的实名制管理规范。但外接系统的服务商和用户均不以赚取经纪费用为盈利模式，均不具有最关键的、独立向证券交易所发送买卖指令的权能，而仍然需要就每一笔交易向证券公司支付经纪费。它们既不与证券经纪机构构成不正当竞争，也不损害投资者利益或经纪秩序，不能代替交易所和证券公司进行结算，故难以构成非法经纪或非法结算，谈不上是“地下券商”。由于股灾前配资的违法性不明显，系统服务商也不构成协助开展非法证券经营。对投资者而言，场外配资的风险反而主要在于：由于不受监管，账户或分仓持有人破产或挪用账户证券及资金时对下一级子账户持有人利益的损害。但由于配资形式本身的多样性，这也不必然是分仓式外接信息系统自身带来的危害。

在制度上，本案能激发我们对证券市场有效执法的反思。在过去，证监会长期存在行政执法不力的问题。[①]近年来，此问题有所改观，但由于行政法制力度不足，行政权受约束较少，对证监会处罚的司法审查更是近乎为零，加上证监会自身面临着人力、物质资源不足的困境，[②]故证监会执法中“萝卜快了不洗泥”的问题突出。尽管对处罚种类和幅度的法律依据似乎颇为遵循，但在被处罚人违反何等禁止性规定的认定上则偏差较大。甚至可以说已经不只是类推适用，而存在张冠李戴之嫌。[③]在执法权力和资源增强时，证监会权力运用的监督和问责机制需要加强。[④]而这一固有的行政权与证券市场的紧张关系，在新兴的互联网领域尤为突出。

本案凸显的体制性问题有二：一是如何正确理解新技术对交易法制的影响。传统的证券经纪和结算制度的要义在于维护证券交易体系的集中性秩序，避免场外经纪结算带来的风险。分仓式外接系统的高度自动化和去人格化，并未在交易环节中嵌入新的法律关系主体并主导交易环节，故其未违背这一宗旨。外接系统只是场内经纪商的功能延伸手段，系统服务商在其中并无独立的利益、意志、意思表示和裁量。分仓式外接系统放大了配资的效率是客观事实，但这不等于对经纪结算法律秩序的破坏。执法者未能深刻认识新信息技术进步对交易流程的塑造。

---

① 缪因知：《中国证券监管中的不足、成因与改进》，载《安徽大学法律评论》，2011（2）。

② 缪因知：《中国证券法律实施机制研究》，156－158页，北京大学出版社，2017。

③ 一些值得商榷的行政处罚，可见缪因知：《保荐商人员突击入股合法性辨析》，载《判解研究》，2016（1）；缪因知：《光大证券事件行政处罚与民事索赔之合法性质疑》，载《法学》，2014（1）。

④ 洪艳蓉：《证券执法的制度价值及其实现》，载《北大法律评论》，2017（1）。

二是如何正确处理事前的松弛监管和事后严峻执法的关系。股灾后，配资相关行为受到了严厉整顿。但在股灾前，在热烈的“国家牛”“万点可期”氛围下，配资是公然进行的，至少得到了默许。行政监管和政策导向的连续性、一贯性如果不充足，会损害市场预期和创新积极性。

上述两个方面加总起来，可能对整个互联网金融乃至整个互联网相关活动的监管执法产生影响。证券交易配资活动是一个已然破灭的泡沫，但还有多种类别的互联网活动仍然可能继续蹈入无序膨胀和运动整顿的怪圈与覆辙。而且，这种监管执法风格的缺陷不一定仅限于金融领域。

总之，在金融法整体向金融服务法演进的过程中，监管者应更具有谦抑精神。① 金融业的特许式管理必须有明确的法益保障目标，如金融安全、效率等。从事后追责面看，倘若不能清楚解释特定创新业务导致的实体性危害和明确的法律依据，则处罚应当慎重。毕竟，我国证券市场正处于快速发展中，法制与现实的脱节客观存在。一项行为即便违反了证券法律法规，若未破坏证券市场的正常运行、没有侵犯投资者的合法权益，就不应惩罚，执法者应当聚焦于实质危害性与形式违法性相统一的行为。②从事前建设面看，为了避免以危机防范为导向的资本市场法律规则体系压缩金融创新的制度空间，资本市场法制应该在加强金融监管的前提下鼓励、培育和引导金融创新。③在外接信息系统软件 2015 年被禁后，监管者所希望打击的证券交易配资不仅没有绝迹，反而在 2017 年衍生出了更为灰色的、欺诈风险更高的虚拟盘配资的形式，其中的教训值得反思。

（责任编辑：姚一凡）

---

① 缪因知：《从金融法到金融服务法的演进》，载吴志攀主编：《经济法学家》（第九卷），518－524 页，北京大学出版社，2012。

② 祝尔军、白彦：《揭开证券欺诈的神秘面纱》，载《法律适用》，2000（1）。

③ 李安安：《祛魅与重构：金融创新的法律困局及其突围——以资本市场为中心的观察》，载《证券法苑》，2013（2）。

非银行机构支付结算与清算业务风险研究*

■苏 盼**

摘要：整治非银行支付机构重点在于客户备付金风险和跨机构清算业务，与其从事支付结算和清算业务相关。结算不是商业银行特许业务，不会直接产生系统性风险，对其监管须侧重保障客户备付金安全：应在备付金集合账户之下建立二级账户，实现资金透明监控，并借鉴美国存款延伸保险制度为客户提供更有效的保障。支付机构与银行直连、开设多个备付金账户，通过调整备付金账户头寸成为事实上的清算组织。清算组织是金融市场基础设施，具有系统重要性，应予以严格规范。建立统一的网联清算平台有助于解决这一问题，但还应明确要求一家支付机构只能开立一个备付金账户，不同账户开立在不同银行，从而分散风险；或者由中国人民银行对备付金进行集中存管，以保障资金安全、维护清算秩序。

关键词：非银行支付机构　客户备付金　结算　清算

一、引言

“互联网金融”在我国蓬勃发展的过程中也带来了市场乱象，互联网公司违规经营可能带来风险。2016 年 4 月，国务院办公厅发布《互联网金融风险专项整治工作实施方案》（国办发〔2016〕21 号），对包括互联网支付在内的多个领域进行风险整治。随后，十四个部委联合发文指出非银行支付机构（以下简称支付机构）① 整治重点在于客户备付金风险和跨机构清算业务。② 一年多来监管机构采取了包括集中存管备付金、设立网联平台等措施来实施整治方案。之

* 本文为上海市法学会 2017 年度“推进上海科创中心建设的法律对策研究”项目阶段性研究成果。

** 上海财经大学法学院讲师。

① 非银行支付机构是指取得“支付业务许可证”，从事互联网支付、移动电话支付、固定电话支付、数字电视支付等网络支付业务的非银行机构。《非银行支付机构网络支付业务管理办法》（中国人民银行公告〔2015〕第 43 号）第二条。

② 《中国人民银行、中央宣传部、中央维稳办、国家发展改革委、工业和信息化部、公安部、财政部、住房和城乡建设部、工商总局、国务院法制办、国家网信办、国家信访局、最高人民法院、最高人民检察院关于印发〈非银行支付机构风险专项整治工作实施方案〉的通知》（银发〔2016〕112 号）。

所以重点整治这些风险，与支付机构如何从事支付结算与清算业务相关，本文对此进行详细分析，并评价整治措施的合理性，提出改进建议以完善监管。

为便于论述，首先界定本文讨论的支付结算与清算的含义。支付一般被定义为付款人向收款人转移货币债权的过程。① 按照通俗理解，我国的“结算”是指商业银行或其他机构面对客户的资金计算，即按照规则完成支付指令交换并计算出待清偿债权债务结果，体现为记账过程；而“清算”是银行与银行之间，或其他机构与机构之间的资金转移，即清算在结算之后完成资金最终的划拨。② 我国对“结算”“清算”的界定与国际标准正好相反，③ 但因国内对这两个术语的使用已被公众熟知，因此本文沿用国内用法，将结算看作是资金计算过程，而清算涉及跨机构间的资金最终转移过程。

二、 支付机构的结算业务及其风险应对

（一）支付机构的结算业务

1. 结算业务体现为记账过程。支付机构可以为客户开立支付账户提供资金转移服务。支付账户是用于记录预付交易资金余额、客户凭以发起支付指令、反映交易明细信息的电子簿记。在电子化交易过程中，资金转移的结果通过账户数值变化来体现。例如，支付机构的客户 A 向客户 B 支付 100 元，付款人 A 和收款人 B 都使用支付机构账户内的余额（已提前充值/预付）进行付款和收款，那么最终双方的支付账户内都会显示以借贷簿记方式体现的支付指令信息，即付款方有一笔“-100 元”的记账，收款方有一笔“+100 元”的记账。这种记账过程（账户数值变化过程）就是支付机构提供的结算业务。在上述这个交易中，支付机构对付款方和收款方的账户分别进行了借记和贷记 100 元的处理，完成了结算。

不同意见可能认为，假设 A 向 B 支付 100 元，B 向 A 支付 50 元，那么最终计算只需要 A 向 B 支付 50 元，才是结算的意义所在，即提高支付效率、减少交易成本。但前述两例都涉及结算，只是存在全额结算、净额结算的差别而已。对于同一家支付机构而言，所有客户的资金都集中存放，前例中客户 A、B 账户数值变化对于集中账户而言，不涉及余额变动，也不需要进行跨机构的资金划拨，支付机构通过逐笔记账完成实时的全额结算。

支付结算一直被认为属于商业银行传统业务。但结算是否是商业银行独有的特许业务？如

---

① 中国支付清算协会编著：《支付清算理论与实务》，4-7 页，中国金融出版社，2017。

② 中国支付清算协会编著：《支付清算理论与实务》，12-17 页，中国金融出版社，2017。

③ 国际上一般采用国际清算银行（BIS）的定义：清算（clearing）是指支付服务组织按照特定规则，完成支付指令的交换，并计算出待清偿债权债务结果的过程。结算（settlement）是指将清算过程产生的待清偿债权债务，由支付服务组织将资金从债务人账户划到债权人账户，从而完成货币资金的最终转移并通知有关各方的过程。这与我国惯用定义完全相反。刘士余主编：《支付业务统计指标释义》，1-2 页，中国金融出版社，2013。

果构成特许业务，结算就只能由银行来提供，从事结算业务的非银行支付机构也需要获得银行牌照，接受类银行监管。下文进行分析。

2. 结算不是商业银行特许业务。我国法律确实规定了支付结算是商业银行业务之一，例如《商业银行法》第二条规定：商业银行是指依法设立的吸收公众存款、发放贷款、办理结算等业务的企业法人。有学者也认为支付机构的结算业务专属于商业银行，是特许经营业务，应当接受更高标准的监管。[①] 其理由在于：我国《支付结算办法》（1997 年实施）第六条和《支付结算业务代理办法》（2000 年实施）第五条规定，支付结算及其代理业务未经批准，非银行金融机构和单位不得办理。我国《刑法》第二百二十五条也规定，未经批准，非法从事资金支付结算业务构成非法经营罪。因此，看起来支付结算及其代理业务都属于银行特许业务。

本文认为结算并非商业银行特许业务。首先，从实践上看，我国的非银行支付市场的发展及其规范经历了一个特殊的历程——市场实践先行、法律监管在后。互联网支付市场在 2005 年已粗具规模，但是中国人民银行在 2010 年才颁布《非金融机构支付服务管理办法》要求已经从事互联网支付等业务的机构补办许可证。2015 年发布的《非银行支付机构网络支付业务管理办法》也明确资金结算方式是支付机构的业务规则之一，必须在支付机构与客户签订协议时明确说明。事后立法平息了支付机构“非法”地位之争。

其次，从法理上看，支付结算不是银行的本质性业务，吸收活期存款从而用于发放贷款，才是银行的特殊性所在。[②] 银行是信用中介，它利用杠杆负债经营，其高度失调的资产负债比例导致它吸收损失的能力非常有限，难以应付挤兑（bank run）危机。由于信息不对称，市场恐慌也可能波及其他银行，加剧系统性风险。银行业的失败具有明显“负外部性”——导致实体经济衰退、就业率下降等社会问题，而银行自身没有动力将此成本内部化。因此，针对银行的特殊监管都建立在其吸收存款以发放贷款的基础之上。支付结算业务本来是商业银行业务的自然延伸，但它并非核心业务，不会为银行业带来系统性风险。支付机构也可以从事支付结算，其接收客户资金的目的在于进一步的转移，而非发放贷款。

（二）支付机构支付结算业务风险及应对措施

支付机构开展支付结算业务不需要接受类银行监管，但仍然需要获得支付许可并接受其他监管，这与支付机构自身风险相关。

1. 预付机制易导致客户资金风险。在支付过程中，客户交付的资金（客户备付金）与获得产品/服务之间可能存在时间差，在资金预付时，客户风险最大。非银行支付业务的本质特征即

---

① 黎四奇：《对钓鱼欺诈中第三方支付机构作为或不作为法律问题的思考》，载《法律科学》，2012（3）；李莉莎：《第三方电子支付法律问题研究》，67 页，法律出版社，2014。

② 彭冰：《商业银行的定义》，载《北京大学学报（哲学社会科学版）》，2007（1）。

为预付，即客户事先将资金交付/存放于支付机构，再在日后用于支付。预付机制是导致资金风险的本质所在，原因在于：一方面，客户预存资金之后，对资金的支配能否实现完全依赖于支付机构。由于存在信息不对称，客户难以了解企业服务质量、诚信水平和支付安全，无法获得保障。另一方面，支付机构的客户多为个人消费者或中小商户，这类人群“金融知识、风险意识和承受能力相对薄弱”，① 无法达到与支付机构同等谈判地位，因此无法通过合同防范风险。

支付机构客户备付金遭受损失的主要风险来源包括：（1）技术/操作风险，支付机构因技术设备或内部人员操作等方面的原因（例如黑客入侵系统），导致客户资金丢失；（2）市场风险，支付机构利用沉淀的客户备付金进行投资，如果不受限制可能出现亏损从而无法兑付；（3）信用风险，支付机构挪用客户资金而无法满足客户支付需求，此时支付机构已超出业务范围，违规从事了银行业务。银行进行吸储和放贷是一种合法的“利用客户资金”，但是支付机构不得挪用。

2. 监管措施以保障客户备付金安全为核心。为防止支付机构成为事实上的银行，并应对客户备付金无法兑付的风险，主要监管措施在于：（1）建立支付业务许可制度，在资金、技术标准、组织管理等方面设立准入门槛，将不合格机构筛选出市场，最大限度地保障客户权益；（2）明确备付金所有权在于客户，要求支付机构对支付账户进行风险管理，禁止支付机构以任何形式挪用客户备付金；（3）限制支付机构对客户资金的投资，构建商业银行对备付金的存管制度，要求支付机构接收的客户备付金全额缴存至专用存款账户。② 2016 年，十四个部委联合发布的《非银行支付机构风险专项整治工作实施方案》主要从执法检查层面强化上述基本监管措施，但作出了两项推进：一是建立支付机构客户备付金集中存管制度；二是逐步取消对支付机构客户备付金的利息支出。③

对于客户备付金集中存管制度，初衷在于加强统一监测，防范支付机构挪用客户资金。按照《支付机构客户备付金存管办法》第八条的规定，“支付机构应当并且只能选择一家备付金存管银行，可以根据业务需要选择备付金合作银行”，实践中支付机构通常开立多个备付金账户，④

---

① 张宇哲：《专访范一飞：支付监管的逻辑》，载《财新周刊》，2015（36）。

② 相关法律规定可参见《非金融机构支付服务管理办法》，中国人民银行令〔2010〕第 2 号；《非金融机构支付服务业务系统检测认证管理规定》，中国人民银行公告〔2011〕第 14 号等；《支付机构客户备付金存管办法》，中国人民银行公告〔2013〕第 6 号；《非银行支付机构网络支付业务管理办法》，中国人民银行公告〔2015〕第 43 号等。

③ 中国人民银行办公厅发布《关于实施支付机构客户备付金集中存管有关事项的通知》，银办发〔2017〕10 号，自 2017 年 4 月逐步实施这两项新措施。

④ 监管者指出目前“平均每家支付机构开立客户备付金账户 13 个，最多的开立客户备付金账户达 70 个”，《中国人民银行有关负责人就非银行支付机构风险专项整治工作答记者问》，资料来源：http：//www. pbc. gov. cn/goutongjiaoliu/113456/113469/3159599/index. html，2017 年 11 月 16 日访问。

这加大了统一监控的难度。整治措施提出备付金须按步骤统一交存至人民银行或商业银行专用账户，[①] 然而由于我国支付机构客户备付金存管制度没有像证券交易结算资金管理那样要求存管银行建立二级账户，无法完全实现资金运行的透明化。

对于客户备付金利息问题，存在的争议在于：银行是否应向备付金集合账户支付利息；利息应归属于支付机构还是支付机构的客户。按照2013年的《支付机构客户备付金存管办法》第二十九条的规定，风险准备金（用于弥补客户资金损失）按照所有备付金银行账户利息总额的一定比例计提，也就说明银行需要为备付金集合账户支付利息。但在如何确定利息归属问题上出现了巨大争议：代表消费者利益的观点认为，客户备付金所有权已明确由客户享有，相应利息也应归属于客户。代表支付机构利益的观点则认为，如果利息归属于客户，支付机构存在吸收存款嫌疑，并且也具有操作难度，还将削弱支付机构的利润空间。[②] 最终现行法回避了利息归属问题，实践中利息一般被约定归属于支付机构。[③] 目前整治措施要求支付机构客户备付金账户逐步不再计息，防止支付机构变相吸收存款赚取利息收入。

3. 应建立二级账户实现资金透明监控。整治措施提出的办法可以在一定程度上防范客户备付金风险，但仍需要完善。除需要对客户备付金集中统一存管之外，还应该要求存管银行（商业银行或中央银行）为客户建立二级账户，实现对资金的透明监控，同时借鉴美国存款延伸保险制度为客户提供更有效的保障。

按照整治措施的设想，支付机构客户备付金以支付机构名义集中于一个统一账户存放于商业银行，但没有要求银行为每个支付机构客户（即资金所有人）单独开设二级账户，没有做到证券结算资金托管中的透明持有模式，因此银行不能监控总账户之下每个客户的资金交易明细，支付机构仍存在挪用客户资金的空间。[④] 由于商业银行与支付机构在支付结算方面的业务竞争关系，银行为支付机构客户建立二级账户掌握每一笔交易数据，虽然可以有效监控资金，但可能遭到支付机构反对而难以实施。替代方案是由其他中立机构，例如中央银行，来对客户备付金进行实时监控。但是即使是中央银行统一监管备付金，也需要在支付机构总的备付金账户之下建立每一个客户的二级账户，从而实现透明监控。

即使统一的清算平台（后文详述）可以监控每一笔资金交易明细，建立二级账户还具有另

---

① 《关于实施支付机构客户备付金集中存管有关事项的通知》，银办发〔2017〕10号。

② 劳佳迪：《8000万元备付金利息是否该归消费者?》，载《中国经济周刊》，2014-06-02；朱玛：《第三方支付机构沉淀资金的权属争议及法律监管——兼谈“余额宝”的创新与风险》，载《西南金融》，2013（12）；闫海、刘闯：《论非金融机构互联网支付中客户备付金的性质、归属及监管》，载《西南金融》，2013（9）。

③ 例如，支付宝公司规定，客户对所有代收代付款项（含被冻结、止付或受限制的款项）产生的任何收益（包括但不限于利息和其他孳息）不享有任何权利；支付宝公司对此收益享有所有权。资料来源：https://cshall.alipay.com/lab/help_detail.htm?help_id=201602055276，2017年11月16日访问。

④ 详细讨论参见苏盼：《第三方支付机构客户备付金性质及风险研究》，载《金融监管研究》，2017（9）。

外的优势：可以借鉴美国存款延伸保险制度，为客户提供更为有效的保障。按照我国《非银行支付机构网络支付业务管理办法》第七条规定，客户备付金所有权在客户，但以支付机构名义存放于银行，因此客户不直接受存款保险保护。然而，根据《存款保险条例》和《人民币单位存款管理办法》（银发〔1997〕485 号）的规定，集合了客户资金的支付机构备付金账户存放于银行，是单位存款，仍可作为一个整体在银行破产时获得最高 50 万元的存款保险。在这种情况下，支付机构众多客户只能分享这 50 万元保险，难以获得有效保障。

美国存款延伸保险制度（pass - through insurance，也被译为过桥保险）可以为我国提供启发。美国非银行支付机构（例如 PayPal）的客户资金也可集中存放于商业银行，该账户为 FBO（For Benefit Of）无息账户，表明是为他人利益而设立的账户。FBO 账户类似于我国的支付机构备付金集合账户，但如果满足以下条件，存款延伸保险可以在商业银行破产时，为 FBO 账户资金实际拥有者提供保障：（1）在受存款保险保护的银行账户明确显示出存管/代理关系；（2）账户资金每一位真正所有人（客户）的身份及资金信息可识别（即建立二级账户）；（3）账户由名义所有人（支付机构）开设；（4）名义所有人作为客户代理人行事。① 一旦满足条件，FBO 账户的每一位客户都可享受到最高 25 万美元的存款保险。② 延伸保险制度关键在于 FBO 账户的独立化和二级账户的可识别化，如果中国备付金集合账户之下能够建立二级账户，借鉴延伸保险制度可以为支付机构客户提供充分保障。

三、 支付机构的清算业务及其风险应对

（一）支付机构的跨机构清算业务

除客户备付金风险之外，对支付机构的整治重点在于跨机构清算业务。在传统的结算——清算系统中，商业银行为其客户提供资金结算，清算组织（例如中国银联）和中央银行提供跨行清算服务。监管机构担心非银行支付机构绕过清算组织和中央银行而在事实上进行跨机构清算业务，这与目前支付机构与银行直接连接、支付机构开设多个备付金账户相关。传统清算组织及其搭建的数据传递系统类似于“接线板”，便利商业银行与商业银行（跨行/跨机构）交换数据，计算应该转移的资金情况，最终的资金划拨通过中央银行调整商业银行开立在中央银行的账户的头寸来完成。但是，支付机构与各个商业银行直接连接，意味着不再需要“接线板”，支付机构与商业银行建立系统完成支付，然后可以通过调整支付机构在不同银行的备付金集合账户的头寸，绕过传统清算系统而直接完成资金划拨和转移。

假设支付机构的客户 A 通过支付账户向 B 付款 100 元，付款人 A 将其支付账户绑定了 X 银

---

① 美国法律规定参见 12 CFR § 330.5 和 12 CFR § 330.7。
② 美国法律规定参见 12 CFR § 330.7（a）和 12 CFR § 330.1（o）。

行的银行卡，收款人 B 绑定了 Y 银行的银行卡。支付机构与 X、Y 银行直接连接，并在这两个银行都开设了备付金账户，如图 1 所示。

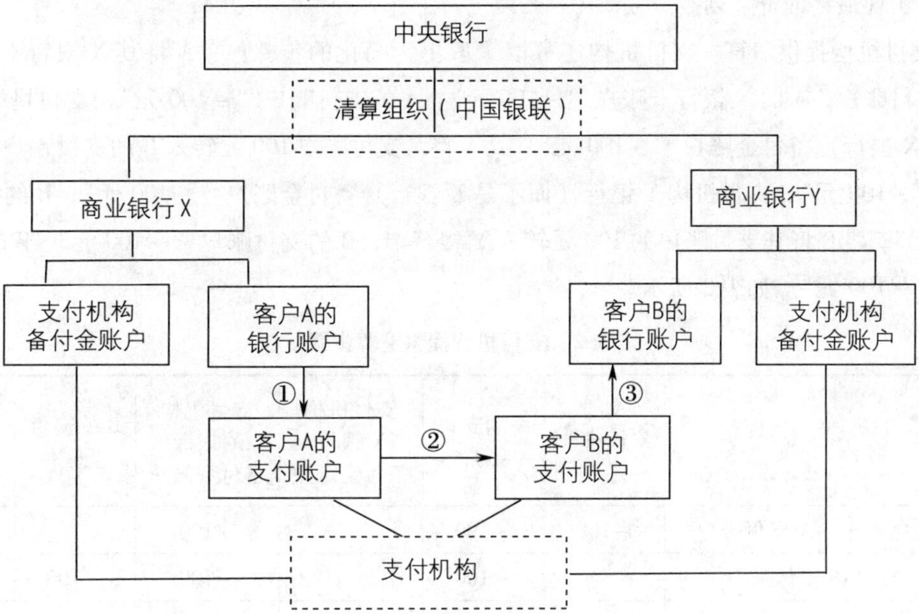

图 1　结算—清算账户结构

此时，结算—清算存在两种路径：

1. 传统清算系统提供清算。具体的步骤可以表述为：①A 将其 X 银行卡内的 100 元转入支付账户，A 的 X 银行卡账户“－100 元”，A 的支付账户“＋100 元”，支付机构 X 银行备付金账户“＋100 元”；②A 将其支付账户 100 元转入 B 的支付账户，A 的支付账户“－100 元”，支付机构 X 银行备付金账户“－100 元”，支付机构 Y 银行备付金账户“＋100 元”，B 的支付账户“＋100 元”；③B 将其支付账户的 100 元转入 Y 银行卡，B 的支付账户“－100 元”，支付机构 Y 银行备付金账户“－100 元”，B 的 Y 银行卡账户“＋100 元”。如表 1 所示：

表 1　传统清算系统提供清算步骤

	A 的 X 银行卡账户	A 的支付账户	支付机构 X 银行备付金账户	支付机构 Y 银行备付金账户	B 的支付账户	B 的 Y 银行卡账户
①A 的 X 银行卡→A 支付账户	－100	＋100	＋100			
②A 支付账户→B 支付账户		－100	－100	＋100	＋100	
③B 支付账户→B 的 Y 银行卡				－100	－100	＋100

在这种路径之下，支付机构的X、Y这两个银行备付金账户都进行了资金变动，需要通过传统清算组织（中国银联）的跨行清算系统完成，并由中央银行通过调整X、Y银行在中央银行设立的账户实现最终的资金划拨。

2. 支付机构提供清算。支付机构还可以采取更为简化的步骤：①A将其X银行卡内的100元转入支付账户，A的X银行卡账户“-100元”，A的支付账户“+100元”，支付机构Y银行（而不是X银行）备付金账户“+100元”；②A将其支付账户100元转入B的支付账户，A的支付账户“-100元”，支付机构Y银行（而不是X银行）备付金账户“-100元”，B的支付账户“+100元”；③B将其支付账户的100元转入Y银行卡，B的支付账户“-100元”，B的Y银行卡账户“+100元”。如表2所示。

表2 支付机构提供清算步骤

	A的X银行卡账户	A的支付账户	支付机构X银行备付金账户	支付机构Y银行备付金账户	B的支付账户	B的Y银行卡账户
①A的X银行卡→A支付账户	-100	+100		+100		
②A支付账户→B支付账户		-100		-100	+100	
③B支付账户→B的Y银行卡					-100	+100

因为支付机构与X、Y银行分别直接连接，并且都开立了备付金账户，而此备付金账户以支付机构名义开立，并没有二级账户，银行无法知晓每一笔具体的交易，只知道总账及其变化。在此路径之下，支付机构不调整X银行备付金账户数额，而是调整了Y银行的备付金账户，Y银行只需接受支付机构指令，调整客户B的银行账户数额即可，因此最终不需要进行X、Y银行之间的跨行转账和清算，也即不需要经过传统的中国银联清算系统。支付机构调整其备付金账户头寸即可完整资金的转移，完全绕开了传统的清算系统，成为事实上的清算组织。

（二）支付清算为清算机构特许业务

清算业务相比于结算业务具有系统重要性，《国务院关于实施银行卡清算机构准入管理的决定》以及《银行卡清算机构管理办法》已经明确规定银行卡清算为特许业务。对银行卡清算机构进行准入监管的核心理由在于：第一，银行卡作为支付工具在我国的使用非常广泛，银行卡清算业务包含持卡人、商户、收单机构和发卡机构的大量金融信息，涉及重大公共利益；第二，银行卡清算业务系统属于重要金融市场基础设施，它需要搭建数据传递系统，并连接多个主体，其风险防范和稳定运行对维护支付体系的稳定运行具有重大影响。① 正是鉴于清算系统作为公共设施的基础重要性，特别是由于技术等方面的风险，基础系统发生问题会继而影响到整个系统中的其他机构，产生风险的传递，因此清算机构及其负责的清算系统就具有了系统重要性。国际上颁布了《金融市场基础设施原则》要求加强风险管理，② 我国对银行卡清算机构实施特许监管符合国际要求。

传统的商业银行跨行资金清算业务由清算机构和中央银行共同提供，其条件是：第一，中央银行与各商业银行连接，商业银行在中央银行开设清算账户；第二，清算机构建设基础服务设施（如网络系统），并提供数据交换，以便中央银行通过调整商业银行清算账户头寸来完成跨行债权债务转移。③ 按照《非银行支付机构网络支付业务管理办法》第八条的规定，支付机构不得为金融机构以及从事信贷、融资等金融业务的其他机构开立支付账户，防止支付机构调整金融机构账户头寸来完成资金划拨，成为“中央银行”。而支付机构与商业银行直接连接、在多家银行开立客户备付金账户，通过调整各个客户备付金账户余额，绕开了中国银联的清算系统从事了跨机构清算业务。当然，支付机构也可以成为银行卡清算机构，但需要经过特许，符合相应的资质条件（对清算机构的要求高于支付机构）。如果没有经过事前审查而实际上从事了清算业务，则属于违规操作，并带来风险。

尽管支付机构主要从事小额业务（笔均支付金额约为 600 元④），但其客户数量庞大，特别是多达数亿的个人消费者和中小商户，已经与居民生活密切相关。支付机构未经审查从事清算业务，资金无法被监控。具有了金融基础设施地位的支付机构，一旦自身发生技术/操作风险、市场风险、信用风险，也可能波及系统中的其他机构，包括商业银行。互联网支付机构具有开放性特征，其风险传染速度更快、传播范围更广，面对众多客户和商业银行，风险一旦爆发，社会影响更为严重，因此需要严格规范。

（三）规范支付机构清算业务主要措施

1. 规范思路。支付机构能够从事清算业务主要在于支付机构与商业银行直接连接，同时又在不同商业银行开设了多个备付金账户。为规范支付机构的清算业务，需要消解这两项现实条件：第一，打破支付机构与商业银行直接连接的做法，另行建立统一的清算组织，为支付机构提

---

① 《人民银行有关负责人就〈国务院关于实施银行卡清算机构准入管理的决定〉答记者问》，资料来源：http：//www. pbc. gov. cn/goutongjiaoliu/113456/113472/2811794/index. html，2017 年 11 月 16 日访问。

② 《中国人民银行办公厅关于实施〈金融市场基础设施原则〉有关事项的通知》，银办发〔2013〕187 号。

③ 杨青、霍炜：《电子货币——互联网金融下的货币变革》，30－31 页、109 页，中国金融出版社，2015。

④ 2016 年，支付机构累计发生网络支付业务 1639. 02 亿笔，金额 99. 27 万亿元，计算得出笔均金额为 605. 7 元，中国人民银行《中国支付体系发展报告（2016）》，30 页，资料来源：http：//www. pbc. gov. cn/zhifujiesuansi/128525/128545/128646/3343451/index. html，2017 年 11 月 16 日访问。

供数据交换、资金清算服务；第二，对备付金进行集中存管，要求一家支付机构只能开设一个备付金账户。按照《非银行支付机构风险专项整治工作实施方案》和《关于实施支付机构客户备付金集中存管有关事项的通知》的安排，目前这两项工作都在推进之中。

正在建设中的统一清算组织是非银行支付机构网络支付清算平台（以下简称网联平台）。网联平台获得特许可以从事跨机构清算业务，此后支付机构与商业银行直接连接开展的业务全部迁移至网联平台处理，消解支付机构单独的违规跨行清算功能，有利于节约连接成本、提高清算效率、监控资金流向。网联平台的具体运作有待时间检验，而备付金集中存管制度的一些问题亟须明确。

2. 备付金集中存管可再改进。对于备付金集中存管，目前的方案是要求支付机构将客户备付金按照一定比例交存至指定机构专用存款账户，该账户开立在中国人民银行或符合要求的商业银行。① 此项方案确实能够在一定程度上监控客户备付金、防止支付机构绕开现有的跨行清算系统而进行资金转移。但是如前文分析，只要支付机构存在多个备付金账户，仍有可能绕开清算系统（无论是中国银联还是网联平台），通过调整备付金账户头寸达到跨机构清算的效果，因此应该明确一家支付机构只能开立一个备付金账户。

就集中存管专用账户开立机构而言，如果将所有支付机构的客户备付金集中存管于一家商业银行，风险将更为集中。假设支付宝公司出现问题，消费者担心钱款损失将支付宝账户中的余额和理财账户中的资金都转出到各自银行卡，而同时微信客户也可能担心类似问题，也将资金转出到银行卡，其他支付机构也面临同样问题。此时，如果支付机构只有一个备付金账户，这家备付金银行会面临巨大的流动性压力。根据中国人民银行公布的数据，2016 年非银行支付机构网络支付金额约 100 万亿元，② 对比中国工商银行 17.8 万亿元的客户存款，可见支付数额体量的庞大。③ 因此，尽管支付机构本身不会直接导致系统性风险，但是由于支付机构的客户备付金都存管于银行，风险也会传染到银行产生流动性危机，如果备付金银行转账资金无法满足需求，可能波及整个金融市场。

目前实践中一家支付机构有多个备付金账户，实际上可以有效缓解银行流动性危机，但它确实便利了支付机构进行违规跨行清算操作。因此更为有效的措施是要求一家支付机构只能开立一个客户备付金账户，不同支付机构的备付金账户开立在不同的商业银行，分散风险。如果需要全部集中存管，则最好是将备付金账户开立在中央银行。中央银行作为“最后贷款人”享有

---

① 《中国人民银行办公厅关于实施支付机构客户备付金集中存管有关事项的通知》，银办发〔2017〕10 号。

② 中国人民银行：《中国支付体系发展报告 2016》，资料来源：http：//www.pbc.gov.cn/zhifujiesuansi/128525/128545/128646/3343451/index.html，2017 年 11 月 16 日访问。

③ 《中国工商银行 2016 年年报》，资料来源：http：//v.icbc.com.cn/userfiles/Resources/ICBCLTD/download/2017/A_20170421.pdf，2017 年 11 月 16 日访问。

理论上的无限流动性，尽管它没有法定义务救助不是金融机构的支付机构，但可以出于社会稳定的需要提供紧急救助。

四、 结语

之所以整治非银行支付机构的客户备付金风险和跨机构清算业务，与其支付结算和清算业务相关。支付机构的结算业务表现为借贷记客户账户数值的记账过程。支付结算业务本来是商业银行业务的自然延伸，但它并非银行本质性业务，不会造成系统性风险，因此支付机构无须接受类银行监管。支付机构监管核心在于客户备付金风险，这由其预付机制决定。除需要对客户备付金集中统一存管之外，还应该要求存管银行为客户建立二级账户，实现对资金的透明监控；同时借鉴美国存款延伸保险制度，在存管银行破产时，穿透备付金集合账户，为资金所有人提供保险保障。

在传统的结算—清算系统中，商业银行为其客户提供资金结算，清算组织和中央银行提供跨行清算。在非银行支付系统中，支付机构的客户账户关联银行卡进行资金收付，客户资金以支付机构名义存放于商业银行备付金账户。支付机构与银行直接连接、开立多个备付金账户的做法，便利了支付机构绕开清算组织和中央银行完成跨机构清算业务。由于清算业务的特别重要性，应该严格防范此类风险。目前整治措施在于构建统一网联平台、集中存管备付金，但若将所有支付机构的客户备付金集中存管于一家商业银行，风险更为集中。更为有效的措施是明确要求一家支付机构只能开立一个客户备付金账户，不同备付金账户开立在不同商业银行，从而分散风险；或者由中国人民银行进行备付金的集中存管，从而保障资金安全、维护清算秩序。

（责任编辑：杨文尧天）

名股实债司法裁判实务的总结与反思

■ 赵育才*

摘要：名股实债包括股权取得和股权回购两个交易环节。股权取得有增资入股和受让股权两种方式，股权回购可以由股东或公司承担相应义务，因此名股实债有数种不同的交易模式。在当前司法实践中，法院一般认为名股实债合同具有法律效力；依据各类要素探寻当事人真实合意，多数情况下会依据外在形式认定为股权，特定情形下认定为债权；当涉及案外人时，法院会进一步判断合同履行是否对债权人等案外人利益产生损害，在平衡交易各方利益基础上作出裁判，以消除名股实债交易的负外部性。

关键词：名股实债　股权回购　司法裁判

一、名股实债交易模式

（一）概念解析

名股实债又称“明股暗债”“明股实债”“假股真债”等，顾名思义，指具有刚性兑付的保本约定，形式上表现为股权的持有和退出，经济本质接近于债务资金的发放和收取的融投资手段。根据交易结构设计，有人将其界定为“带回购条款的股权性融资”。①

中国证券投资基金业协会（以下简称中基协）在2017年2月13日发布《证券期货经营机构私募资产管理计划备案管理规范第4号——私募资产管理计划投资房地产开发企业、项目》，该规范注释3对名股实债进行了详细定义：“本规范所称名股实债，是指投资回报不与被投资企业的经营业绩挂钩，不是根据企业的投资收益或亏损进行分配，而是向投资方提供保本保收益承诺，根据约定定期向投资方支付固定收益，并在满足特定条件后由被投资企业赎回股权或者偿还本息的投资方式，常见形式包括回购、第三方收购、对赌、定期分红等。”

---

* 北京大学法学院2015级金融法方向法律硕士（法学）。

① 参见《明股实债为什么这么火？金融、会计、法律、税收 & 监管五维度解析》，资料来源：http：//www.360doc.com/content/17/0324/06/30231471_639643742.shtml，2017年6月13日访问。

该条款是当前法律和规范性文件中唯一直接对“名股实债”概念作出界定的条款，包含内容较为广泛，将另外一种常见的投资形式——对赌也纳入名股实债之中。虽然对赌协议与名股实债存在一定的相似性，但也存在较多的不同，不宜将对赌协议与名股实债混为一谈。[①]

名股实债事实上包括固定投资回报和回收本金两大核心特征，所采用的形式包括回购安排和定期分红安排两大类。

有学者将典型的名股实债实践操作总结为三个交易环节：委托代理（认购）、投资入股、退出增信。[②] 其中委托代理（认购）指投资方本身作为认购股权计划、信托计划或其他形式资产管理计划被广大投资者认购的过程。投资方作为上述资产管理计划往往具有一整套复杂的结构，涉及众多主体间的法律关系，不过在名股实债交易架构中，统一都由该投资主体作为交易方，不会涉及投资方本身架构的复杂法律关系，本文不对其作重点分析。

综合当前实践操作、法律规定和学术观点，可以概括名股实债要素包括：（1）采取股权投资形式；（2）通过交易结构设计达成固定收益安排；（3）通过交易结构设计可以回收投资本金。[③]

（二）交易模式

对于名股实债各要素，实践中存在不同的操作途径，构成几种不同的交易模式。

1. 股权投资。投资方以投资入股方式提供资金并获得被投资公司的股权，根据股权来源不同，有两种操作方式：

增（出）资入股。公司向投资方定向增发新股，投资方以投资资金认购股份，所投资金计入公司实收资本，溢价部分计入资本公积。

另外在新设公司时，投资方仍然可以作为发起股东，通过直接出资的形式获得被投资公司股权，其操作方式与向既存公司增资基本相同，股权来源都是公司，不会产生本质差异，因此，将二者归为一类讨论。

股权转让。公司股东向投资方转让公司股权，投资方获得股东手中的既有股权，投资资金作为受让股权的对价，公司的所有者权益不会发生变化。股东通常会要求投资方直接将资金支付给公司，相当于股东将股权转让的对价投入公司。但公司与股东之间的交易关系往往不会在交易结构中说明，有可能产生关联交易或者股东与公司人格混同的问题，不过此类问题属于股权转让交易中的一般性问题，并非名股实债所关注领域，在此不再赘述。

另外一种变种方式为，投资方将资金直接投入公司，计入资本公积；而股东将股权转让给投资方，投资方支付形式的对价即可。

---

① 详见下文分析。

② 苏奎武：《明股实债类融资工具的交易结构与风险识别》，载《债券》，2016（9）。

③ 主要从投资方角度论述，对于融资者同样适用。

2. 固定收益。实践中名股实债的交易结构都包括投资收益的设计，典型的名股实债交易中直接约定固定收益，不受公司未来经营业绩的影响；部分协议中采用了“固定收益 + 浮动收益”的混合模式。① 类比债券付息方式，名股实债的固定收益也分为一次性支付和分期支付两种：一次性支付指在对股权进行回购时支付溢价作为固定收益回报；分期支付则指投资方与承诺方约定在投资方持股期间，定期支付一定价款作为回报。总之，投资方在股权投资中寻求固定收益回报是名股实债交易的创新点，与一般股权投资回报以公司利润为基础进行分配不同，名股实债的固定收益安排无论公司实际经营业绩如何，投资方都可以在合同订立时确定可以获得收益，无须承担公司运营亏损的风险，同时也意味着无法获得公司利润增长的额外获利。

上述固定收益保障如果仅由公司作出，则应当受到公司利润分配的限制；如果采用股东等第三方差额补足承诺方式，则属于合同法意思自治范畴，具体分析详见第三部分。

3. 回收本金。名股实债核心内容是保证投资方的本金可以像债权投资一样收回，所采用的方式即设置股权回购条款。根据回购主体不同，可以分为公司回购和第三方（通常为股东）回购，分别涉及《公司法》与《合同法》不同领域的法律问题。

4. 交易模式综述。上述3项要素中，投资方取得股权存在两种方式；而保证固定收益和股权回购的义务主体同样存在公司与股东的区别，因此，可能存在的交易模式如表1所示。

表1　名股实债操作模式

	增资扩股	股权转让
公司回购/保证收益	模式①	模式②
股东回购/保证收益	模式③	模式④

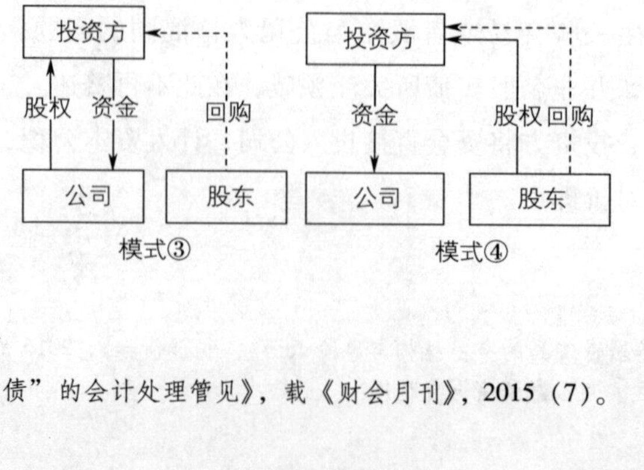

① 燕小月：《“名股实债”的会计处理管见》，载《财会月刊》，2015（7）。

上述四种操作模式在名股实债实践中均有实际案例（见表2），值得注意的是模式②、模式③、模式④均有单独出现的案例，模式①则通常与模式③结合出现。也就是说，当投资方采用增资入股方式进行名股实债操作时，要么仅由股东来承担股权回购义务，要么同时要求股东与公司对自己手中的新股回收同时承担连带责任，不会仅与公司进行回购约定。

二、 司法裁判实务路径梳理

根据上文对名股实债操作模式梳理，可以发现很多案件之间存在相同或类似的交易结构；但是由于目前我国法律法规缺乏直接对此类交易模式的定性条款，当事人之间的法律关系非常不明晰。检索各地各级法院对此类案件作出的裁判，各判决结果之间并不一致甚至结论相反，裁判理由更是莫衷一是，有必要统一梳理当前的司法裁判路径，找出司法者当前对于名股实债问题的核心观点以及他们的分歧之处。

（一）回购条款原则上有效

根据上文分析，名股实债交易实际上涉及两部分——股权取得和股权回购。对于股权取得环节来说，增资入股和股权转让都是常见的交易行为，只要双方系真实合意且不违反《公司法》的规定即有效。影响此交易环节法律效力的法律规定主要集中于国有企业股权转让程序、中外合资企业股权转让程序、股东（大）会决议程序等。在个案中如果涉及上述问题，法院会依据对应的法律规则进行裁判。此类问题与非名股实债案件并没有本质区别。在名股实债司法裁判中存在争议的往往是股权回购条款效力。

股权回购条款作为一种保障投资人收益的方式，出现在既早于也不限于名股实债的各类投资方式之中。最早涉及类似法律问题的是联营合同中的“保底条款”（投资方收取固定收益），1999 年出台的司法解释依据“是否参与共同经营”将其区分为“股权投资”和“名为联营，实为借贷”。①

此后，2005 年最高院再次针对合作开发房地产领域出台了专门解释，认定投资方不承担风险、收益固定的属于债权。②

在很长一段时间内，由于上述司法解释存在，很多“保底条款”或“固定收益”的约定会被认定为债权。在法律监管未放开“企业间禁止借贷”规定的背景下，很多类似合同被认定为构成《合同法》第五十二条第三款“以合法形式掩盖非法目的”的行为而无效。

虽然上述司法解释尚未废除，但其出台时间距今已久，社会经济环境发生了很大变化，法律

---

① 《最高人民法院关于审理联营合同纠纷案件若干问题的解答》，法［经］发〔1990〕27 号。

② 《最高人民法院关于审理涉及国有土地使用权合同纠纷案件适用法律问题的解释》第二十六条规定：“合作开发房地产合同约定提供资金的当事人不承担经营风险，只收取固定数额货币的，应当认定为借款合同。”

也发生了多次变更，其适用性已经非常狭窄。尤其在2015年最高人民法院发布《关于审理民间借贷案件适用法律若干问题的规定》后，基于生产经营目的的企业借贷基本上合法化。①

因此，现行名股实债司法裁判中，很少出现依据上述理由宣告合同无效的情况。参考与名股实债交易结构类似的对赌协议，对赌第一案“海富案”判决（参见案例1）形成了“公司对赌条款无效，股东对赌条款有效”的司法观点，对于目前名股实债的裁判也具有指导意义，即投资方回购条款如损害公司及债权人利益则应认定无效。后续也有案件采用类似观点，认定“公司回购约定违背了公司法中投资者风险自负的原则，故该约定应属无效；股东回购股权的行为并未违反公司法风险自负原则，也未损害公司债权人的利益，故该约定有效”（参见案例4）。

此后，中国国际经济贸易仲裁委员会在一起仲裁案件中（案例2），在基本案情与“海富案”相类似的情形下，作出了与结论相反的裁决，即由公司承担回购/保证收益义务也可以认定为有效。两个案件看似结果相反，但本质上都是依据《公司法》资本维持原则结合诉争公司的财务状况作出对应的裁判。

在当前的司法裁判中，法院主要从当事人意思表示是否真实出发来界定合同是否有效。在既有名股实债生效判决中，只要双方当事人举证证明双方达成真实合意，一般都会认定合同回购条款有效。如涉及公司承担回购义务，法院则会谨慎判断其有效性。

值得注意的是王伟俊诉上海金力达案（参见案例14），王伟俊增资取得上海金力达的股权，之后与公司董事会达成了“股转债”协议，审理法院认为双方达成的“股转债”决议的实质应是公司股权（股份）回购，不符合《公司法》第七十五条所规定的异议股东股权回购请求权的构成要件；尽管双方合意真实，但是由于违反公司资本维持原则，有损公司及公司债权人利益而被认定无效。本案虽非典型的名股实债操作模式，但也存在类似的“股权”退出的安排，可以看到法院在裁量此类回购条款时，已经开始考虑资本维持原则约束，不过仍然是在作效力性判断。

（二）股/债的判别因素

法院在对名股实债交易作出有效性判定后，应进一步认定其究竟为股权投资还是债权投资，这也往往是双方当事人争议的焦点，是整个裁判文书的核心内容。以下分别按照裁判结果对现有司法判决进行分析：

1. 多数名股实债普遍被认定为股权投资。

（1）与对赌协议区分。当名股实债交易架构被设计成偏向于股权投资时，从外观上容易与

① 《最高人民法院关于审理民间借贷案件适用法律若干问题的规定》第十一条规定：“法人之间、其他组织之间以及它们相互之间为生产、经营需要订立的民间借贷合同，除存在《合同法》第五十二条、本规定第十四条规定的情形外，当事人主张民间借贷合同有效的，人民法院应予支持。”

对赌协议相混淆，有必要对二者进行区分和辨别。关于对赌协议存在三种不同口径的理解，其中认同较为广泛的解读包括初始投资作价补偿条款以及投资方退出时的股份（股权）回购条款。①这与本文所讨论的名股实债交易模式比较相似。实际上，对赌协议和名股实债在回购条款设置上无本质区别，不过是触发机制不同而已。对赌协议下回购条款并不确定地发生，而是以经营业绩为依据；对赌协议中，投资方约定补偿机制是为了保护自身权益，当目标公司完成预期业绩目标时，便不会触发回购条款。

名股实债则不同，回购条款一般约定为一定期限后一方即有权要求回购，一般与经营业绩无关，即使与经营业绩挂钩，也往往设置为极难达成的标准，无论公司经营情况好坏，回购主体都需要按时回购投资方股权，以确保投资方可以顺利退出。

产生上述区别的根本原因是对赌协议与名股实债的交易动机和产生目的不同。名股实债投资方的核心目标就是进行债权类投资，所在意的是本金的安全和固定收益，不寻求高价值、高风险的回报；但是限于放贷资质、投资企业资质、授信额度等限制无法直接通过借贷关系完成上述交易，形式上只能采取股权投资方式，所以设置股权回购条款本质上是保证本金的收回，一般不会觊觎公司增长价值，自然无须关注公司经营业绩，股权回购条款并不与目标公司业绩挂钩。对赌协议则是发生在 PE/VC 领域的交易设计，通常是由于所投成长企业价值难以估计，需要根据未来企业实际经营业绩对初始估值进行调整，所以股权回购条款必然与企业经营业绩挂钩，来调整初始投资与公司实际价值之间的平衡关系。

因此，当提及名股实债与对赌协议时，交易主体设计的真实意图就存在质的区别，不宜混为一谈。中基协出台的上述规定未能充分理解二者之间的差异——对赌协议是与名股实债并列的一种投资方式，而非名股实债的一种表现形式。

源于上述差异，二者的司法裁判实践也呈现不同的特点，名股实债至今仍陷在股债之争中难有定论。而对于 PE/VC 领域采用的对赌协议，法院普遍将其认定为股权，涉及股权回购条款的仅就股权回购条款有效性作出判断，基本上是在股权转让/变动层面考虑这个问题，不会将其认定为债权。原因在于，首先，法院在裁判中通常会探寻双方当事人的真实合意，在对赌协议中，已经形成了相对固定的行业认识，即投资方寻求企业股权，希望获得企业价值增长的收益，股权回购条款和固定收益承诺不过是风险防范和退出措施。其次，在对赌协议中，一般有明确清晰的注资或受让股权行为，并且会完成股权变更登记、股东名册变更登记等相应手续；投资方也

① 刘燕：《对赌协议与公司法资本管制：美国实践及其启示》，载《环球法律评论》，2016（3）。

会派遣工作人员担任公司董事参与企业管理工作，获得一定程度的公司管理权（参见案例3①）。投资者在对赌协议下各项交易安排都呈现出典型的股权投资特征，一般不会发生股债之争。

（2）认定为股权的名股实债交易。相较于明确体现为股权的对赌协议操作，典型的名股实债投资方一直表现出对本金安全和固定收益的强烈愿望，与债权投资特点非常接近。对于其法律性质，有观点认为“一般情况下会按照‘实质重于形式’的原则被认定为债权投资”。② 但根据既有裁判情况来看，法院等裁判机构对此类交易倾向于依据外在形式认定为股权投资，认定为债权投资的反而是特殊个案。

以案例8为例，其所涉及的名股实债交易结构为：新华信托以22 478万元从港城置业股东纪阿生、丁林德处收购80%的股权；双方约定了固定比例收益，并且为融资设定了1.5年、2年、2.5年的固定期限。最终承担“返还”资金并支付收益的主体为港城置业，其余股东均提供了不同形式的担保。双方约定新华信托有权委派2名董事（其余3名董事由持股20%的原股东委派）；实际履约过程中，新华信托也依约向港城置业指派了2名董事，参与公司经理选聘等事项的表决，且对公司重大事项享有一票否决权。法院最终认定其为股权，理由为《股权转让协议》系真实意思表示，合法有效；该案系破产债权纠纷，外部债权人依据公司股东登记的公示效力产生的合理信赖应当受到保护，应当适用外观主义原则，确认原告方具有股东身份，不应享有破产债权。

综合既有案例来看，其中认定为股权投资的裁判理由总结如下：

（1）双方达成的协议主合同约定为股权转让交易形式。没有明确的证据证明双方真实意思为债权投资的意思表示，则不能推翻股权投资的初步结论。

（2）投资方实际履行了出资义务或支付股权转让款，并且办理了工商变更登记，即取得公司股权成为公司股东。即使上述行为可能被认为是担保措施，但担保是其商业活动的目的，不能改变股权交易本质，对其股权性质不产生影响。

（3）投资方派出或选举董事，参与公司经营活动，对人事选任具有选举权和对公司重大事项具有表决权。

（4）在公司承担回购义务情形下，外部债权人依据公司股东登记的公示效力产生的合理信赖应当受保护，应当适用外观主义原则，确认投资方股东身份。

（5）与股东间的股权回购协议则依据双方约定裁判，按照双方约定条件履行合同义务，不

① 双方约定，九鼎投资中心（投资者）推荐两名董事，宜都天峡公司（公司）的总经理和财务总监由九鼎投资中心指派，参加宜都天峡公司的运营管理；实际执行中，湖北天峡公司通过了股东会及董事会决议，按照九鼎投资中心的指派，分别让上述推荐人选担任了宜都天峡公司的董事，总经理（总裁）、财务总监等职位。

② 曾婵：《“明股实债”玩砸了！（附最新案例、解读）》，资料来源：http：//mp. weixin. qq. com/s/lzNZD5RL80ATPyHPxiZWRA，2017年6月15日访问。

足以证明交易为债权投资。

根据上述裁判理由大致可以看出当前司法机构裁判思路：首先，根据双方约定的主协议内容探求真实意思表示；其次，观察实际履行情况，如果投资方确实以合理对价取得了公司股权且办理了登记，对公司事务具有一定的管理权，则认定为股权投资。在认定为股权情况下，股权回购协议则依据双方当事人具体约定履行即可。

在案例 3 即引起较大影响的新华信托——港城置业案中，一审法院提出了值得称赞的理由，即如果公司承担回购义务时，应当考虑公司股东登记的外部公信力，基于对债权人保护，应当认定为股权投资。

2. 特定情形下被认定为债权。正如前文所述，被认定为债权的名股实债案例中，当事人需要提出充分证据证明双方达成真实合意为债权投资，法院在突破股权表面形式作出债权认定判决时都是非常慎重的。

在案例 9 中，投资者与股东签订了《股权转让协议》，内容安排与上文被认定为股权的交易结构相类似，但是法院将该协议中的 60% 股权转让界定为债权，理由是“股权没有变更登记到投资者名下”。但综合整个裁判来看，法院的理由没有很强的说服力，认定为股权的 40% 部分和认定为债权的 60% 部分在交易安排上没有任何区别，法院更像是基于平衡个案当事人权益而作出的判决。

案例 10 中当事人实际上前后有两个交易行为。

首先，投资方新华信托与江峰房地产及股东签订《合作协议》约定信托基金以 1 元资金受让江峰房地产公司原股东持有的 90% 股权，剩余信托资金用于增加江峰房地产公司资本公积。

同时，新华信托和江峰房地产签订了《借款合同》及补充规定，约定“江峰房地产公司向新华信托公司借款 1. 1 亿元，用于支付诸城密州购物广场项目的工程垫资款，借款期限为 1 年，年利率为 20%”。并将《合作协议》相关内容放于《借款合同》的鉴于条款中，股权转让合同作为借款合同的交易基础和背景。

随后，上述“借款”到期后，因江峰房地产公司未能偿还全部借款本息，双方又签订了《收益权转让合同》，约定江峰房地产公司将其享有的在建工程项目收益权转让给新华信托，在转让期间按照约定支付收益权回购款；并以《收益权转让合同》项下 1. 09 亿元转让款偿还《合作协议》项下未按期偿还的借款。

对于上述两个交易，法院认定双方签订的《合作协议》《借款合同》等内容实质上是借款合同。理由包括：江峰房地产内部决议可以证明借款意图；股权转让对价不合理；江峰房地产就上述合同义务设立了抵押，说明其认可为债权等。

其次，法院认定《合作协议》已履行完毕，双方的权利和义务应当按《收益权转让合同》的约定履行，而依照《收益权转让合同》约定，江峰房地产应当履行其回购义务。

本案实际上并非通常的“名股实债”范畴。在第一个交易环节中，尽管存在股权转让条款，但是并没有对此转让股权约定回购义务，而是通过借款合同下还款义务来保障投资方收回本金。实际上类似在建工程抵押担保、股权质押担保的一种担保行为，与“股权转让+股权回购条款”模式有很大不同。

在第二个交易环节中，江峰房地产转让的是“项目收益权”，形式上属于资产出售交易，本质上仍然是“所有权融资担保”操作。

因此，法院认定其为“新债换旧债”是具有事实和法律依据的，本案相关的裁判理由适用于其他名股实债案件存在一定难度。

案例11也体现了类似的司法逻辑。新华信托受让强人置业股东手中100%的股权收益权，并将受让款支付给强人置业，强人置业和股东承担回购义务。法院认定，《信托融资合同》第十五条第二、第三款约定，本合同将作为主债权合同用于办理房产抵押、股权质押登记；而《股权收益权转让合同》作为合同附件，应当以主合同确定双方的法律关系。而主合同中约定了融资利率、本金偿还及利息支付、违约利息及复利等条款，是一个典型的债权合同。因此，双方法律关系被界定为债权投资，而股权收益权转让则成为担保措施之一。

从上述两个案例来看，法院认定其为债权主要是由于交易结构中明显体现为债权合同，相关协议及双方的磋商过程体现出明显的债权合意。现有一些案例评述文章总将上述案例与新华信托和港城置业案等案联合评论，称“基于几乎相同的交易结构，投资人或公司原股东均有可能提出截然相反的主张”。① 然而这两个案件当事人操作模式并不一致，法院得出相反结论并非全部源自法官裁判逻辑的分歧，更多的是由于迥异的事实基础。这样的看法忽略了案件细节，自然无法准确地探求法官判决中的司法思维。此类大而化之的泛泛之谈无助于对名股实债法律关系的理解，反而会造成更多的困惑和误解。

3. 注重合同履行，不纠结股债之争。在司法实践中，有些案件判决不对交易性质作出判断，而是依据合同具体约定来判断是否可以履行。如案例12，法院没有对合同定性，只认定双方合同成立生效，信托公司依约履行了投资及受让股权等合同义务，但合同约定期满后，北京时光公司未按照约定回购该股权，应当按照合同约定承担违约责任。法院特别处理了公司暂被吊销营业执照的问题，认为根据公司法人制度及公司法理规则并不构成上述股权变动的法律障碍，所以北京时光公司应当履行其合同义务。

对于此类案件，法官没有纠结交易的股债性质之争，而是直接对当事人合同义务的可履行性进行判断，所表现出的司法智慧为解决名股实债法律问题提供了一条重要的思路。

---

① 闫飞翔：《名股实债纠纷裁决路径分析》，资料来源：http://www.ccuorg.com/info/info_17048.html，2017年6月15日访问。

不过值得注意的是，这两个案件中，承担回购义务的仅仅是股东，而不是公司，所要考虑的不过是转让程序规定、资质规定等相对容易判断的因素。① 在公司承担回购义务情况下，则可能涉及复杂的公司资本维持原则。

表 2　名股实债案件司法裁判实务案例

案例名称	裁判机构	交易模式	投资方	股权取得方式	股权收购主体	股/债认定	案例选取特征
回购条款——对赌协议							
1. 海富公司与世恒、香港迪亚等增资纠纷案②	最高人民法院	①/③	海富公司	增资入股	公司&股东	认定为股权； 公司固定收益承诺无效； 股东固定收益承诺有效	本案例为“对赌第一案”，具有开创性意义
2. 某仲裁增资纠纷案③	中国国际经济贸易仲裁委员会	①/③	某基金 某自然人	增资入股	公司&股东	认定为股权； 公司回购条款有效	本案例为仲裁机构对于“对赌协议”的观点
3. 苏州周原九鼎投资中心诉蓝泽桥等投资合同纠纷案④	湖北省高级人民法院	③	九鼎投资中心	增资入股	股东	认定为股权； 股东回购条款有效	本案例中，仅有股东承担回购义务
4. 上海新虹伟公司等与苏州友利公司纠纷上诉案⑤	上海市第一中级人民法院	①/③	友利公司	增资入股	公司&股东	认定为股权； 公司回购条款无效； 股东回购条款有效	本案例中，法院明确认定了公司回购与股东回购条款的不同
5. 浙江省宁波正业控股集团有限公司与上海嘉悦投资发展有限公司与公司有关的纠纷上诉案⑥	上海市第一中级人民法院	③	宁波正业	定向增发	股东	股东保底收益条款有效	本案例中，投资者取得股权的方式是定向增发

① 在案例 11 中，“公司”兴安盟时光也要对股东的回购义务承担连带责任。不过这种连带责任不同于公司承担回购义务，即使兴安盟时光承担了连带责任，也不会对公司资本金产生影响，可能造成的是资产流出公司，与一般意义的为大股东进行关联担保行为相同，不是名股实债下讨论的问题。

② 最高人民法院（2012）民提字第 11 号民事判决书。

③ 熊美琦：《突破“对赌协议”第一案》，资料来源：http：//www.fylz.com.cn/ljxw/201408/t20140826_1452494.shtml，2017 年 6 月 13 日访问。

④ 最高人民法院（2015）民申字第 295 号民事裁定书。

⑤ 上海市第一中级人民法院（2015）沪一中民四（商）终字第 1173 号民事判决书。

⑥ 上海市第一中级人民法院（2013）沪一中民四（商）终字第 574 号民事判决书。

续表

案例名称	裁判机构	交易模式	投资方	股权取得方式	股权收购主体	股/债认定	案例选取特征
名股实债——认定为股权							
6. 华南国仲金融仲裁典型案例精选(九)①	华南国际经济贸易仲裁委员会	③	某投资公司	增资入股	股东	认定为股权	本案例为仲裁机构对“名股实债”的观点
7. 联大集团诉安徽高速股权转让纠纷案②	最高人民法院	④	安徽高速	受让股权	股东	认定为股权	典型名股实债案件
8. 新华信托等诉港城置业破产债权确认纠纷案③	湖州市吴兴区人民法院	②	新华信托	受让股权	公司	认定为股权	典型名股实债案件
9. 德美投资有限公司诉建生建筑工程有限责任公司股权转让纠纷案④	北京市顺义区人民法院	④	德美公司	受让股权	股东	变更登记部分认定为股权; 未变更登记部分认定为债权	典型名股实债案件
名股实债——认定为债权							
10. 新华信托与江峰房产公司合同纠纷案⑤	重庆市高级人民法院	类似于②	新华信托	受让项目收益权1元对价受让90%股权	公司	认定为债权	典型名股实债案件
11. 新华信托与强人置业、叶罕嗣等金融借款合同纠纷案⑥	重庆市高级人民法院	类似于②/④	新华信托	受让股权收益权	股东&公司	认定为债权	典型名股实债案件

① 华南国际经济贸易仲裁委员会:《华南国仲金融仲裁典型案例精选(九):“明股实债”纠纷案例》,资料来源:http://mp.weixin.qq.com/s/xkuzho4p6Gfolid0pzJaCA,2017年6月13日访问。

② 最高人民法院(2013)民二终字第33号民事判决书。

③ 湖州市吴兴区法院(2016)浙0502民初1671号民事判决书,新华信托已提出上诉,二审判决尚未作出。

④ 北京市顺义区人民法院(2012)顺民初字第2075号民事判决书。

⑤ 重庆市高级人民法院(2014)渝高法民初字第00010号民事判决书。

⑥ 重庆市高级人民法院(2014)渝高法民初字第00045号民事判决书。

续表

案例名称	裁判机构	交易模式	投资方	股权取得方式	股权收购主体	股/债认定	案例选取特征
未作出性质认定							
12. 北京时光房产公司与新华信托、兴安盟时光房产公司合同纠纷案①	最高人民法院	③/④	新华信托	增资受让股权	股东	未对合同定性公司回购条款有效、可履行	典型名股实债案件
13. 亿豪房产与南京中医药大学股权转让纠纷②	江苏省高级人民法院	不适用	南京中医药大学	受让股权	股东有权要求投资方转让股权	投资方需依合同约定履行义务	典型名股实债案件
其他							
14. 王伟俊诉上海金力达机械科技有限公司其他与公司有关的纠纷案③	上海市普陀区人民法院	不适用	王伟俊	股转债	公司	合同符合意思自治原则，但因违反《公司法》第七十五条无效	虽不属于名股实债范围内，但属于“符合合同自治原则，但违反《公司法》而无效”的情形

数据来源：上述数据来自北大法宝网站，通过搜索关键词“回购”“股权回购”“名为股权”“股权&借贷关系”“固定利息（收益）”等筛选而得。

筛选标准：在上述筛选数据结果的基础上，遵循如下原则选取案件：（1）保留所有的典型的名股实债案件，并按照三种不同的裁判结果进行归类；（2）选取与名股实债裁判实务表现出的规则相类似的案件如对赌协议案件等；（3）考虑裁判机构的类别、地区、级别等要素的多样性。

三、 评析及启示

（一）双层考量

总结当前名股实债司法裁判，法院总体上会从各方面寻求当事人真意，作出或股或债的判断；个别案件中法院创新地提出了检验合同条款可履行性的思路。从复杂的案件事实和法院说理中可以大概总结出各地各级法院的裁判理由，它们不自觉地体现出两个层面的考虑：

---

① 最高人民法院（2014）民二终字第261号民事判决书。

② 江苏省高级人民法院（2014）苏商终字第0205号民事判决书。本案非同于一般的名股实债案件，有权要求执行受让股权条款的是公司而非投资方，本质上属于股东间附条件转让股权的合同约定。

③ 上海市普陀区人民法院（2011）普民二（商）初字第1185号民事判决书。

首先，法院从各个方面寻求当事人的真实合意，采取“合同自由”原则进行审理，根据当事人订立的合同文字内容以及合同履行情况来判断是股权投资还是债权投资。

这个过程本质上是法院在平衡当事人之间的利益，如果认定为债权，投资方得到金钱，丧失股权；认定为股权则相反，投资方得到股权，丧失金钱退出的权利。由于公司经营情况变化，股权价值在订立合同时和发生争议时可能发生很大变化，任何一方当事人都会倾向于寻求更高价值的选择，就有歪曲初始交易目的的倾向。法院在此过程中就要综合各种因素，准确认定合同订立时的约定，平衡当事人之间的利益，避免带来新的损害或导致不公平。

其次，当涉及案外人如债权人时，① 法院就会考虑名股实债的外观主义，以《公司法》相关规则进行检验，双方当事人之间的约定不得违背上述规则，不能损害公司债权人的利益。体现这个思路的有案例1、案例2、案例4、案例6、案例8。尤其在公司承担股权回购义务时，法院现行思路倾向于认定此类条款无效，即公司不得向投资方支付回购款，以免对公司债权人损害。

（二）当事人权益衡量——股/债判断

根据上文所述，对于名股实债来说，法院首先探讨当事人的真实意思表示，公平界定当事人之间权益，判断交易协议赋予投资者的究竟是债权下的无风险固定收益还是像对赌协议一样以股权追求公司价值增长带来的风险回报。结合当前对名股实债问题的研究与司法裁判规则，总结有以下因素可以供衡量：（1）主合同类型；（2）经营管理权安排；（3）股权转让价格；（4）担保措施；（5）其他有关交易磋商过程证据。② 法院一般会综合多种因素判断各方真实意思表示，就目前的案件裁判实务来看，上述因素尚无明显的次序分别。

表3　名股实债案件股/债判断因素

衡量因素	股权	债权
主合同类型	股权转让交易	“借款”“利息”“本金”
经营管理权安排	实质性经营管理权	不参与公司管理及决策；派出董事对资金使用等事务实施监督
股权转让价格	公允	非公允
担保措施	无担保措施	存在其他如不动产抵押、第三方保证等担保
交易磋商过程	公司内部决议文件、非正式沟通文件	

（三）对案外人利益考量——交易环节可履行性检验

如果合同履行涉及案外人权益如债权人债权利益，法院会进一步考量案外人利益，从各交

① 案外人除债权人外，还包括国家（税收）、职工（特殊债权人）等，此类主体均有特殊的法律规则予以规制和保护，因此，此处案外人仅指一般意义、无特殊地位的债权人。

② 燕小月：《“名股实债”的会计处理管见》，载《财会月刊》，2015（7）；李玉斌：《明股实债的是与非探析》，载《法律与经济》，2017（3）。

易环节进行可履行性检验。

1. 股权转让协议及增资协议。如上文所述，投资者取得股权存在受让股权和新增入股两种方式。

受让股权可能涉及有限公司其他股东优先购买权的问题，只要依据《公司法》相关规定取得其他股东同意即可。[①] 而新增入股则可能稀释其他股东的权利，对公司治理结构产生影响，需按照公司章程规定取得董事会或股东会决议通过。综合来看，此两种方式只要完成了相应授权程序，均不会对可履行性产生影响；就司法实践来看，几乎没有案件对股权取得环节产生争议。名股实债股权取得环节的两种操作模式一般不存在可履行性问题，目前的裁判案件也鲜有在取得股权环节发生争议。

2. 公司回购。名股实债最核心的交易环节为股权回购环节，其中最具有争议的是公司作为回购义务人：在满足回购条件时，公司承担回购义务，会造成公司所有者权益减少。回购的实质是股东撤回投资，必然牵涉债权人基于公司资本的完整性而期望的利益安全，如此来看，回购股权是公司减资的一项直接动因。[②] 股权回购的经济实质是公司进行了减资，有可能损害公司债权人利益。这也是“海富案”宣告“与公司对赌”无效的原因。事实上，公司承担回购义务并不必然无效，该问题本质上不应作效力判断，应当考察公司的财务状况，判断其是否可以履行上述回购义务。如果公司经营状况良好，具备足够盈余，以该部分支付回购对价不会对债权人利益产生损害。此时，公司回购条款就是可履行的，这就是案例2裁判的内在逻辑。

除了对公司良好财务状况要求外，公司执行回购条款须通过法定的减资程序来保障债权人利益。公司需在编制资产负债表及清单并履行通知债权人程序后，方可执行股权回购条款，否则会有抽逃出资之嫌。

3. 股东回购。名股实债交易中另外一种安排是股东承担股权回购义务，该交易框架下，股东履行义务后，公司股东的持股比例发生变化，公司的资本则不会发生任何变化，理论上不会对公司债权人造成损害。《公司法》下公司内部股权转让问题，属于股东意思自治范畴。股权回购属于一种特殊的股权转让，[③] 法律禁止股东抽回出资，并不反对转让出资，股东对于股东间关系以及股东与公司间关系，可以依其自身意思进行调整，司法机关不应强行干涉。[④] 在名股实债讨论框架下，股东承担股权回购义务可履行性并不存在《公司法》上的障碍。

---

① 《公司法》第七十二条规定：有限责任公司的股东之间可以相互转让其全部或者部分股权。股东向股东以外的人转让股权，应当经其他股东过半数同意。

② 甘培忠：《企业与公司法学》（第7版），193页，北京大学出版社，2014。

③ 秦秉蔚：《股权回购协议的效力及实务问题研究》，中华全国律师协会，“中国合同法论坛”，2010年4月。

④ 蒋大兴：《公司法的观念与解释II》，14页，法律出版社，2009。

4. 固定收益安排。当投资方的固定收益安排是通过回购溢价一次性实现时，可以将其并入回购条款进行检验；当投资方的固定收益安排是定期支付的话，则可能涉及公司利润分配相关法律问题。

实践中定期固定收益安排有三种形式：（1）股东定期支付固定收益；（2）公司依据公司经营业绩，从可分配利润中支付，差额部分由股东补足；（3）无论公司经营业绩如何，全部固定收益由公司承担。

就形式（1）而言，股东定期支付固定收益仍属于股东与投资方之间意思自治范畴，《公司法》并不禁止此类安排。

形式（2）相当于投资者作为公司股东行使正常的股东权利。股东承担差额补足义务也不会产生可履行性问题，当公司处于亏损状态或公司盈利无法覆盖股东预期收益时，承担差额补足义务的主体并不是公司，并不违反《公司法》关于利润分配的禁止性规定。司法裁判中基本都持上述观点，认为“股东所作之补充损失承诺为有效”（参见案例5）。

就形式（3）而言，《公司法》第三十四条规定：“股东按照实缴的出资比例分取红利；公司新增资本时，股东有权优先按照实缴的出资比例认缴出资。但是，全体股东约定不按照出资比例分取红利或者不按照出资比例优先认缴出资的除外。”在公司盈利可覆盖部分股东预期收益率的情况下，股东之间约定按照固定比例先分配给该部分股东，实际上体现了股东约定“不按照出资比例分取红利”，是符合利润分配规则的。

当公司盈利不足以覆盖预期收益或亏损时，公司所做的固定收益承诺则不可履行。根据《公司法》第一百六十六条第五款规定：“股东会、股东大会或者董事会违反前款规定，在公司弥补亏损和提取法定公积金之前向股东分配利润的，股东必须将违反规定分配的利润退还公司。”当公司财务状况不佳，仍然向投资者支付固定收益时，则可能因为违反利润分配规定被认定无效，追回相应资金。

四、结论

名股实债作为新兴的交易模式，通常包括股权取得和股权回购两个核心交易环节，在每个交易环节中各有两种不同路径，总共有四种典型交易模式。对于各类不同的交易模式，当前司法裁判中主要认定合同为双方当事人真实意思达成的合意，并根据《合同法》意思自治原则予以了充分的司法尊重；同时，由于该交易存在一定的外部性，对案外人尤其公司债权人利益产生了重要影响，部分司法裁决对此因素也进行了充分考量，以作出符合各方利益的公正裁判结果。

（责任编辑：魏颀瑶）

证券法制

主动沽空行为的合法性及其监管建议

■黄 栋*

摘要：2016 年以来，做空机构的主动沽空行为呈现出向新兴市场扩张的趋势，在我国 A 股市场上也方兴未艾。这种行为在实现市场自我诊治和促进市场价格发现等方面有重要意义，但在我国现行的证券法规下，主动沽空行为可能涉嫌“抢帽子交易”进而被认定为违法，而违法性的判断以沽空者的市场影响力以及是否披露利益冲突为界限。监管机构应当向市场明确这一判定标准，审慎推动主动沽空行为在我国证券市场的发展。针对主动沽空行为的兴起可能伴随的跨国别传播虚假信息、市场操纵等证券违法行为，我国有必要确立《证券法》的域外效力、明确并适当降低传播虚假信息违法的构成要件，同时建立空仓信息披露制度和交易大数据监控系统，提高监管执法能力和效率。

关键词：主动沽空　做空机构　抢帽子交易　虚假信息

一、 主动沽空行为的发展现状

2016 年以来，在香港上市的内地公司频繁被国外沽空机构做空，引发股价剧烈波动。从国际大环境来看，全球范围内沽空机构的数量和沽空活动近年来也呈现增加趋势。截至 2016 年底，全球共有 130 到 140 个开展沽空活动的机构或个人，遍布美、欧、亚三大洲。其中，约 70 个沽空者在 2016 年一共发起了约 220 次沽空活动。① 另一个值得关注的趋势是，沽空活动开始加速向日本、韩国、新加坡、中国香港等亚洲新兴市场扩张。可以预见，随着我国资本市场对外资的进一步开放，在狙杀美国中概股和港股屡试不爽之后，沽空者们的枪口将逐渐对准 A 股上市公司。

（一）商业模式分析

国际上主动沽空的操作模式通常包括以下几个步骤：获取做空线索、研究分析形成报告、在

---

* 任职于美国威尔逊律师事务所驻北京代表处。

① Josh Black（ed.），An Annual Review of Trends in Shareholder Activism，Activist Insight，https：//www. activistinsight. com/amp/issues/TheActivistInvestingAnnualReview2017. pdf，2017 年 10 月 23 日访问。

证券市场融券布局空仓、发布做空报告打压股价，最后从证券市场买回股票平仓，完成获利。做空线索通常来自主动沽空者对公开信息的监测和研究。在获取线索后，主动沽空机构从财务数据、业务模式、经营状况等多方面对相关公司进行深入调查研究，形成做空报告。常见的研究方法包括财务报表分析、公开信息交叉查证、实地走访调查以及行业和竞争分析等。在证券市场布局阶段，主动沽空者既可以利用自有资金进行卖空交易，也可以通过向其他机构，尤其是对冲基金出售做空报告而获利。在第二种情况下，虽然做空报告的发布与二级市场的交易行为被人为割裂，但是实质上不改变此类商业模式的本质，只是整个过程由不同主体“合谋”完成。不管是通过二级市场的卖空交易获利还是通过出售做空报告获利，商业利益是主动沽空者进行沽空活动的首要目的，也是发布做空报告的核心动机。

做空报告通常发布于互联网，常见的信息传播平台包括做空机构官方网站或者自媒体平台，在此类平台上信息传播迅速。加上做空报告揭露的通常是严重的欺诈、舞弊等问题，它非常容易得到极高的关注，从而对市场形成集中而有力的冲击，导致被做空对象的股价应声下跌。此外，融券交易通常具有高杠杆的特征，一旦做空失败，主动沽空者可能损失惨重。例如在2008年的大众集团逼空案中，在看空宣传此起彼伏的环境下，卖空仓位达到其总股本的12.9%，但由于保时捷对大众集团的持续增持，其股价从210欧元一路蹿至逾1 000欧元，使得沽空者血本无归。①

（二）主动沽空行为的界定

参考国际上常见的沽空活动，本文将讨论主动沽空（activist short）。主动沽空是指行为人借券卖出上市公司的股票之后，主动发布相关上市公司的不利信息，在上市公司股价下跌后买回股票，还券获利。因此，主动沽空实际上是两种行为的结合：一是卖空交易行为，包括融券和还券等操作，二是不利信息的发布行为。这两种单独的行为并不违反证券法规：主动沽空者并不通过卖空交易本身来影响证券价格或者交易量，因此不涉及连续交易等市场操纵行为；而沽空者发布的信息如果是通过合法调研、整理和分析得出的真实信息，也不构成虚假信息或者内幕信息。

（三）主动沽空行为在国内的发展

2010年，中国资本市场有了融券机制。2015年，沪港通开通融券业务。看空报告在A股市场其实也早已出现，其中市场影响比较大的看空报告有2012年北京中能兴业投资咨询公司（以

---

① 博远投：《2008年大众保时捷“世纪逼空案”来龙去脉》，资料来源：http：//stock.jrj.com.cn/2017/06/13190322604973.shtml，2017年11月19日访问。

下简称中能兴业）联合《中国证券市场周刊》发布的《乐视网幻象》① 和《康美谎言》②，以及2014年光大证券发布的针对伊利股份的看空报告。③ 2017年以来，A股市场的看空文章呈现出井喷的态势。2017年5月，《证券市场周刊》发布调查报告质疑三聚环保，后者随即封跌停板。此前，"市值风云"APP和"叶檀财经"公众号连续发布尔康制药④、神雾环保、神雾节能⑤等上市公司的看空文章，质疑这些公司的财务舞弊等问题，三公司都在封跌停板后停牌。⑥

不同于境外沽空行为的是，在A股市场，做空的商业模式还不完整。目前还没有一个看空报告的作者表示其同时对看空对象进行了融券卖空，至少在表面上是如此。中能兴业在发布《康美谎言》后，曾向中国证券监督管理委员会（以下简称证监会）咨询"投资研究机构通过分析研究与实地调查等手段，对发现的有疑问证券先融券卖出，然后再发布看空报告以谋求利益"的行为是否违法。但经过两轮咨询，证监会对于此类行为是否违反《中华人民共和国证券法》（以下简称《证券法》）并未予以明确回应，仅表示现行法律法规中对此类行为没有明文规定。但值得注意的是，证监会同时在回函中提示相关人员"不得从事内幕交易、操纵市场、虚假陈述和编造虚假信息扰乱证券市场秩序等违法违规行为"，⑦ 这在某种程度上为进一步分析主动沽空行为的合法性进行了提示。尽管如此，尚不完善的法律制度使得主动沽空行为在中国的合法性一直没有定论，并不明确的监管态度加剧了这一领域的不确定性。

当然，合法性存疑的灰色地带也不乏逐利者。早在2012年，凤凰证券就发现，在《证券市场周刊》发布张裕葡萄酒农药残留超标的报道前一个月，张裕的每日融券余额出现较大的上升，⑧ 很可能有交易者预知《证券市场周刊》的报道而做空获利。面对主动沽空行为在国内的发展和境外主动沽空机构向新兴市场扩张可能带来的挑战，我国有必要尽快在政策上明确对此类行为的态度、在法律上明确此类行为的边界，并建立与之相适应的监管规则。

---

① 高荣华、陈予燕：《乐视网幻象（上）》，载《证券市场周刊》，2012（14）。

② 高荣华、封莉：《康美谎言》，载《证券市场周刊》，2012（45）。

③ 光大证券：《伊利股份半年内将下跌30%》，资料来源：http：//www.ebscn.com/main/a/20140604/6384147.shtml，2017年9月5日访问。

④ 市值风云：《强烈质疑尔康制药涉嫌严重财务舞弊：中国海关喊你来对账了!》，资料来源：市值风云APP，2017年9月5日访问。

⑤ 时晨晨：《神雾集团：对不起贾布斯 我用你的套路 实现了你的梦想》，资料来源："叶檀财经"微信公众号，2017年9月4日访问。

⑥ 朱邦凌：《自媒体连发做空报告沽空机构离A股还有多远》，资料来源：http：//www.nbd.com.cn/articles/2017-05-31/1112007.html，2017年9月5日访问。

⑦ 北京中能兴业投资咨询公司，《致信证监会请求确认做空的合法性》，《证监会对做空的回复》，《再次请求中国证监会确认做空的合法性》，《证监会再次回复对"做空"合法性的询问》，资料来源：https：//xueqiu.com/5210774343/23227372，2017年9月5日访问。

⑧ 吴琳琳：《张裕疑遭做空〈证券市场周刊〉被疑幕后黑手》，资料来源：http：//finance.qq.com/a/20120817/004874.htm，2017年9月5日访问。

二、 主动沽空行为的利弊分析

（一）市场对主动沽空行为的担忧

目前，市场对主动沽空行为的担忧可以归结为两个方面：一是对于其引发做空对象股价暴跌的担忧。主动沽空行为通常在短期内迅速打击个股股价，导致相关个股的投资者承受非常大的投资损失，给资本市场带来一定的不稳定性。同时，做空者可以在短时间内攫取巨额利润，加剧市场的投机性。二是主动沽空行为可能成为其他证券违法行为的载体。因为主动沽空既涉及信息的传播又涉及二级市场的交易，它可能结合传播虚假信息、市场操纵和内幕交易等多种证券违法行为，甚至衍生出复杂的新型证券违法行为。

例如，为了在主动沽空活动中对上市公司一击致命，沽空者在做空报告中夸大、扭曲事实、哗众取宠的情况时有发生。在香橼（Citron Report）于2012年对恒大（3333. HK）的做空报告中，[①] 就出现了比较多煽动性和夸张的语言，并且在没有完全理解香港会计准则的情况下，就声称恒大资不抵债，严重损害了证券市场的秩序和投资者的利益。

在美国，过于宽松的做空交易规则也曾经在市场上造成恐慌，引发系统性风险。2007年，SEC（the U. S. Securities and Exchange Commission，SEC）全面废止了从20世纪30年代末开始实施的报升规则（uptick rule）。所谓报升规则，又称为上涨抛空，即卖空的价格必须高于最新的成交价，该规则旨在防范做空者有意砸低市场价格。报升规则废除后，紧接着便是2008年的国际金融危机，猖獗的做空活动，尤其是重现江湖的带有操纵性质的抛空打压（bear raids），[②] 以及不断发酵的针对金融机构的看空谣言，导致市场信心急剧下降。[③] 2008年9月，SEC紧急叫停了对近千家金融股的绝大部分做空活动。2010年2月，SEC出台带有10%熔断机制的报升规则，[④]

---

① Annexure A to the Report of the Market Misconduct Tribunal into Dealings in the Shares of Evergrande Real Estate Group Limited on 21 June 2012，资料来源：http：//www. mmt. gov. hk/eng/reports/Evergrande_ Appendix. pdf，2017年9月5日访问。

② “Bear raids”是指市场参与者以引起投资者恐慌性卖出股票为目的卖空，在美国是一种非法的市场操纵形式。“Bear raids”被很多学者视为引发美国1929年股市大崩盘的原因。一般参见：Steve Thel，$850 000 in Six Minutes – The Mechanics of Securities Manipulation，79 Cornell L. Rev. 219，295 – 296（1994）；Jonathan R. Macey，Mark Mitchell & Jeffry Netter，Restrictions on Short Sales：An Analysis of the Uptick Rule and its Role in View of the October 1987 Stock Market Crash，74 Cornell L. Rev. 799，801 – 802（1989），转引自 SEC Press Release：SEC Approves Short Selling Restrictions，资料来源：https：//www. sec. gov/rules/final/2010/34 – 61595. pdf，2017年10月23日访问。

③ 参见 SEC Press Release：SEC Approves Short Selling Restrictions，资料来源：https：//www. sec. gov/rules/final/2010/34 – 61595. pdf，2017年10月23日访问。

④ 即当股票价格自上一交易日收市价下跌10%后，禁止在当前交易日及下一交易日，以低于或等于当前最高买盘报价的价格卖空。参见 SEC Press Release：SEC Approves Short Selling Restrictions，资料来源：https：//www. sec. gov/rules/final/2010/34 – 61595. pdf，2017年10月23日访问。

结束了这场闹剧。

（二）主动沽空行为对市场的重要意义

尽管主动沽空行为存在前述多种问题，但其能在发达的证券市场占据一席之地并被监管者认可，必然有其原因。

1. 主动沽空实现市场的自我诊治。主动沽空者作为市场力量这只“看不见的手”，能实现证券市场的自我诊治，及时发现上市公司的违规行为。在针对中概股做空浪潮的研究中，有学者发现，主动沽空者的目标，有较大可能性成为股东集体诉讼和美国证监会采取监管措施的目标。如在一项涉及68个做空者、87家中国公司和443份做空报告的实证研究中，研究者发现，在这87家公司中，有43家已经在做空报告发布之后被股东提起诉讼，16家被SEC采取监管措施。① 又如，自2011年Glaucus Research开始发布看空观点以来，其25个做空对象中，有4家已经出现会计师辞职，9家已经被监管机构采取行动，4家已经退市或者“死亡”。② 可见，在美国，主动沽空者很好地发挥了市场“火眼金睛”的作用。

2. 主动沽空行为促进市场价格发现。相比于一般投资者，主动沽空者有明显的资源优势，他们非常擅长收集、整理和分析存在于公众领域的信息，从而促进信息的传播和市场的价格发现。③ 国外有研究表明，在对做空限制较为严格的证券市场，市场对负面信息的反应更为缓慢，也就是说，价格发现的过程更加缓慢。④ 而在一个价格充分发现的市场里面，高估的标的很容易被市场发现，炒作和泡沫也更容易得到遏制，投资者的信心和参与度势必也会有所提高。很显然，一个理性的投资者当然希望在买入股票时的价格已经充分反映沽空者的声音。⑤

3. 主动沽空行为倒逼公司管理人员遵规守纪。上市公司的高管和控股股东进行财务操纵的案例屡见不鲜。主动沽空者的出现，将放大上市公司的高管和控股股东违规行为被发现的风险，改变监管和违规博弈的平衡点，从动机上约束违规行为。有研究者曾对全球范围内33个国家从2002年到2009年的做空情况进行实证研究，得出的结论是，被做空的可能性（以市场上可供融

---

① Lei Chen, The Informational Role of Internet – Based Short Sellers, SSRN (August 3, 2016), https://papers. ssrn. com/sol3/papers. cfm? abstract_ id = 2385697, 2017年10月23日访问。

② Josh Black (ed.), An Annual Review of Trends in Shareholder Activism, Activist Insight, https://www. activistinsight. com/amp/issues/TheActivistInvestingAnnualReview2017. pdf, 2017年10月23日访问。

③ Joseph Engelberg, Adam V. Reed & Matthew Ringgenberg, How are Shorts Informed? Short Sellers, News, and Information Processing. *Journal of Financial Economics*, Vol. 105, No. 2, August 2012, 260 – 278.

④ Bris, Arturo, William N. Goetzmann & Ning Zhu, Efficiency and the Bear: Short Sales and Markets around the World, *Journal of Finance* 62, 2007, 1029 – 1079.

⑤ Troy Paredes, Why Ban Short Selling of Financial Sector Stocks?, Harvard Law School Forum on Corporate Governance and Financial Regulation (February 19, 2009), https://corpgov. law. harvard. edu/2009/02/19/why – ban – short – selling – of – financial – sector – stocks/, 2017年10月23日访问。

券的数量为指标）越大，公司管理者进行财务操纵的可能性就越低。①

此外，主动沽空行为在一定程度上也可以约束内幕交易行为。在没有主动沽空者存在的情况下，当公司出现严重的负面情况或出现此类倾向时，高管和控股股东等内幕人士可以在公众知晓该等消息前，以相对较高的价格逐渐卖出公司股票。在存在主动沽空者的情况下，内幕人士不得不考虑主动沽空者知晓负面消息的可能性，而其高价卖出股票的机会，可能随着主动沽空者公开负面消息而消失。在一项针对美国2006年到2011年做空和内幕交易的研究中，研究者发现，在基于非公开信息作出的交易中，沽空者的存在使得相关交易者的交易策略更为激进。② 也就是说，沽空者的存在，使得利用非公开信息进行交易的交易者“吃相”更为狼狈，从而股价的异常波动更容易促进市场发现内幕消息。

（三）主动沽空行为的利弊分析

主动沽空行为给市场带来的波动和不稳定性是必要的，是一种刮骨疗毒式的阵痛。即使没有主动沽空者的存在，上市公司存在的造假、违法等问题也最终会暴露出来，给市场带来同样甚至更大的不稳定性。而主动沽空者的存在，能够加速这些泡沫的破裂。再者，主动沽空者的做空活动是一个循序渐进、各个击破的过程，在一段时间内沽空的标的有限，有利于将市场高估的标的逐次“泄洪”，实际上有利于防范系统性的金融风险，在宏观的层面促进了证券市场的稳定。对于主动沽空行为可能衍生出的其他证券违法行为，应当从监管其他证券违法行为的角度进行应对，而不能因噎废食因此拒绝承认主动沽空行为的合法性，具体应对方法将在本文第四部分详细讨论。

综合分析，本文认为主动沽空行为可以实现市场自我监督、促进价值发现并向违法行为施压，对证券市场有非常大的积极意义，应当在政策上予以审慎支持。

三、 中国现行证券法下主动沽空行为的合法性分析

根据证监会对中能兴业回复中的提示，可以从是否涉及内幕交易、操纵市场、虚假陈述和编造虚假信息等方面检索和分析主动沽空行为的合法性。首先，就内幕交易行为的界定而言，做空报告本身只是对相关公司的投资价值作出评判或者陈述事实状况，而不直接影响相关公司的内在投资价值，没有实质重要性，也不具有必然公开性③（做空者没有义务向社会披露做空报告），因而做空报告本身不构成内幕信息。其次，作为市场评论人士的主动沽空者，通常不属于信息披

① Massimo Massa, Bohui Zhang & Hong Zhang, The Invisible Hand of Short Selling: Does Short Selling Discipline Earnings Management?, *The Review of Financial Studies*, Volume 28, Issue 6, June 2015, 1701 - 1736.

② Massimo Massa, Wenlan Qian, Weibiao Xu & Hong Zhang, Competition of the Informed: Does the Presence of Short Sellers Affect Insider Selling?, *Journal of Financial Economics*, Vol. 118, No. 2, November 2015, 268 - 288.

③ 彭冰：《内幕交易行政处罚案例初步研究》，载《证券法苑》，2010（2）。

露的义务人，不存在虚假陈述等信息披露违法的可能性。最后，在本文界定的正常的主动沽空活动中，做空报告的内容不涉及虚假信息。最大的疑点在于主动沽空行为是否构成市场操纵，尤其是在行为模式上非常类似的信息型市场操纵。

如上文分析，正常的主动沽空行为，实质上是卖空交易行为和不利信息的发布行为这两种行为的组合。这种一方面通过发布信息影响证券价格，另一方面进行交易获取利益的行为，从市场操纵的角度而言，对其合法性上的质疑主要有两个：其一，主动沽空者在发布负面信息的时候，是否因自身的同步交易而存在利益冲突，如果存在这种利益冲突，主动沽空者有没有义务将这种利益冲突向市场披露；其二，主动沽空者掌握的负面信息，使其相对于其他的投资者处于优势的交易地位，那么这种利用优势地位的交易是否被法律所禁止。这两个违法可能性则分别对应我国语境下信息型市场操纵行为中的“抢帽子交易”违法和利用信息优势连续交易违法。[①]

（一）主动沽空行为是否构成“抢帽子交易”

1. 利益冲突的存在。主动沽空活动包含两个层次的交易行为，即做空报告发布前的融券卖出和做空报告发布后买入用于还券的股票。其中，在融券卖出后买回股票与发布做空报告为反向行为，做空者通过发布做空报告引发抛售、打压股价，自身却趁机从二级市场低价买入股票以进行还券。在这个过程中，做空者与做空报告的受众存在对立的利益关系。做空者希望以尽可能低的价格买回股票，而其他投资者依旧希望以尽可能高的价格卖出股票以降低损失。这样的对立利益关系，使得主动沽空者存在放大不利信息以打压股价的利益需求，其做空报告也势必丧失中立立场。

2. 利益冲突的披露及其义务来源。是否披露上述利益冲突，是判断是否构成“抢帽子交易”的关键。在德国的首例“抢帽子交易”案[②]以及美国的司法实践中，均是从未披露利益关系的角度来进行评价。[③] 在著名的希尔威金属（Silvercorp Metals）就做空报告在美国起诉Chinastock-watch. com的案例中，法官判决希尔威金属败诉的一个重要考量，就是报告的作者在报告中披露了其持有希尔威金属的空仓（虽然未具体披露数量），这种披露向读者说明了作者的利益和立场，使得读者在阅读报告的时候能够将其理解为作者的“意见”，而不是“事实”本身，[④] 大大降低甚至消除了其社会危害性。反过来说，在行为人没有向市场注入错误信息的前提下，法律不

---

① 徐瑶：《信息型市场操纵的内涵与外延——基于行政和刑事案件的实证研究》，载《证券法苑》，2017（3）。

② 高基生：《德国最高法院对“抢帽子交易”案的判决及其启示》，载《证券市场导报》，2006（9）；Jill I. Gross, Securities Analysts' Undisclosed Conflicts of Interest: Unfair Dealing or Securities Fraud?, 2002 Columbia Business Law Review (2002), 631 –676.

③ 汤欣、高海涛：《操纵市场行政处罚案例全景观察》，载《证券法苑》，2016（2）。

④ Silvercorp Metals Inc. v. Chinastockwatch. com (New York Supreme Court, Index No. 150374/2011) .

应该剥夺其进行交易的权利。

有学者认为，对上述利益冲突的披露源自对实际或潜在客户的信义义务，证券从业人员或者机构受托于客户、市场，有义务善意地发布真实的研究信息，避免利益冲突。[①] 对于持牌的证券从业人员或者机构，信义义务理论很好接受，但是对于非持牌的其他人员或者机构，市场上的其他投资者不是其实际或者潜在的客户，与其也不存在任何委托关系，因此无法从信义义务理论得出其披露利益冲突的义务。

另一种要求主动沽空者披露利益冲突的理论是禁止欺诈。这种欺诈属性，就体现在做空者在向市场发布做空报告的同时，未如实披露自己的利益冲突。[②] 主动沽空者如果不将这些利益冲突向市场披露，会使市场在分析和处理此类报告时，错误地将其认定为中立研究，而提升其可信度。由于大部分投资者无法对做空报告的内容进行核实和独立判断，这种可信度的提升无疑将扩大做空报告对市场的冲击。欺诈理论可以适用于一般的市场主体，但是在客观上，只有当相关主体有足够大的市场影响力时，才可能使其发布的信息对市场产生足够的影响，进而造成对市场的欺诈。

3. 中国现行的证券法规和实践。《证券法》中没有关于“抢帽子交易”的任何规定，实践中根据《证券法》第七十七条中的兜底条款，参考《证券市场操纵行为认定指引（试行）》（以下简称《操纵认定指引》）第三十五条进行认定。《操纵认定指引》规定，“抢帽子交易”操纵是指证券公司、证券咨询机构、专业中介机构及其工作人员，买卖或者持有相关证券，并对该证券或其发行人、上市公司公开做出评价、预测或者投资建议，以便通过期待的市场波动取得经济利益的行为。如果行为人对其交易行为进行了预告，则不构成“抢帽子交易”操纵。与上述分析一致，在我国，也可以通过披露利益冲突的方式以避免构成“抢帽子交易”违法。在主体上，该条要求“抢帽子交易”的行为人是“证券公司、证券咨询机构、专业中介机构及其工作人员”。可见，《操纵认定指引》在“抢帽子交易”的规制中采纳了信义义务理论。

当然，《操纵认定指引》仅为证监会的内部指引，没有法律效力，且一直处于试行阶段，因此，为了更好地厘清实践中“抢帽子交易”的认定思路，还需要较多参考证监会的处罚案例。虽然在证监会处罚“抢帽子交易”的案例中认定的违法主体确实多为具有资质的证券从业人员或者机构，[③] 但这并不绝对，其他对市场具有较大影响力的主体也被证监会纳入处罚范围。例如，在袁郑健案中，[④] 袁郑健作为非证券从业人员，以知名博主的身份推荐自己持有的股票，导

---

① 徐瑶：《信息型市场操纵的内涵与外延——基于行政和刑事案件的实证研究》，载《证券法苑》，2017（3）。

② 陈海燕：《“公开荐股”何以构成“抢帽子交易操纵”》，载《检察日报》，2017－10－9（3）。

③ 汤欣、高海涛：《操纵市场行政处罚案例全景观察》，载《证券法苑》，2016（2）。

④ 详见中国证监会处罚决定书（袁郑健）〔2011〕42号。

致相关股票交易价格大涨，最终也被证监会认定为违法。证监会处罚的依据之一，就是袁郑健博客的阅读量较大，表明其有较大的市场影响力。可见，证监会在实践中已经突破了信义义务理论，接纳了欺诈理论，主体要件的实质已经不限于身份，而在于对市场的影响力。

4.“抢帽子交易”之下违法性的认定。根据以上分析，在认定主动沽空活动是否构成“抢帽子交易”时，需要判断信息的发布主体是否有足够的市场影响力以及利益冲突是否有效披露。从袁郑健案来看，市场影响力体现为相关主体获得市场关注、影响市场参与者行为的能力。在主动沽空行动中，一些国际著名的做空机构毫无疑问能够满足影响力要件。例如，像浑水、香橼这样让市场闻风丧胆的做空机构，其过往成功的做空活动使得市场对其有着非常高的关注度。这些机构哪怕只是发一条推特，便可导致相关上市公司股价大跌。相反，如果一个主动沽空者没有令人信服的做空历史，没有在市场上引起一定恐慌、造成股价下跌的能力，便不可能成为“抢帽子交易”的主体。

至于利益披露的方式和程度，应当以消除未披露利益冲突的欺诈性，即使做空报告的读者能够正确认识到做空报告的性质、做空报告作者的立场为判断标准。参考纽约州最高法院在希尔威金属案中确立的原则，[①] 笔者认为至少应当在做空报告的显眼位置对做空者持有空仓的情况进行定性披露，以向读者说明做空者的利益和立场。

（二）主动沽空行为是否构成利用信息优势连续交易

对于利用信息优势连续交易的违法行为，我国有比较明确的规定。根据《证券法》第七十七条第一款的规定，此类行为是指“利用信息优势联合或者连续买卖”操纵证券市场的行为。其核心特征操纵主体具有信息优势。根据《操纵认定指引》第十九条的规定，信息优势是指“行为人相对于市场上一般投资者对标的证券及其相关事项的重大信息具有获取或者了解更易、更早、更准确、更完整的优势”。有学者指出，这种信息优势不仅仅限于“获取”或者“了解”信息的优势，同时还包括主动制造、加工、传播和把控各类重大信息的能力。[②] 在司法实践中，这种“信息优势”多见于上市公司董事、实际控制人等内部人的天然优势，包括创制信息的能力，例如高管提议股权激励计划等，也包括控制信息发布的节奏和时点的能力，如延缓利好消息的披露。外部人可以通过与内部人合谋而取得该“信息优势”。例如，在徐翔案中，徐翔与上市公司高管合谋控制发布“高送转”“业绩预增”等信息的内容和时机，引入“在线交易”“石墨烯”等热点题材，配合二级市场的炒作。[③]

---

① Silvercorp Metals Inc. v. Chinastockwatch. com（New York Supreme Court, Index No. 150374/2011）.

② 徐瑶：《信息型市场操纵的内涵与外延——基于行政和刑事案件的实证研究》，载《证券法苑》，2017（3）。

③ 中国证券投资基金业协会：《纪律处分决定书（上海泽熙投资管理有限公司、上海泽熙资产管理中心（普通合伙）、徐翔、郑素贞、徐峻）》，http：//www.amac.org.cn/xxgs/jlcf/392044.shtml，2017 年 11 月 11 日访问。

主动沽空者虽然在某种程度上比普通投资者拥有更为全面和准确的信息，在交易上处于优势地位，但是他们利用的信息通常是通过在公共领域合法调研、整理和分析得出的，来自他们更强的信息收集和处理能力，而并非相对于其他一般投资者而言在信息的“获取”或者“了解”有天然优势。换句话说，一般的投资者理论上与主动沽空者在“获取”或者“了解”上市公司负面信息的机会是均等的，只是主动沽空者比一般的投资者更为专业、更能从中发现问题。例如，在很多沽空活动中，主动沽空者通过审阅上市公司的财务报表发现前后矛盾或者违背常识的地方，这些财务报告对于所有的投资者而言在“获取”和“了解”上机会均等，但主动沽空者却能发现一般投资者无法识别的问题。此外，主动沽空者通常既不是董事、高管等内部人，也不涉足与内部人合谋把控上市公司的信息披露。因而，在正常的主动沽空活动中，不能认定主动沽空者相对于市场上的一般投资者具有信息优势，进而不能认定主动沽空行为构成利用信息优势连续交易的市场操纵行为。

（三）主动沽空行为合法性的结论

在我国现行的证券法规下，主动沽空行为可能涉嫌“抢帽子交易”违法，违法性的判定以沽空者的市场影响力以及是否披露利益冲突为界限。反过来说，如果主动沽空者在沽空报告中充分披露其利益冲突，那么其进行的主动沽空行为就属于合法行为。

监管机构有必要尽快向市场澄清此类行为是否违法以及其违法性的认定标准，审慎推动其在中国大陆地区的发展。比较合适的操作方法，是证监会能够具体列出其认定为合法与不合法的具体行为模式，给市场以明确的指引。如美国 SEC 在其网站上就以常见提问的形式对做空行为是否合法作出回应，表示绝大部分的做空都合法，但是严禁通过频繁交易造成虚假成交量或者打压股价等操纵行为。①

此外，《证券法（修订草案）》一读稿（2015 年 4 月）第九十四条将“抢帽子交易”操纵的主体从现行《操纵认定指引》规定的特殊主体扩张到了“任何人”，同时删去了《操纵认定指引》规定的披露豁免。笔者赞同根据欺诈理论将“抢帽子交易”的主体进行扩张，因为在自媒体和“大 V”盛行的信息时代，一些普通主体已经具备了与特殊主体相当的影响力，有必要对其信息传播和交易行为进行更为严格的规制。这也符合证监会目前的处罚实践，能够更好地做到处罚有法可依。但是与此同时，删去“抢帽子交易”操纵的披露豁免并不妥当。《证券法（修订草案）》一读稿的这一删改忽视了“抢帽子交易”最核心的违法属性——未披露利益冲突。如果利益冲突已经向市场披露，那么荐股信息的发布便不存在欺诈，也没有违反信义义务。此时的荐股信息应该落入言论自由的范畴，法律如果禁止荐股者进行交易，则有变相侵害言论自由的

① Key Points about Regulation SHO，资料来源：https：//www. sec. gov/investor/pubs/regsho. htm，2017 年 10 月 24 日访问。

嫌疑，进而上升为宪法问题。[①]

四、 确定主动沽空行为合法性之后的监管挑战和应对

随着做空机制在中国的不断发展，尤其是在主动沽空者逐步渗透的过程中，主动沽空行为结合、衍生出的证券违法行为可能带来监管难题。在信息传播上，A 股市场传播虚假信息和散布谣言的问题本身就比较严重，主动沽空机构的到来会使这一问题更为突出。在做空交易上，由于我国目前施行的是典型的报升规则，融券获得的股票无法以低于最新成交价的价格出售，[②] 所以抛空打压这类做空活动暂时很难在 A 股市场展开。当然，在推进、扩大融券交易的趋势之下，监管对于该规则的修订必须慎之又慎。就当前而言，监管的难点在于如何在执法过程中认定主动做空行为是否与其他违规行为存在耦合，以及在做空报告的发布者和交易者为不同主体时如何认定二者之间的联系。接下来，本文将指出现行证券法规和实践在应对主动沽空行为上存在的不足和改进方向。

（一）严防主动沽空者传播虚假信息

针对 2012 年香橼对恒大的做空，香港市场失当行为审裁处（Market Misconduct Tribunal, MMT）在 2016 年底对香橼负责人 Andrew Left 开出了香港监管机构对沽空者的第一单处罚：[③] 罚没做空所得，并禁入香港市场五年，处罚的依据是香港《证券及期货条例》第二百七十七条“披露虚假或具误导性的数据以诱使进行交易的罪行”。[④] 该条对我国大陆地区在应对主动沽空衍生出的虚假信息问题，甚至是一般性的虚假信息传播问题都有很强的借鉴意义。在以下分析中将以现行《证券法》第七十八条为依据，分析规定本身和适用中存在的问题，并结合香港的规定提出相应的解决方案。

1. 《证券法》缺少对域外行为的规制。在互联网时代，信息的传播没有国界，主动沽空者发布的做空消息也是如此。不仅仅是做空报告，A 股市场上境外传入的其他谣言也非常常见。如果《证券法》对于在境外针对中国上市公司发布虚假消息的行为没有约束力，其维护市场秩序的功能将大打折扣。

香港《证券及期货条例》第二百七十七条明确规定了“任何人不得在香港或其他地方披露、传递或散发该数据……”，使得香港监管机构处罚 Andrew Left 在美国发布做空报告的行为有法

---

① Silvercorp Metals Inc. v. Chinastockwatch. com (New York Supreme Court, Index No. 150374/2011).

② 参见《上海证券交易所融资融券交易实施细则（2015 年修订）》第五章；《深圳证券交易所融资融券交易实施细则（2016 年修订）》第五章；及《证券公司融资融券业务管理办法》第四十六条。

③ The Report of the Market Misconduct Tribunal into Dealings in the Shares of Evergrande Real Estate Group Limited on 21 June 2012，资料来源：http：//www. mmt. gov. hk/eng/reports/Evergrande_ Report. pdf，2017 年 9 月 5 日访问。

④ 《香港证券及期货条例》（香港法例第 571 章，2017 年第 2 号修订版），第二百七十七条。

可依。

中国现行《证券法》第二条的规定使其适用于境外主体存在一定的限制，即只适用于在中国境内的证券发行和交易。笔者建议将该款进行修订，使其适用于所有“涉及”中国境内的证券发行和交易的事宜，并在个别分则条款中明确规定域外适用性，使证监会对域外传谣等行为的打击做到有法可依。

2.《证券法》第七十八条第一款客观和主观要件要求过高。《证券法》第七十八条第一款禁止的行为是“编造、传播虚假信息”。从字面上理解，对虚假信息的编造行为和传播行为都被该款规定禁止。然而，单纯地编造虚假信息，而不将该等虚假信息告知他人的行为，理论上显然没有侵害任何法益的可能性，实际上也不可能做到追责。这样的虚假信息与个人内心的思想无异，法律不应该对其进行处罚。① 因此，合理的解释只能是，该款仅仅禁止“既编造又传播”虚假信息的行为。证监会目前在实践上似乎认可这种解释。例如，赢商网以某财经网站股吧作为消息源，发布《万达院线昨日停牌　消息称或将收购金逸影院及艺恩网》的报道，被证监会依据《证券法》第七十八条第三款“各种传播媒介传播证券市场信息必须真实、客观，禁止误导”进行处罚，而不是第七十八条第一款，因为证监会认为，赢商网的行为不构成“编造”虚假信息。② 此外，由于“编造”本身即包含了故意的成分，所以学界几乎毫无争议地认为《证券法》第七十八条第一款的主观构成要件为故意。③

香港《证券及期货条例》第二百七十七条没有提及“编造”行为，其规定的“披露、传递或散发”均是从“传播”的角度出发。同时，香港《证券及期货条例》第二百七十七条之下的主观构成要件包括“知道”（knowledge），“罔顾”（reckless）和“疏忽”（negligence）。在上述案件的分析中，香港 MMT 认为，市场评论人士在发布信息时应当尽到一个合理审慎人士现实可能的注意义务。而这个注意义务，并不必要来自已经存在的关系或者义务，法律规定本身创设了这项义务。④

在互联网时代，信息的传播行为很多时候比信息的编造行为危害性更大，对传播者施以更为严格的义务、将传播行为规定为单独可罚很有必要。主观上，面对证券市场秩序这样对社会影响极其深远的法益，信息的传播者承担合理的注意义务也理所当然。笔者建议在即将修订的

① 巩海滨、张任重：《互联网时代编造传播虚假信息违法行为构成、法律责任及其规制》，载《证券法苑》，2015（3）。

② 详见中国证监会处罚决定书（广州赢石网络科技有限公司）〔2016〕58 号。

③ 巩海滨、张任重：《互联网时代编造传播虚假信息违法行为构成、法律责任及其规制》，载《证券法苑》，2015（3）。

④ Report of the Market Misconduct Tribunal into Dealings in the Shares of Evergrande Real Estate Group Limited on 21 June 2012，资料来源：http：//www. mmt. gov. hk/eng/reports/reports. htm，2017 年 9 月 5 日访问。

《证券法》中，将“编造”这一限制性的概念删除，将任何“传播”虚假信息的行为，无论是否前置的“编造”行为，都纳入可罚范围。同时，也应当将间接故意、重大过失等主观状态纳入《证券法》第七十八条第一款的主观构成要件。

3. 危害结果要求过高，且难以预期。《证券法》第七十八条第一款的构成要件包含危害结果，即“扰乱证券市场”。笔者认为，这样的结果要件设置过于宏观，忽略了对个别投资者的保护，也难以给行为人明确的违法预期。

传播虚假信息的行为，即使没有达到“扰乱证券市场”的程度，也可能已经引致投资者进行交易操作。再者，虚假消息是否会扰乱证券市场，受到当时的市场状况、投资者情绪、宏观经济状况，以及是否有对该消息的跟进转发、扩散等诸多因素的影响，在传播者进行信息发布之时可能难以进行判断，这样的结果要件难以给行为人以明确的违法预期。

笔者建议参考香港《证券及期货条例》第二百七十七条，删除《证券法》第七十八条第一款“扰乱证券市场”的结果要件，将违法标准修改为“可能导致他人进行股票交易”，不要求从事后的角度去分析是否“扰乱证券市场”或者是否有投资者确实因此进行了交易，而是在行为发生的时点，去判断虚假信息与他人进行股票交易行为的相当性。这样的规定，可以提高对传播虚假信息行为的打击力度，更好地保护投资者，也给市场虚假信息传播者对于其行为是否违法以更加明确的预期。

（二）建立空仓披露机制

我们知道，当投资者持有一家上市公司股份超过5%时，需要进行公开披露，[①] 也就是俗称的“举牌”。“举牌”在二级市场上是比较重大的利好消息，而这一消息对市场的刺激有多大，很大程度上取决于举牌者的身份。知名大企业对上市公司进行的举牌通常会引起更大的反响。例如，恒大半年内四次举牌廊坊发展导致后者股价上涨超100%。[②] 同样地，可以试想一下，如果市场了解到像香橼或者浑水（Muddy Water Research）正在卖空某一上市公司的股票，会是什么反应？很可能是踩踏出逃。因此，笔者认为，同举牌者一样，沽空者的身份和仓位对市场而言也是非常重大的信息，建立空仓披露机制很有必要。这一机制将向监管机构和市场披露更多关于沽空行为的信息，有利于监管机构及时发现市场失当行为，并且进一步促进市场的价格发现过程。

与此同时，对于主动沽空者来说，空仓披露制度的存在，可能使其在发布做空报告前将空仓维持在披露线之下，以便能让做空报告起到出其不意、一击致命的效果。换句话说，披露线在某

① 参见《证券法》第八十六条。

② 魏琼、隋丕宁：《恒大四度出手举牌廊坊发展　许家印用15亿赚了7亿》，资料来源：http：//finance. ifeng. com/a/20161030/14972643_ 0. shtml，2017年10月23日访问。

种程度上决定了主动沽空活动的规模。因此，披露线的设置是空仓披露制度的关键。过高，起不到向市场传递信息的要求；过低，会给市场参与者带来过重的披露负担，也会打击主动沽空者的积极性。

欧盟的空仓披露机制在全球主要资本市场中最为新近，也最为完善。该机制自2012年11月在欧盟各个成员国开始统一实施，对持有空仓的市场参与者施加两个层面的披露义务。一层是非公开披露，当持有净空仓达到0.2%，相关人士须向成员国有权主管机构披露；另一层是公开披露，当持有净空仓达到0.5%，相关人士须向市场进行公开披露。不管是非公开披露还是公开披露，在上述基础披露线上，每增加或者减少0.1个百分点都需要进行相应披露。[①] 我国可以参考欧盟的经验，结合融券业务的规模和发展速度，研究确定符合自身实际情况的空仓披露线。

（三）严格账户实名制、建立大数据监控系统

做空报告的发布者除了可以通过在二级市场卖空相关上市公司股票获利，也可以出售做空报告或者与其他主体联合展开主动沽空活动，将做空报告的发布与二级市场的交易行为割裂。如果监管机构无法找到被割裂的两种行为之间的联系，对主动沽空行为的监管在很大程度上会落空，市场秩序将遭受严重的威胁。[②] 例如，2012年中信证券受负面虚假信息影响而遭遇"8·13"大跌，两个交易日内融券余量上升逾500%，[③] 证监会最后仅处罚三名传播虚假信息而没有获利的散户，对于获利巨大的融券资金以及媒体关于基金与私募一方砸盘一方融券卖空的传言，[④] 却未作进一步说明。根据《证券法》第二百零六条的规定，对"编造、传播虚假信息，扰乱证券市场"而没有获利的人员，最高的罚款额也只有二十万元，这可能远不及交易者获得的盈利。此外，主动沽空行为可能结合其他证券违法行为，如内幕交易、交易型市场操纵等出现，或者被利用为这些违法行为提供掩护，在市场上制造噪声，加大监管和查处的难度。

笔者认为，解决此类问题的关键，并不是要加强对单一行为的打击力度，[⑤] 而是要加强监管机构发现、证明不同主体之间违规行为的关联和耦合的能力。要做到这一点，首先要肃清"马

---

① Regulation（EU）No. 236/2012 of the European Parliament and of the Council of March 14, 2012 on Short Selling and Certain Aspects of Credit Default Swaps，资料来源：http：//eur－lex. europa. eu/LexUriServ/LexUriServ. do？uri＝OJ：L：2012：086：0001：0024：en：PDF，2017年10月24日访问。

② 杜雨萌：《传播股市虚假信息　专家建议加大打击力度》，资料来源：https：//caijing. chinadaily. com. cn/finance/2016－01/18/content_ 23126440. htm，2017年10月23日访问。

③ 穆林娟、高文亭：《融券卖空机制下的虚假信息传播问题及防范——中信证券暴跌案例》，载《会计与公司治理》，2017（2）。

④ 江勋、蔡俊、金耀：《中信证券AH股暴跌调查：期货投资者或主导》，资料来源：http：//money. 163. com/12/0820/08/89BCPIUP002529IR. html，2017年10月24日访问。

⑤ 杜雨萌：《传播股市虚假信息　专家建议加大打击力度》，资料来源：https：//caijing. chinadaily. com. cn/finance/2016－01/18/content_ 23126440. htm，2017年10月23日访问。

甲”账户，加强账户的登记管理，尤其是针对通道类产品、信托类产品、资管计划等结构复杂的业务，不能使其沦为违法违规行为的工具。[①] 在香港，从公司注册代理机构、银行、证券公司和律师事务所等金融服务机构都有严格的 KYC（Know Your Client）义务，在提供服务之前，需要对客户穿透到自然人的股权结构、背后控制人的身份证、地址、资金来源等信息进行非常详细的了解。尽管如此，香港证券违法行为的执法效率依旧非常低，饱受市场诟病。笔者认为，这主要是因为香港虽然有严格的 KYC 制度，但是 KYC 获得的信息并没有实现中央共享，香港证监会只有在发起调查时才会向相关券商要求提供账户信息。

在我国，应当同样强化券商了解客户的职责、严格实行账户实名制，并将这些信息建立中央共享数据库。同时，针对证券市场上的交易行为建立交易数据智能筛查系统，[②] 甚至是人工智能系统，利用交易大数据，快速发现可疑的交易行为、不同账户之间交易行为的联系以及交易行为与外部扰动因素（如做空报告的发布）之间的耦合，并及时追踪到账户实际控制人。这样的数据系统将大大提高监管效率，及时发现被割裂的违规行为之间的联系。

（责任编辑：蒋曾鸿妮）

① 蔡奕：《信息型操纵基本法律范畴分析》，载《证券法苑》，2016（2）。

② 蔡奕：《信息型操纵基本法律范畴分析》，载《证券法苑》，2016（2）。

保荐人先行赔付制度的解读与反思

■ 姚一凡*

摘要：证监会推出保荐人先行赔付制度，由保荐人先行赔付投资者因虚假陈述产生的损失，并向发行人等其他责任人追偿，这是为了保护投资者利益、维护证券市场安定，但目前尚无明确上位法依据。实践中，先行赔付案例主要依据虚假陈述民事责任确定先行赔付的责任范围。理论上，在先行赔付与民事诉讼的协调方面仍然存在问题需要解决。现行法下保荐人只能依据民法向其他责任人追偿，即使修订后的《证券法》明确追偿权，也不能解决因发行人财务困难无法实现权利的现实问题，保荐人作为市场维稳的冲锋者还须另寻风险化解之路。

关键词：保荐人　先行赔付　追偿机制

一、 保荐人先行赔付制度的引入及其功能

（一）保荐人先行赔付制度的引入

在强化中介机构监管、落实中介机构责任和加强投资者保护的政策指导下，中国证券监督管理委员会（以下简称证监会）于 2015 年 12 月 30 日发布《公开发行证券的公司信息披露内容与格式准则第 1 号——招股说明书（2015 年修订）》（以下简称《格式准则 1 号》），其中第十八条规定《招股说明书》扉页应载有如下声明及承诺："保荐人承诺因其为发行人首次公开发行股票制作、出具的文件有虚假记载、误导性陈述或者重大遗漏，给投资者造成损失的，将先行赔偿投资者损失。"从而以明文规定的形式确立了保荐人先行赔付制度。

目前，现行《证券法》《首次公开发行股票并上市管理办法》和《首次公开发行股票并在创业板上市管理办法》并未直接规定保荐人先行赔付制度，证监会的《格式准则 1 号》可谓是无上位法依据。但在 2017 年 4 月提请全国人大常委会二审的《证券法》修订草案（以下简称《证券法》二审稿）的"投资者保护"一章中明确了先行赔付制度，规定"发行人因欺诈发行、虚假陈述或者其他重大违法行为给投资者造成损失的，发行人的控股股东、实际控制人、相关的证

* 北京大学法学院 2016 级硕士研究生。

券公司、证券服务机构可以委托国家设立的投资者保护机构，就赔偿事宜与投资者达成协议，予以先行赔付”,[①] 并且明确了先行赔付后可依法向发行人以及其他连带责任人追偿。从《证券法》二审稿的表述来看，先行赔付的主体并不限于保荐人，范围较证监会《格式准则1号》更为广泛。但保荐人与其他主体相比不同的地方在于，保荐人需要根据证监会《格式准则1号》在《招股说明书》中事先承诺，而且具有一定“强制性”，其他主体则是在发生证券欺诈行为后可以选择先行承担赔偿投资者的责任，前者更像是义务，而后者则是权利。

由于并无上位法依据，所以保荐人先行赔付目前只能是由保荐人在招股说明书中作出承诺约束自己。此种承诺应当认定为是保荐人向潜在的不特定的投资者作出的未来为一定行为的单方法律行为。单方法律行为是行为人基于自己的意思为自己形成法律关系，一经作出即能发生法律效力。具体到保荐人先行赔付承诺，这本质上是一个附条件的单方法律行为，即保荐人基于自己意思为自己设定了在发生欺诈发行的情况下向投资者赔偿损失的义务。

（二）保荐人先行赔付制度的功能

虽然《证券法》《侵权责任法》和《关于审理证券市场因虚假陈述引发的民事赔偿案件的若干规定》（法释〔2003〕2号，以下简称《若干规定》）为投资者通过诉讼请求虚假陈述行为人赔偿损失提供了法律依据和具体适用规则，但我国证券民事赔偿诉讼以行政处罚或刑事诉讼为前置程序，周期较长，保荐人通过先行赔付与投资者达成和解，投资者能够快速、便利地获得赔偿。此外，证券市场发生虚假陈述事件，往往会引起证券市场震动，保荐人先行赔付可以及时安定投资者情绪，消除同业经营者的市场疑虑，制止不良市场信息蔓延，使证券市场及早安定下来。[②]

确立保荐人作为先行赔付的主体，主要是因为进行欺诈发行、虚假陈述的公司大多财务状况不好，其关联方可能也无财力先行赔付投资者损失，而我国保荐人都是由证券公司担任，资金实力较为雄厚，能够切实保证投资者的合法权益。当然，确立保荐人先行赔付制度，也能够有效落实中介机构责任，敦促保荐人勤勉尽责，采取更严密的措施防止可能会导致先行赔付的虚假陈述行为的发生。

二、保荐人先行赔付制度的运作

在发生虚假陈述事件后，投资者最关心的还是自己的投资损失在多大程度上能够得到赔偿，所以保荐人先行赔付的核心是责任范围的确定，这也关系到具体赔付方案的制订。

---

① 南方财富网：《证券法修订草案二读最消息2017聚焦七大市场焦点（2）》，资料来源：http://www.southmoney.com/caijing/gushipinglun/201704/1243714_2.html，2017年9月3日访问。

② 陈洁：《证券市场先期赔付制度的引入及适用》，载《法律适用》，2015（8）。

（一）保荐人先行赔付责任的基础法律关系

先行赔付制度应当适用于证券市场发生虚假陈述事件，并且该事件最终肯定导致对投资者进行赔偿的场合，即产生了证券虚假陈述民事责任。如果没有民事赔偿责任，也就谈不上赔付。

《证券法》第六十九条规定了发行人、上市公司虚假陈述致使投资者在证券交易中遭受损失的，发行人、上市公司应当承担赔偿责任，保荐人、承销的证券公司应当与发行人、上市公司承担连带赔偿责任，但是能够证明自己没有过错的除外。① 对于虚假陈述民事责任的性质，目前理论界与实务界主流观点认为是侵权损害赔偿责任。② 最高人民法院《若干规定》也是以侵权责任为基础对于虚假陈述行为人、因果关系和损害赔偿范围等问题作出了具体规定。《若干规定》第二十七条直接将承销商、上市推荐人③或者专业中介服务机构和发行人的行为界定为共同侵权行为，需承担连带责任。

需要注意的是，确定先行赔付的基础法律关系是因虚假陈述而承担侵权损害赔偿责任，对于先行赔付的具体规则制定具有重要意义。证券市场上投资于某一股票的投资者数量众多，股票的价格波动也受多种因素影响，如果某只股票所有投资者因股价下跌遭受的投资损失都将得到保荐人赔付，显然有违证券市场投资者风险自负的原则。所以，在制订先行赔付方案时，应当依据侵权损害赔偿责任的构成要件确定赔付对象和赔付范围。

（二）保荐人先行赔付的前提

《证券法》第六十九条对不同主体承担侵权责任的过错要件进行了区分，对投资者来说，只要存在虚假陈述行为，就可以请求发行人或上市公司赔偿，而保荐人最终承担侵权赔偿责任是以其存在过错为前提的。但是，在保荐人没有过错的情况下，是否还可以要求保荐人先行赔付呢？

根据《格式准则 1 号》第十八条的表述来看，保荐人承诺先行赔付是限于因其出具了存在

---

① 《证券法》第六十九条："发行人、上市公司公告的招股说明书、公司债券募集办法、财务会计报告、上市报告文件、年度报告、中期报告、临时报告以及其他信息披露资料，有虚假记载、误导性陈述或者重大遗漏，致使投资者在证券交易中遭受损失的，发行人、上市公司应当承担赔偿责任；发行人、上市公司的董事、监事、高级管理人员和其他直接责任人员以及保荐人、承销的证券公司，应当与发行人、上市公司承担连带赔偿责任，但是能够证明自己没有过错的除外；发行人、上市公司的控股股东、实际控制人有过错的，应当与发行人、上市公司承担连带赔偿责任。"

② 限于篇幅，本文对虚假陈述民事责任的性质讨论不予展开，理论观点具体可参见程啸：《证券市场虚假陈述侵权损害赔偿责任》，人民法院出版社，2004；陈洁：《证券欺诈侵权损害赔偿研究》，北京大学出版社，2002；宋晓明：《人民法院对证券侵权民事责任的认定及处理》，载《人民司法》，2006（1）；奚晓明：《证券法上民事责任的丰富与发展》，载《法律适用》，2005（12）。司法界态度，如最高人民法院在 2002 年发布的《最高人民法院关于受理证券市场因虚假陈述引发的民事侵权纠纷案件有关问题的通知》首次将虚假陈述民事责任界定为侵权纠纷，其中第一条就表明，虚假陈述行为侵犯了投资者的合法权益。

③ 该规定实施时，我国尚未确立保荐人制度，实行上市推荐人制度。

虚假陈述的文件给投资者造成损失的情形，也就是说，目前证监会对保荐人先行赔付的要求限于保荐人最终会承担虚假陈述侵权责任的情形，对于保荐人没有过错的情形，保荐人不需要事先承诺先行赔付。但是基于民法意思自治的原理，如果保荐人事后自愿先行赔付，也并非不可，此之谓第三人代为履行债务。但实践中，由于先行赔付的金额通常较大，基于商业理性，保荐人一般不会在自己没有最终责任的时候主动承担先行赔付的责任。从《证券法》二审稿的表述来看，也是给了各相关主体在事后选择的权利，可以主动承担先行赔付的责任，但并未强求。

因此，在现行规定下，保荐人必须承担先行赔付责任的前提是其在基础的侵权法律关系中存在过错，最终需要承担侵权责任。

（三）保荐人先行赔付的责任范围

先行赔付的基础法律关系是虚假陈述侵权赔偿责任，在确定先行赔付范围时应当考虑虚假陈述责任主体在侵权损害赔偿法律关系下的责任范围。目前，法院主要依据《若干规定》审理虚假陈述民事赔偿司法案例，从现有案例来看，并非所有投资者的损失都能获得赔偿，被驳回的原因往往是投资者的损失与虚假陈述之间不存在因果关系。[①] 所以在制订先行赔付方案时，也应当重点考虑因果关系。由于侵权法因果关系的一般理论难以适用于虚假陈述与投资者损失因果关系的认定，所以《若干规定》第十八条和第十九条参照美国法上的市场欺诈理论和信赖推定，[②] 对于特定范围内的投资者推定因果关系成立，这也意味着特定范围以外的投资者很难证明因果关系成立而获得赔偿。

至今，市场上有三起因欺诈发行而先行赔付的案例，其中两起是保荐人先行赔付，分别是万福生科（湖南）农业开发股份有限公司（以下简称万福生科）和丹东欣泰电气股份有限公司（以下简称欣泰电气）。不过，因为万福生科和欣泰电气均是在《格式准则 1 号》修订前发布的招股说明书，所以两个上市公司的保荐人均未在招股说明书中事先承诺先行赔付，而是事后自

---

① 相关案例请参见莫某某诉山东德棉股份有限公司、山东德棉集团有限公司诉讼案［（2011）济民四商初字第 79 号］，葛某诉福建省闽越花雕股份有限公司、上海上会会计师事务所有限公司、中勤万信会计师事务所有限公司诉讼案［（2006）榕民初字第 371 号］，载刘俊海、宋一欣主编：《中国证券民事赔偿案件司法裁判文书汇编》，122－139 页、194－209 页，北京大学出版社，2013。

② 美国联邦最高法院于 1988 年在 Basic Inc. vs Levinson 中正式采用了欺诈市场理论（fraud on the market theory），Basic Inc. v. Levinson, 485 U. S. 224（U. S. Mar. 7, 1988）。欺诈市场理论可以简单表述为：在一个公开有效的证券市场中，公司股票价格是由与该公司有关的所有可获知的重大信息决定的。虚假陈述作为一种公开信息必然会在相关的股票价格中得到反映。投资者信赖市场价格的趋势进行投资，而其所信赖的市场价格反映了虚假陈述的信息。所以，投资者即使不是直接信赖虚假陈述而作出投资决策，也会受反映虚假陈述的价格的影响而投资。根据这一理论，由于假定投资人是基于对股票市场价格的信赖而作出的投资决定，而非基于对特定信息的充分了解和分析，因此，只要所披露的虚假信息对股票的市场价格产生了影响，使其发生扭曲，投资人就因该虚假陈述而受到了误导，即使他在事实上并不知道该虚假信息的存在。参见李国光主编：《最高人民法院关于审理证券市场虚假陈述案件司法解释理解与适用》，241－252 页，人民法院出版社，2015。

愿承诺先行赔付。

在万福生科案①和欣泰电气案②中，保荐人均是按照《若干规定》第十八条规定的时间点确定适格的投资者范围。由于实践中虚假陈述通常是持续性行为，会出现多个虚假陈述实施日、揭露日和更正日，所以在两起案例的赔付方案中也包括在不同阶段买入、卖出的投资者。不过因为欣泰电气面临退市，所以为充分补偿投资者，并未确定基准日，而是以退市价作为计算标准，整体上会增加对投资者的赔付金额。此外，欣泰电气案中扣减了市场风险所致损失，主要是因为欣泰电气上市期间，历经了2015年7月至2016年初资本市场的巨大波动，市场出现"断崖式"下跌，该部分损失与虚假陈述无因果关系，这也与《若干规定》第十九条第四项规定一致。

在损失计算方面，两起案例也是依照《若干规定》第二十九条和第三十条规定，由投资差额损失、投资差额损失部分的佣金和印花税以及前两部分所涉资金利息三部分组成。其中，欣泰电气案对投资差额损失的计算区分了一级市场和二级市场，而万福生科案中并未区分。在法律关系上，一级市场投资者与发行人之间存在合同关系，若发行人欺诈发行，会产生违约责任和侵权责任的自由竞合，一级市场投资者可以选择对自己更有利的请求权基础索赔。但是二级市场上的投资者进行证券交易时与发行人之间并无合同关系，所以只能依侵权法律关系索赔。《若干规定》第二十九条后半句规定，"导致证券被停止发行的，投资人有权要求返还和赔偿所缴股款及银行同期活期存款利率的利息"，这实际上是采用了《合同法》中合同因欺诈被撤销的法律效果的思路，对证券发行市场的投资者予以充分保护。在欣泰电气案中，对于卖出新股的投资者，赔付基金通过补偿发行价与卖出价的差额，且未扣除市场风险导致的损失，实际上已经达到了恢复原状的效果。对于退市时仍持有新股的投资者，通过对发行价与退市价格的差额补偿也已经完全填补了投资者损失。但是就每股赔偿数额来看，一级市场的投资者因完全返还申购款而获得的赔偿未必会高于在市场高点买入的二级市场投资者所获的赔偿数额。

综上，实践中保荐人的责任范围基本上是参照司法解释规定的责任范围确定，这主要是因为目前先行赔付方案的制订并未完全市场化，而是在监管机构的指导下进行，很大程度上会有维护证券市场稳定的考虑。未来如果真正实现市场主体自由谈判确定赔付方案，投资者可能会出于时间效率的考虑而放弃部分经济利益。

---

① 具体赔付方案参见：《平安证券有限责任公司关于设立万福生科虚假陈述事件投资者利益补偿专项基金的公告》，资料来源：http：//www.wfskjj.com/special_ detail_ 1.html，2017年6月15日访问。

② 具体赔付方案参见巨潮资讯：《兴业证券：关于设立欣泰电气欺诈发行先行赔付专项基金的公告》，资料来源：http：//www.cninfo.com.cn/cninfo - new/disclosure/sse/bulletin _ detail/true/1203605860？announceTime = 2017 - 06 - 10，2017年6月15日访问。

（四）保荐人先行赔付的实施效果

在万福生科案中，截至2013年7月3日，与平安证券达成有效和解的适格投资者人数达127 556人，占适格投资者总人数的95.01%，对适格投资者支付的补偿金额为178 565 084元，占应补偿总金额的99.56%。[①] 在欣泰电气案中，截至2017年10月20日，完成有效申报、与专项赔付基金出资人达成有效和解的适格投资者人数为11 727人，占适格投资者总人数的95.16%，对适格投资者支付的赔付金额为241 981 273元，占应赔付总金额的99.46%。[②] 对于未在专项基金存续期间内获得赔付的适格投资者，还可以在提交符合公告要求的材料后，获得与专项基金赔付方案等量的赔付金额。[③] 从达成和解的投资者比例来看，先行赔付实践的确实现了制度设计时及时补偿投资者的目标。

三、对保荐人先行赔付制度的反思

（一）先行赔付与证券欺诈民事诉讼的协调

1. 先行赔付协议的效力。先行赔付是纠纷双方当事人根据民法上的自愿原则，通过自行协商而达成和解的行为，实质为诉讼外和解。诉讼外和解作为纯粹的“民法上和解”，未经法院制作调解书等程序，通常仅具有实体法上的效果。[④] 和解在现行法上为无名合同，学理上一般认为，和解的核心特征在于相互让步，以消弭法律关系的争议。这也得到了司法实务的认可，最高法院将诉讼和解界定为“案件当事人为终止争议或者防止争议再次发生，通过相互让步形成的合意”[⑤]。

由于当事人会在和解协议中对争议的权利义务关系重新作出安排，所以和解协议的内容会不同于原始法律关系的权利义务内容。但是就和解协议的效力，我国现行法并无规定，学界存在不同观点，具体可分为债的变更、债的更新和混合效果几种观点。“债的变更”观点主要认为和解协议具有“确定效”，这种“确定效”通常只是对原法律关系争议事项的变更，而不是重新替

---

① 腾讯财经：《中国证券投资者保护基金有限责任公司关于万福生科虚假陈述事件投资者利益补偿专项基金的终止公告》，资料来源：http：//finance. qq. com/a/20130711/000021. htm，2017年6月15日访问。

② 中国证券投资者保护基金有限责任公司官网：《中国证券投资者保护基金有限责任公司关于欣泰电气欺诈发行先行赔付专项基金的终止公告》，资料来源：https：//zxjj. sipf. com. cn/investor/notice/notice63. do，2017年11月25日访问。

③ 巨潮资讯：《兴业证券关于欣泰电气欺诈发行先行赔付后续工作的公告》，资料来源：http：//www. cninfo. com. cn/cninfo－new/disclosure/sse/bulletin_ detail/true/1204125264？announceTime＝2017－11－09，2017年11月25日访问。

④ 贺剑：《诉讼外和解的实体法基础——评最高人民法院指导案例2号》，载《法学》，2013（3）。

⑤ 《杨培康与无锡活力保健品有限公司侵犯发明专利权纠纷案》，载《最高人民法院公报》，2009（11）。

代（债的更新），因此和解前后债的同一性不变。[①]“债的更新”观点认为，和解的效力被认为是能够创设出一种新的确定的情势以替代原有存在争议的情势，它是当事人在原合同的基础上所设立的一种新的债权债务关系。[②]“混合效果”观点认为，和解可能发生变更、更新、认许、免除、新债设立、物权移转或债权移转等各种效力，也有可能发生其中几种效力的混合。[③]事实上，和解既可能是对原有法律关系的确定，也可能在原有的法律关系的基础上形成新的权利义务内容，[④]还是应当根据前后法律关系内容的差异比较来具体确定和解的效力。

具体到保荐人先行赔付协议，根据现有实践来看，其内容就是参照《若干规定》对投资者在侵权法律关系中可以得到的赔偿数额进行确认，类似于当事人就赔偿数额的计算方法签订了一个补充协议，新旧法律关系具有同一性。所以应当认为保荐人先行赔付协议仅具有“确认效”，而没有“创设效”，因此它应当是债的变更，是一个准物权行为。

既然保荐人和投资者的债权债务关系发生了变更，那么在投资者认可先行赔付协议时，双方当事人都应当履行先行赔付协议，而不能再次转向原来侵权法律关系请求履行。当然如果投资者并不认可保荐人提出的和解方案，此时当事人并未就“债的变更”达成合意，当事人之间仍然只存在原来的侵权法律关系。所以在万福生科和欣泰电气的赔付方案中，都有如下设计：如果投资者接受赔付，则表明其自愿放弃向虚假陈述事件的责任方索赔的权利，而是将求偿的权利转让给基金出资人，不接受赔付的投资者，也可以自行起诉或申请仲裁。这种做法实际上已经赋予了投资者选择权，但是此种“放弃索赔权利”的承诺仅具有实体法上的效力，并不导致投资者诉讼法上的诉权消灭。

2. 保荐人不履行先行赔付协议的救济途径。如前所述，双方当事人达成先行赔付协议，通过合意确定侵权损害赔偿的数额，是一个准物权行为或处分行为，对先前的侵权之债进行变更。

先行赔付的关键在于确定赔付的投资者范围和赔偿数额，投资者之所以接受先行赔付方案，是因为可以及时从保荐人处获得赔偿，从而愿意放弃其向其他责任人索赔的权利。若保荐人不履行先行赔付义务，投资者当然不愿意被“束缚”在先行赔付协议下，因为他们本可以选择其他的责任人或者以更为强硬的方式主张权利。因此，从当事人法律行为的目的来看，应当认为当事人之间的先行赔付协议包含了默示的解除条件，当保荐人不履行先行赔付的义务时，和解解除。

我国并不承认处分行为的无因性，那么和解的解除导致处分行为归于无效，和解之前的法

---

① 贺剑：《诉讼外和解的实体法基础——评最高人民法院指导案例 2 号》，载《法学》，2013（3）。
② 肖俊：《和解合同的私法传统与规范适用》，载《现代法学》，2016（5）。
③ 庄加园：《和解合同的实体法效力——基于德国法视角的考察》，载《华东政法大学学报》，2015（5）。
④ 王利明：《论和解协议》，载《政治与法律》，2014（1）。

律关系状态确实可以回复如初。[①] 所以投资者仍然可以依侵权法律关系请求损害赔偿。

3. 投资者"双向通吃"问题。在兴业证券提出先行赔付方案前，已有部分欣泰电气投资者通过证券欺诈民事诉讼寻求救济。侯海波等18名投资者是以兴业证券为被告，要求其作为保荐人及主承销商赔偿因欣泰电气虚假陈述而造成的损失。赵大伟等26名投资者则是起诉欣泰电气，要求兴业证券承担连带责任。其中部分投资者在兴业证券提出先行赔付方案后已经撤诉，其余案件仍在诉讼程序中。[②] 通常来说，在保荐人提出先行赔付方案时，投资者就站在了分岔路口，是接受和解，还是继续诉讼？虽然最终的目的都是解决纠纷，但路径却有不同。

现在可能存在一个"双向通吃"的问题，投资者一方面接受保荐人先行赔付，以求落袋为安，另一方面又起诉责任主体，以求更多的利益。[③] 先行赔付协议由于没有公权力介入，仅具有合同效力，所以即使达成和解，投资者向保荐人承诺放弃对各方责任主体的诉讼权利，并不导致投资者在诉讼法上丧失诉权，在有生效行政处罚决定书或刑事裁判文书并满足《民事诉讼法》第一百一十九条[④]关于起诉条件的规定时，投资者也可以向法院起诉请求赔偿。保荐人当然可以以已有先行赔付和解进行抗辩，但对于发行人及其他连带责任主体，他们并非先行赔付协议的当事人，其抗辩的效力如何，应当以法律明确规定，以免徒增争议。针对此，有学者提出应当授予先行赔付人以法定代理权，其与投资者达成和解的效力及于其他连带责任人。[⑤] 否则，不仅先行赔付制度的积极效果会大打折扣，而且会助长证券市场不正当的投机之风。

（二）保荐人赔付后的追偿和风险转移问题

因欣泰电气欺诈发行而引发的上市公司与中介机构之间的一系列诉讼混战[⑥]引人注目，尤其是近日兴业证券起诉欣泰电气将为欣泰电气证券发行、上市出具审计报告的北京兴华会计师事务所（以下简称兴华会计所）和出具律师工作报告、法律意见书的北京市东易律师事务所（以下简称东易律所）告上法庭，[⑦] 让我们把视野拓展到中介机构之间的责任分担问题。

---

① 贺剑：《诉讼外和解的实体法基础——评最高人民法院指导案例2号》，载《法学》，2013（3）。

② 巨潮资讯：《兴业证券：2017年半年度报告》，资料来源：http：//www. cninfo. com. cn/cninfo－new/disclosure/sse/bulletin_ detail/true/1203888827？announceTime＝2017－08－29，最后访问时间2017年10月7日。

③ 陈洁：《证券市场先期赔付制度的引入及适用》，载《法律适用》，2015（8）。

④ 《民事诉讼法》第一百一十九条："起诉必须符合下列条件：（一）原告是与本案有直接利害关系的公民、法人和其他组织；（二）有明确的被告；（三）有具体的诉讼请求和事实、理由；（四）属于人民法院受理民事诉讼的范围和受诉人民法院管辖。"

⑤ 陈洁：《证券市场先期赔付制度的引入及适用》，载《法律适用》，2015（8）。

⑥ 2016年9月18日，兴业证券提起仲裁，向欣泰电气及相关责任人员索赔上千万元；2016年12月，欣泰电气控股股东辽宁欣泰股份有限公司则向兴业证券提起诉讼，索赔3 793.43万元。资料来源：http：//www. myzaker. com/article/59c080841bc8e0f25a00000e/，2017年10月7日访问。

⑦ 北京市第二中级人民法院官网：《二中院受理"欺诈发行退市第一股"引发的证券纠纷案》，资料来源：http：//bj2zy. chinacourt. org/public/detail. php？id＝1565，2017年10月7日访问。

1. 追偿问题。由于保荐人先行赔付承诺实际上是“强制”执行，增加了证券公司的负担，如果保荐人在先行赔付后不能有效追偿，那么“保荐人先行赔付”就变成了“保荐人完全赔付”，若要长久推行此制度必会遭到证券公司的极力抵制。

目前保荐人先行赔付仅在证监会规范性文件中出现，证券法律法规中并未明确保荐人先行赔付后的追偿权。不过，从先行赔付的基础法律关系来看，因为保荐人与发行人及其他责任主体就证券欺诈侵权赔偿承担连带责任，先行承担了全部责任的责任人依照民法的相关规定可以在连带责任人内部进行追偿。不过，当前《证券法》二审稿中已经明确了保荐人对发行人和其他连带责任人的追偿权，如果最终能够确定，自然是给了保荐人明确的法律保障。

但是，并不是明确了保荐人的追偿权，就一定可以实现有效追偿。实践中陷入欺诈发行的发行人通常都会有财务困难，所以有可能在保荐人先行赔付后，虽然能够取得向发行人追偿的权利，却无法实现债权，形成坏账。这是一个现实问题，并不能通过法律解决。也许正是因为欣泰电气及其关联方财务状况不佳，兴业证券才将目光投向其他中介机构。

从法律关系上说，根据《证券法》第一百七十三条，会计师事务所和律师事务所作为证券服务机构，出具的审计报告、法律意见书存在虚假陈述，给他人造成损失的，应当与发行人、上市公司承担连带赔偿责任，但是能够证明自己没有过错的除外。① 不过在欣泰电气案中，兴华会计师事务所和东易律师事务所都因未勤勉尽责受到了证监会的行政处罚，在确认其存在过错的情况下，两所确实是向投资者赔偿损失的连带责任人。接下来的问题就是连带责任的份额应当如何确定，这实际上还是要回到基础法律关系，根据民法相关规定和理论来确定各主体之间的责任份额。《侵权责任法》第十四条第一款规定：“连带责任人根据各自责任大小确定相应的赔偿数额；难以确定责任大小的，平均承担赔偿责任。”确定责任大小主要是依据行为人对损害的原因力和过错大小，② 在欺诈发行中要确定各主体的责任大小是一大难题，如果不能确定，则各主体可能面临平摊的局面。而会计师事务所和律师事务所在证券发行上市项目中收取的服务费用远低于证券公司收取的费用，如果要其承担与其收益极其不对等的风险，是不符合商事主体经济理性的，那么未来发展的结果可能就有两种：一是公司证券发行上市的成本大致不变，证券公司让出部分收入给其他服务中介机构；二是公司证券发行上市的成本增大，公司支付更多的费用给其他服务中介机构。

此外，还有一个问题就是，先行赔付的方案是由保荐人一方制订的，其他责任主体并未参

---

① 《证券法》第一百七十三条：“证券服务机构为证券的发行、上市、交易等证券业务活动制作、出具审计报告、资产评估报告、财务顾问报告、资信评级报告或者法律意见书等文件，应当勤勉尽责，对所依据的文件资料内容的真实性、准确性、完整性进行核查和验证。其制作、出具的文件有虚假记载、误导性陈述或者重大遗漏，给他人造成损失的，应当与发行人、上市公司承担连带赔偿责任，但是能够证明自己没有过错的除外。”

② 程啸：《侵权责任法》（第2版），353页，法律出版社，2015。

与。如果赔付金额超过了证券民事诉讼需要承担的数额，但是最终却是由所有责任主体承担超额的赔付，似有不合理之处，也容易引起纠纷。

2. 风险转移问题。既然追偿并不总是有效，那么保荐人就需要寻求其他风险转移的途径。目前，已有证券公司与拟上市公司签署《先行赔偿五方协议》，将“先行赔付”暗地转移给拟上市公司及其实际控制人等相关方，不仅要求大股东将持有发行人的股票质押给保荐人，还要求其在先行赔付事项触发之日起 5 个工作日内向专项基金监管账户存入可覆盖投资者全部损失的足额资金作为专项赔偿基金，供保荐人用于先行赔付投资者。①

保荐人之所以事前作责任转移的安排，除了担心追偿问题外，也是考虑到资金占用的问题。但是，对于保荐人来说，如果实际控制人或大股东有能力且有意愿先行支付赔付资金，自然是可以减少资金占用的，但是如果事实并非如所愿，此种“抽屉协议”的效力并不能对抗投资者，投资者仍然可以依据保荐人的承诺请求保荐人先行赔付，而保荐人不能以上市公司的实际控制人或大股东没有支付足够的赔付资金来抗辩。所以，此种风险转移的方式并不是最有效的。

当然，保荐人并非没有其他方法化解风险。目前，平安产险完成业内首笔保荐机构先行赔付责任险投保，② 如果市场上先行赔付的案例增多，可能会有更多的保荐机构通过保险来转嫁风险。

在保荐人可以通过“抽屉协议”或者先行赔付责任保险等方式转移风险后，仍存在一定的道德风险，既然保荐人不是最终的资金支出者，那么保荐人就没有充足的动力在发行申请阶段勤勉尽责来认真核查发行人是否满足发行上市条件，先行赔付制度也就无法实现其落实中介机构责任的制度目标。因此，在设计相关责任保险产品时应当考虑此种道德风险，确定合理的定价机制和赔偿条件。

四、 结语

证监会通过《格式准则 1 号》这一规范性文件强制推出保荐人先行赔付制度，是在加强投资者保护、落实中介机构责任、建立多元化纠纷解决机制的政策背景下的一种绕开司法救济的“维稳措施”，同时也有为注册制铺路的意味。它对于保护投资者利益、维护证券市场安定和提高证券公司的声誉和能力确有积极意义。

《证券法》二审稿已经明确了先行赔付的追偿问题，可以为保荐人先行赔付后的追偿提供法

① 每经网：《证监会将明确 IPO 先行赔付条件标准　保荐机构要求大股东“兜底”》，资料来源：http://www.nbd.com.cn/articles/2016-03-02/987732.html，2017 年 6 月 15 日访问。

② 和讯保险：《保荐机构先行赔付责任保险落地》，资料来源：http://insurance.hexun.com/2017-02-07/188020877.html，2017 年 6 月 15 日访问。

律依据，但保荐人向发行人追偿的主要矛盾可能在于发行人无钱可追，但这已经超出法律的范畴，而保荐人向其他中介机构追偿则仍需要回到基础法律关系确定各自的责任范围。如果保荐人先行赔付制度要强制执行下去，未来更可能的是保荐人以责任保险的方式化解风险。

（责任编辑：彭雨晨）

论虚假陈述行政处罚中责任人身份重合问题

——从欣泰电气案出发

■ 魏颀瑶*

摘要： 欣泰电气案作为“欺诈发行强制退市第一案”备受关注，但该案除强制退市之外，也展现出虚假陈述中责任人身份重合下的行政处罚问题。即在虚假陈述案件中，证监会对行为人同时以“直接负责的主管人员”和“实际控制人”作出双重处罚是否恰当。该案中“双重身份双重责任”处罚实际上突破了证监会历来对“实际控制人”的处罚逻辑。在身份重合的情况下，不宜将造假行为基于两个身份区分为两个独立的行为，双重身份也并不必然导致双重责任。在实际控制人与董事长身份重合时，其行为可参照《刑法》上“想象竞合”的处理方式，以“择一重罪论处”的原则进行处理。

关键词： 虚假陈述　行政处罚　实际控制人

2016 年 7 月 5 日，欣泰电气因欺诈发行及信息披露违法违规被证监会作出行政处罚；随后，被证监会实施了强制退市程序，成为“欺诈发行强制退市第一案”，受到众多关注。证监会也将其列入 2016 年证监稽查 20 大典型违法案例之一。① 或许由于欣泰电气案的退市问题太过吸睛，鲜有人关注到证监会在该案行政处罚中作出的处罚突破。

一、 问题的提出

2011 年底，为解决欣泰电气应收账款余额过大问题，实现发行上市目的，欣泰电气总会计师刘明胜向欣泰电气时任董事长、实际控制人温德乙建议在会计期末以外部借款减少应收账款，并于下期初再冲回。温德乙同意并确认主要以银行汇票背书转让形式进行冲减。此后，欣泰电气通过借款、伪造银行单据，以虚构应收账款收回的方式冲减了应收账款。在将包含虚假财务数据

---

* 北京大学法学院 2016 级硕士研究生。

① 中国证券监督管理委员会：《2016 年证监稽查 20 大典型违法案例》，资料来源：http：//www. csrc. gov. cn/pub/newsite/zjhxwfb/xwdd/201702/t20170224_ 312641. html，2017 年 5 月 18 日访问。

的 IPO 申请文件报送中国证监会后，2014 年 1 月 3 日，欣泰电气取得发行核准。在上市后交易阶段，欣泰电气继续虚构应收账款收回，存在虚假记载。

2016 年 7 月 5 日，证监会作出《行政处罚决定书》（〔2016〕84 号）认定，在欣泰电气欺诈发行、虚假陈述的违法行为中，欣泰电气董事长、实际控制人温德乙组织策划财务造假，是直接负责的主管人员。最终，证监会对于欣泰电气董事长、实际控制人温德乙给予警告，并处以 892 万元罚款。①

根据当事人的要求，证监会举行了听证会。当事人温德乙辩称："对温德乙的同一行为分别以'实际控制人'和'直接负责的主管人员'两个身份进行重复处罚，违反了《中华人民共和国行政处罚法》（以下简称《行政处罚法》）的规定。"证监会未采纳该意见。在行政复议过程中，证监会作为被申请人回应"同时适用《证券法》第一百九十三条第一款和第三款对温德乙进行处罚，不是基于温德乙的两个身份，而是基于其实施的不同行为，并且符合相关违法行为的构成要件规定。"《行政复议决定》确认，温德乙以不同身份实施了不同的违法行为，在构成要件上满足相关条文的规定，同时处罚不违反《行政处罚法》第二十四条的规定。

本案中，证监会和温德乙之间的根本分歧在于，温德乙到底实施了几个行为。若果真如证监会所称，"温德乙以不同身份实施了不同的违法行为"，即不止一个违法行为，则证监会的处罚无不妥之处；若温德乙只实施了一个违法行为，则证监会对温德乙的双重罚款则有可能违反《行政处罚法》第二十四条的相关规定。那么，虚假陈述案件中实际控制人同时在发行人上市公司担任高管，即身份重合情况下，如何对其违法行为加以认定并予以恰当处理？

二、 证监会处罚逻辑概述

在 1999 年 7 月 1 日开始实施的《证券法》以及 2004 年的修订版中，第一百七十五条与第一百七十七条并未规定上市公司控股股东、实际控制人虚假陈述的法律责任。

在 2005 年《证券法》修订时，增加了第一百八十九条第二款和第一百九十三条第三款，将控股股东、实际控制人"指使"欺诈发行或者信息披露违法的行为列为单独的一种违法行为予以追究。依文义解释，"指使"应是指"指挥""鼓动""唆使"等积极作为的行为，而不包括消极的不作为。但证监会 2011 年发布的《信息披露违法行为行政责任认定规则》第十八条规定"控股股东、实际控制人直接授意、指挥从事信息披露违法行为，或者隐瞒应当披露信息、不告

① 依据《证券法》第一百八十九条，对其处以 802 万元罚款，其中作为直接负责的主管人员处以 30 万元罚款，作为实际控制人处以欣泰电气非法所募资金的 3% 即 772 万元罚款。依据《证券法》第一百九十三条第一款、第三款，对温德乙给予警告，并处以 90 万元罚款；其中作为直接负责的主管人员处以 30 万元罚款，作为实际控制人处以 60 万元罚款。

知应当披露信息的，应当认定控股股东、实际控制人指使从事信息披露违法行为”。因此，该规则确定，对于负有积极信息披露义务的控股股东、实际控制人而言，其隐瞒、不告知应当披露信息的，仍旧构成了“指使”行为。

但现行规则并未规定，当实际控制人与发行人高管身份重合时应当如何处理。对证监会2006年以来作出的行政处罚案例进行梳理分析（见表1①）发现，“双重身份双重责任”的处罚实际上改变了以往一贯的处罚逻辑，证监会行政处罚权行使的合法合理性，需要进一步明晰。

表1　虚假陈述案件中控股股东、实际控制人处罚概况

编号	公司名称（处罚文书编号）	控股股东/实际控制人	是否在公司任职/担任职位	处罚依据	罚款数额
	福建昌源（〔2007〕11号）	陈克根（实际控制人）	否	《证券法》第一百九十三条第三款	5万元
	龙昌公司（〔2008〕10号）	邱忠保（实际控制人）	董事长	鉴于邱忠保在我会查处的其他违反原《证券法》的案件中，已被认定为永久性证券市场禁入者，本案不再作处理	
	西昌电力（〔2008〕24号）	张良宾（实际控制人）	否	由于张良宾“已经另案处理”，故未在该行政处罚决定书中作出处罚	
	金荔科技（〔2008〕26号）	刘作超（实际控制人）	董事长	原《证券法》第一百七十七条	20万元
	天目药业（〔2009〕5号）	章鹏飞（实际控制人）	董事长	《证券法》第一百九十三条	30万元
	上海科技（〔2010〕13号）	张杰（实际控制人）	董事长	《证券法》第一百九十三条	30万元
	天目药业（〔2011〕2号）	章鹏飞（实际控制人）	董事长	《证券法》第一百九十三条	30万元
	银河科技（〔2011〕19号）	潘琦（实际控制人）	董事长	《证券法》第一百九十三条	30万元
	江苏三友（〔2011〕46号）	张璞（实际控制人）	董事长	《证券法》第一百九十三条	20万元

① 根据证监会网站公布的行政处罚决定书内容整理，本文所列简称，与证监会行政处罚决定书中简称一致。“处罚依据”为行政处罚决定书中“依据《证券法》第×条×款的规定，我会决定：……”中列明的条款。

续表

编号	公司名称（处罚文书编号）	控股股东/实际控制人	是否在公司任职/担任职位	处罚依据	罚款数额
	博盈投资（〔2012〕38号）	嘉利恒德（控股股东）	否	《证券法》第一百九十三条	30万元
	天能科技（〔2013〕43号）	秦海滨（实际控制人）	董事长	《证券法》第一百九十三条	30万元
	甬成功（〔2013〕8号）	陈新（实际控制人）	董事长	原《证券法》第一百七十七条	30万元
	天目药业（〔2013〕69号）	章鹏飞（实际控制人）	否	《证券法》第一百九十三条	30万元
	东贝股份（〔2014〕76号）	东贝集团（控股股东）	否	《证券法》第一百九十三条	30万元
	四海股份（〔2014〕92号）	濮黎明（实际控制人）	董事长	《证券法》第一百九十三条第一款	20万元
	海联讯（〔2014〕94号）	章锋（实际控制人）	董事长	《证券法》第一百八十九条	1 173万元（海联讯非法所募资金39 100万元的3%）
				《证券法》第一百九十三条第一款	30万元
	零七股份（〔2015〕91号）	练卫飞（实际控制人）	否	《证券法》第一百九十三条第一款	30万元
	中科云网（〔2015〕84号）	孟凯（实际控制人）	董事长兼总裁	《证券法》第一百九十三条第一款	15万元
	大元股份（〔2015〕14号）	邓永新（实际控制人）	否	《证券法》第一百九十三条	30万元
	东方锆业（〔2016〕6号）	陈潮钿（实际控制人）	董事长兼总经理	《证券法》第一百九十三条	10万元
	京天利（〔2016〕81号）	钱永耀（实际控制人）	董事长	《证券法》第一百九十三条第一款	20万元
				《证券法》第一百九十三条第三款	40万元

续表

编号	公司名称（处罚文书编号）	控股股东/实际控制人	是否在公司任职/担任职位	处罚依据	罚款数额
	内蒙发展（〔2016〕82 号）	赵伟（实际控制人）	否	《证券法》第一百九十三条第一款	20 万元
	欣泰电气（〔2016〕84 号）	温德乙（实际控制人）	董事长	《证券法》第一百八十九条第一款	30 万元
				《证券法》第一百八十九条第二款	772 万元（欣泰电气非法所募资金 25 735 万元的 3%）
				《证券法》第一百九十三条第一款	30 万元
				《证券法》第一百九十三条第三款	60 万元

（一）《证券法》（2005）之前的处罚逻辑

对 2006 年 1 月 1 日之前的行为，因违法行为发生于 2005 年《证券法》生效之前，故只能适用原《证券法》第一百七十七条进行处罚。但原《证券法》第一百七十七条并未规定实际控制人的责任。在此情况下，证监会的处理逻辑是，将该实际控制人（不论是否在公司担任董监高职务）认定为上市公司虚假陈述的“直接负责的主管人员”，依据原《证券法》第一百七十七条追究其行政责任。案例 2、3、4、12 为此种情况。

如金荔科技案（〔2008〕26 号）中，刘作超时任金荔科技董事长，为金荔科技原实际控制人。证监会认定刘作超为金荔科技相关虚假陈述事项直接负责的主管人员，依据原《证券法》第一百七十七条的规定，决定对时任董事长刘作超给予警告，并处以 20 万元的罚款。

在龙昌公司案（〔2008〕10 号）中，龙昌公司财务造假、未按规定披露关联交易事项和担保、借款、诉讼等重大事件，证监会认定“龙昌公司时任董事长邱忠保在董事会通过 2004 年半年报的决议上签字同意，并且是龙昌公司的实际控制人……是对龙昌公司上述相关违法行为直接负责的主管人员。”西昌电力案（〔2008〕24 号）中，证监会也认定西昌电力的实际控制人张良宾（未在西昌电力任职）为直接负责的主管人员。

（二）《证券法》（2005）之后的处罚逻辑

1. 单一身份违法行为处理。

（1）依据《证券法》第一百九十三条第三款进行处罚。《证券法》2005 年修订后至今，唯一较为明确地依照《证券法》第一百九十三条第三款进行处罚的情况是，控股股东（为公司法人，这种情况下，不存在控股股东与上市公司董事、高管身份重合的情况）因为没有向上市公司履行告知义务，致使上市公司虚假陈述。

实践中，依照《证券法》第一百九十三条第三款对控股股东作出处罚的案例只有两件。分别是嘉利恒德案（〔2012〕38 号）和东贝集团案（〔2014〕76 号）。处罚逻辑是，依照2011 年出台的《信息披露违法行为行政责任认定规则》第十八条第二款的规定，控股股东不告知上市公司应披露信息的，应当认定为控股股东指使从事信息披露违法。认定该控股股东实施了“指使”行为，从而依据《证券法》第一百九十三条第三款对其进行了处罚。

（2）将实际控制人认定为“直接负责的主管人员”进行处罚。由于第一百九十三条第三款将控股股东、实际控制人“指使”信息披露违法的行为列为单独一种违法行为予以追究。因此，从理论上说，当控股股东、实际控制人不在上市公司担任职务时（不发生身份重合时），对其应当直接依据第一百九十三条第三款进行处罚。在福建昌源案（〔2007〕11 号）中，证监会明确认定了实际控制人的“指使”行为，认定实际控制人陈克根指使上市公司延期披露年报，并依据《证券法》第一百九十三条第三款进行处罚。

但是，《证券法》第一百九十三条第三款规定：“控股股东、实际控制人指使从事前两款违法行为的，依照前两款的规定处罚。”解释上，对“控股股东、实际控制人”的罚款区间应当是与上市公司一致的 30 万元至 60 万元，而非对“直接负责的责任人员”的处罚区间 3 万元至 30 万元。但该案中对陈克根只处以 5 万元的罚款，似乎又是将陈克根归入“直接负责的责任人员”进行的处罚。

实践中，证监会的处罚逻辑更多的是将该实际控制人认定为上市公司虚假陈述的“直接负责的主管人员”，依据《证券法》第一百九十三条第一款追究其行政责任。[①] 如大元股份案（〔2015〕14 号）中，对于实际控制人邓永新“认定为对大元股份信息披露违法行为直接负责的主管人员”；在天目药业案（〔2013〕69 号）中，认定“天目药业实际控制人章鹏飞对天目药业未及时披露《补充协议》负有责任”；在内蒙发展案（〔2016〕82 号）中，对于实际控制人赵伟“为直接负责的主管人员”。三案中都未认定实际控制人的“指使”行为，而最终“依据《证券法》第一百九十三条的规定”，在决定分别对其给予 30 万元、20 万元、10 万元的罚款。该罚款范围仍旧落入 3 万元至 30 万元的区间。

---

① 实践中，证监会在行政处罚决定书文末部分的处罚决定中，有时不会详细描述“依据《证券法》第一百九十三条第×款”，而是直接“依据《证券法》第一百九十三条，我会决定：……”但由于证监会在违法事实、行为责任认定时，是将实际控制人认定为“上市公司信息披露违法行为的直接责任人员”，此为《证券法》第一百九十三条第一款规定的处罚依据。

2. 双重身份违法行为处理

（1）将实际控制人认定为“直接负责的主管人员”进行单次处罚。在2006年1月1日之后，对于实际控制人在上市公司担任职位，身份发生重合的情况，证监会的处理逻辑仍旧与此前一致。2006年至2016年，发行人、上市公司虚假陈述行政处罚案件中，实际控制人在上市公司担任职位，身份发生重合的案件共计14起（均担任公司董事长）。其中，11起案件都将该实际控制人认定为上市公司虚假陈述的“直接负责的主管人员”，依据《证券法》第一百九十三条第一款追究其行政责任，[①] 处以3万元至30万元的罚款。除2016年的欣泰电气案（〔2016〕84号）和京天利案（〔2016〕81号）外，并未出现“双重身份双重责任”的处罚。

值得注意的是，其中，2014年的海联讯案（〔2014〕94号），案情与2016年的欣泰电气案（〔2016〕84号）相似。时任海联讯董事长，为海联讯实际控制人的章锋，直接参与讨论并同意以股东垫资或向他人借款方式冲减应收账款。公司欺诈发行上市后，继续财务造假，年度报告存在虚假记载。

在该案的《行政处罚决定书》中，证监会最终针对章锋给予警告，并处以1 203万元罚款。根据证监会网站2014年11月6日在证监会要闻一栏中发布的《证监会通报海联讯骗取发行核准和信息披露违法案》[②]，该1 203万元罚款数额构成为“……对控股股东、实际控制人章锋指使海联讯骗取发行核准行为，处以海联讯非法所募资金39 100万元的3%即1 173万元的罚款；对章锋作为海联讯信息披露违法行为责任人，给予警告并罚款30万元，两项罚款合计1 203万元”。在此，证监会对于海联讯欺诈发行的行为，是将实际控制人章锋的行为认定为“指使”行为，处以募集资金金额3%的单次罚款，并未再将其认定为海联讯欺诈发行的“直接责任人员”再处30万元至60万元的罚款；而针对海联讯上市后的虚假陈述事项，仍旧是将实际控制人章锋认定为“直接负责的主管人员”给予了30万元的单次处罚，并未再因其“指使”海联讯虚假陈述再处30万元至60万元的罚款。

（2）2016年的态度转变——“双重身份双重责任”。如前所述，对于担任上市公司董事长的上市公司实际控制人信息披露违法的处罚，证监会此前都是认定其为上市公司违法行为的“直接负责的主管人员”，依据《证券法》第一百九十三条第一款处以3万元至30万元的单次罚款。

时至2016年6月27日，证监会在对京天利案（〔2016〕81号）中，首次作出了“双重身份

① 龙昌公司案（〔2008〕10号）、金荔科技案（〔2008〕26号）、甬成功案（〔2013〕8号）中，由于违法行为时间发生于2006年1月1日之前，故依据原《证券法》第一百七十七条进行处罚。

② 中国证券监督管理委员会：“证监会通报海联讯骗取发行核准和信息披露违法案”，资料来源：http://www.csrc.gov.cn/pub/newsite/zjhxwfb/xwdd/201411/t20141106_263048.html，2017年5月26日访问。

双重责任”的认定，分别依据《证券法》第一百九十三条第一款和第三款作出双重处罚。该案中，钱永耀时任京天利董事长，为京天利实际控制人。受钱永耀实际控制的上海报春与京天利之间存在关联关系。钱永耀安排收购上海报春股权，该收购构成关联交易，该关联交易事项未按规定披露。证监会最终决定，对上述关联交易事项未披露的违法行为，“依据《证券法》第一百九十三条第一款的规定，对钱永耀给予警告，并处以20万元罚款；依据《证券法》第一百九十三条第三款的规定，对钱永耀给予警告，并处以40万元罚款；两项合并，对钱永耀给予警告，并处以60万元罚款”。

此后，在欣泰电气案（〔2016〕84号）中，“依据《证券法》第一百九十三条第一款、第三款的规定，……对温德乙给予警告，并处以90万元罚款；其中作为直接负责的主管人员处以30万元罚款，作为实际控制人处以60万元罚款”。

（3）小结。综上，在2016年前，证监会对于“实际控制人”与高管身份重合案件的处理，一贯的处罚逻辑是将其认定为“直接负责的主管人员”，依据《证券法》第一百九十三条第一款进行单次处罚，并不因其实际控制人身份再行处罚。而在2016年则提出“双重身份双重责任”，同时依据《证券法》第一百九十三条第一款和第一百九十三条第三款进行处罚。证监会此番处罚逻辑的转变，是认识到以往处罚错误而加以更正？还是单纯为加重处罚而处罚？其行政处罚权行使的合法合理性，并非证监会在京天利案中“双重身份意味着双重义务与双重责任”的简单说法能够支撑，仍需进一步明晰。

三、身份重合下的特殊问题

如前文所述，在欣泰电气案中，证监会和温德乙之间的根本分歧在于，温德乙的违法行为数量，即其到底实施了几个违法行为。

（一）造假行为是否可基于不同身份而区分

在行政复议过程中，证监会作为被申请人回应“同时适用《证券法》第一百九十三条第一款和第三款对温德乙进行处罚，不是基于温德乙的两个身份，而是基于其实施的不同行为”证监会自身作出的《行政复议决定》也认定“温德乙以不同身份实施了不同的违法行为”。

但事实上，在决策、授益、指挥相关造假行为中，是难以区分行为人的行为到底是基于何种身份作出的。

《中华人民共和国公司法》第二百一十六条第（三）项规定：“实际控制人，是指虽不是公司股东，但通过投资关系、协议或者其他安排，能够实际支配公司行为的人。”一般认为，控制权是指对一个公司的经营管理或方针政策具有决定性的影响力，对公司的经营计划、方针、财务、人事等事务的决定权。① 现行交易所相关规定则认为“控制：指能够决定一个企业的财务和经营政策，并可据以从该企业的经营活动中获取利益的状态。”② 理论上认为，公司控制权均以股权为最终基础。而对实际控制人而言，股权所代表的表决权的工具性色彩浓厚。因为实际控制人掌控表决权的目的在于将自己的候选人选任为公司的董事，使自己制定的议案成为公司的决议，以实现对公司的控制。③ 这也在证监会、证券交易所的有关规定中得以体现。④ 我国实践中认定公司实际控制人的方法，首先以公司的股权关系结构为基本的出发点，审查表决权的实际持有和控制情况。其次，审查董事会成员的构成，确认控制人的实际控制能力。⑤

就实际控制人的概念与定义而言，实际控制人的身份就已经决定了其对公司相关行为的影响力。也正是基于此，才会在立法修订中加入对实际控制人的责任规制，以期实现对证券欺诈行为的调整，进而实现对投资者合法权益的保护。

在零七股份案（〔2015〕91号）中，广众投资（零七股份全资子公司）董事长刘彩荣、总经理戴光在签收相关诉讼材料后，按照练卫飞（当时已辞去董事长职务）要求，直接交给练卫飞，戴光在询问中称“按照零七股份内部规定，是重大事项应向总部报告，当时练卫飞告知我他会尽快和天津对方公司达成和解，让我不用向母公司报告。”最终法院认定，练卫飞指使有关人员蓄意隐瞒，刘彩荣、戴光两人按照练卫飞的指使，未通知零七股份及时披露，是为零七股份未及时披露涉案重大诉讼事项的其他直接责任人员。就事实上而言，虽当时练卫飞已辞去董事长职务，但仍旧能够指使相关高管。这也正是其控制力的体现。

在我国实践中，上市公司法定代表人以董事长担任为多。除法律法规明确赋予股东大会的权力和应由董事集体行使的权力外，董事长往往具有广泛的对外代表公司的权力。此外，上市公司在公司内部治理中总的来说体现出集权化特征，即配置给董事长以特别的地位和职权，董事

---

① 彭冰：《中国证券法学》（第2版），265页，高等教育出版社，2007。

② 《上海证券交易所股票上市规则》第18.1条第（八）项、《深圳证券交易所股票上市规则》第17.1条第（七）项。

③ 周伦军：《上市公司实际控制人案件若干问题研究》，载《人民司法》，2008（11）。

④ 上海证券交易所在其2014年修订的《股票上市规则》中，从大股东控制上市公司的角度对控制进行了释义。该规则第18.1条第（八）项规定：“控制：指能够决定一个企业的财务和经营政策，并可据以从该企业的经营活动中获取利益的状态。……3. 通过行使表决权能够决定一个公司董事会半数以上成员当选的；……”深圳证券交易所也在其2014年修订的《股票上市规则》中，从大股东控制上市公司的角度对控制进行了释义。该规则第17.1条第（七）项规定：“控制：指有权决定一个企业的财务和经营政策，并能据以从该企业的经营活动中获取利益。主要包括如下情形：……3. 通过行使表决权能够决定一个公司董事会半数以上成员当选的；……”

⑤ 周伦军：《上市公司实际控制人案件若干问题研究》，载《人民司法》，2008（11）。

长得以直接行使对公司的管理权力，是公司的最高管理者。① 因此，在实际控制人本身当选为公司董事长时，其对公司的控制更为直接，自己的意图能够更为直接地通过自己作出的相关决定和行为得以实现。

在决策、授意、指挥相关造假行为中，也难以区分行为人的行为是基于何种身份作出的。在欣泰电气案中，温德乙作出决定以外部借款等方式虚构收回应收款项、部署相关部门工作人员私刻印章、伪造银行单据进行造假，到底是董事长身份下的经营管理行为，还是实际控制人身份下的“直接授意、指挥”行为？在身份重合的情况下，难以对此种行为作出明确区分。

（二）双重身份并不必然导致双重责任

现代理论认为，行政处罚与刑罚皆是国家公权力对不法行为的制裁，只是在违法程度上轻重程度不同而已，两种处罚具有相同性质，只是在量的方面有所不同。② 因为行政处罚与刑法具有相同的性质，所以可以借鉴刑法罪数理论，来判断行政处罚的应受处罚数。③

证监会在京天利案（〔2016〕81 号）中从上市公司内部治理与外部治理两方面论证“双重身份意味着双重义务与双重责任”。其逻辑在于，作为上市公司董事长的钱永耀，负有忠实勤勉义务，应保证公司披露的信息真实、准确、完整。在发现实际控制人的相关违规行为时，及时纠正并向相关监管机构报告。若非如此，便是“作为上市公司董事长的失职”。因此，他应当受到双重处罚。

在刑法领域中还存在其他与此类似的情形。《中华人民共和国刑法》（以下简称《刑法》）第四百一十一条规定了海关工作人员徇私舞弊，放纵走私，情节严重的，构成“放纵走私罪”。该罪的行为主体是海关工作人员，负有特定的监督义务，在发现走私行为时应当按照《中华人民共和国海关法》作出相应行政处理，达到标准的应当将案件移送司法机关追究其刑事责任。《刑法》第一百五十一条至第一百五十七条规定了走私罪，走私罪的行为主体没有特殊要求，凡违反海关法规偷逃应缴税额的行为达到标准，即可成立走私罪。可将具有海关工作人员身份的

---

① 甘培忠、周淳：《上市公司定期报告信息披露违法董事责任认定研究》，载《北方法学》，2012（3）。宋增基、韩树英、张宗益：《公司高层更换中董事长与总经理重要性差异研究——来自中国上市公司的经验数据》，载《软科学》，2010（3）。

② 对于同质论学说的详细论述，参见黄明儒：《论行政犯与刑事犯的区分对刑事立法的影响》，载赵秉志主编：《刑法论丛》（第 13 卷），171－188 页，法律出版社，2008。

③ 林沈节：《论单个应受行政处罚行为及其处罚规则》，载《行政法学研究》，2010（3）。需要说明的是，行政处罚与刑罚毕竟有所不同，通常而言，刑法的标准相比行政法的标准更为严格。本文尝试运用较为成熟、严格的刑法理论，解释目前国内行政处罚法领域尚处空白的身份重合处罚问题，可能存在限缩行政处罚范围的问题。此外，复杂的刑法理论适用必然导致执法成本的提升和执法效率的降低，行政处罚出于效率的考虑，必然不可能完全适用刑法理论。本文也无意于论证如此宏观的命题，仅就本文提出的具体问题而言，在接受同质论学说的前提下，通过对证监会的处罚实践逻辑探析、证券违规违法活动规制的特殊性探讨以及适当的理论借鉴，探求更为合法合理的处罚路径。

行为人视为具有“双重身份”，即海关工作人员和普通自然人；其负有双重义务，即身为海关工作人员负有的特定监督义务，身为普通自然人负有的遵守海关法规按规定缴纳税款的义务。那么，作为海关工作人员的行为人，其积极参与走私，违背了其特定义务，是否也是承担“双重责任”呢？

最高人民法院、最高人民检察院、海关总署2002年7月8日《关于办理走私刑事案件适用法律若干问题的意见》第十六条指出：“负有特定监管义务的海关工作人员徇私舞弊，利用职权，放任、纵容走私犯罪行为，情节严重的，构成放纵走私罪。放纵走私行为，一般是消极的不作为。如果海关工作人员与走私分子通谋，在放纵走私过程中以积极的行为配合走私分子逃避海关监管或者在放纵走私之后分得赃款的，应以共同走私犯罪追究刑事责任。”学理上认为，海关工作人员的这种行为，其实是走私罪的共犯与放纵走私罪的想象竞合，应当从一重罪论处。① 解释上，上述司法解释直接规定依共同犯罪处罚也是从一重罪论处的体现，因为一般而言，走私罪的刑罚相对于放纵走私罪而言更重。例如，放纵走私罪要求情节严重才构成犯罪，而走私罪的入罪构成要件中没有“情节严重”的要求；在“情节严重”的情况下，放纵走私罪处5年以下有期徒刑或拘役，走私罪一章中，“走私国家禁止进出口的货物、物品罪”，情节严重的，处5年以上有期徒刑，并处罚金。“走私淫秽物品罪”情节严重的，处10年以上有期徒刑或者无期徒刑，并处罚金或者没收财产。

因此，作为海关工作人员的行为人，其积极参与走私，既违背了身为“海关工作人员”的特定监督义务，又违背了身为“普通自然人”的义务，但处罚逻辑并不是承担“双重责任”，而是“从一重罪处罚”。

综上所述，证监会“双重身份意味着双重义务与双重责任”的说法并不成立，不能作为其对身份重合的实际控制人作出双重处罚的依据。

四、 合理的处罚方式

表面上财务造假、虚假陈述是一系列前后有关的行为，包括策划方案、指挥实行、确认报表、签字公告等。似乎与刑法上“牵连犯”的“牵连行为”性质相类似。但首先需要明确的是，虚假陈述的主体是“上市公司、发行人或其他信息披露义务人”，而非相关责任人员或是发行人、上市公司或其他信息披露义务人的“实际控制人”。因此，将载有虚假信息的定期报告文件加以公告，实施虚假陈述的主体是本案中的欣泰电气，而非董事长兼实际控制人温德乙。并且，刑法上牵连犯的成立至少也需要两个以上的行为，彼此之间具有牵连关系，且两个行为分别符

① 张明楷：《刑法学》（第4版），1114页，法律出版社，2011。

合犯罪的构成要件。[①] 对应来看，行政处罚法上的“牵连行为”则也应符合两个特征：（1）牵连行为必须有两个以上可以独立成为应受行政处罚行为的违法行为，即原因行为与结果行为或者方法行为与目的行为，都是应受行政处罚的行为；（2）数行为之间处在手段与目的行为、原因与结果行为的牵连关系。

在本案中，温德乙的一系列行为，不论是作为董事长的签字承诺行为，还是作为实际控制人筹集资金的行为，或是难以区分基于何种身份实施的决策、授意、指挥行为。其都只是导致欣泰电气虚假陈述的原因或者说为了实现欣泰电气虚假陈述而使用的手段。

因此，在温德乙的一系列行为中，并不存在原因行为之外的结果行为。不应将其理解为“牵连行为”，更宜将其理解为想象竞合的情形。

如前文所述，在身份重合的情况下，很难对造假行为基于身份作出明确区分。那么，假设行为人欣泰电气董事长温德乙并不具有实际控制人身份，其实施了本案中的一系列造假行为。首先，根据《信息披露违法行为行政责任认定规则》第十五条的规定，董事长温德乙应当视情形认定其为“直接负责的主管人员”或者“其他直接责任人员”承担行政责任；结合《信息披露违法行为行政责任认定规定》第十九条的规定，董事长温德乙积极参与、组织、策划实施信息披露违法行为，在造成欣泰电气虚假陈述发生过程中起到主要作用，同时结合行政处罚中的一贯实践做法，可以合理判定，将其认定为“直接负责的主管人员”。[②] 因此满足第一百九十三条第一款的责任构成要件。

而在董事长温德乙同时具有实际控制人身份时，行为并未改变，仍是从事了这一系列行为，但因为其具有“实际控制人”这一特殊身份，所以也同时满足了第一百九十三条第三款的责任构成要件。这也与前文的论证逻辑是相符的。

在刑法上，一种行为触犯两个罪名，是为“想象竞合”，其处罚原则是“择一重罪论处”。《证券法》第一百九十三条第一款规定的“直接责任人员”的罚款数额为“3 万元至 30 万元”，而依第一百九十三条第三款进行处罚的罚款数额则为“30 万元至 60 万元”，故两者之中依第一百九十三条第三款的处罚更重。《证券法》第一百八十九条第一款规定的“直接责任人员”的罚款数额为“30 万元至 60 万元”，而依第一百八十九条第二款进行处罚的罚款数额为“所募资金金额 1% 以上 5% 以下”（在已经发行证券的情形下），由于实践中发行人首次公开发行的募集资

① 张明楷：《刑法学》（第 4 版），440 页，法律出版社，2011。

② 现有相关研究表明，实践中，在对发行人、上市公司虚假陈述作出的行政处罚案例中，当董事长为涉案人员时，几乎都将其认定为“直接负责的主管人员”。参见甘培忠、周淳：《上市公司定期报告信息披露违法董事责任认定研究》，载《北方法学》，2012（3）。魏颀瑶：《2016 年发行人上市公司虚假陈述行政处罚案例综述》，载《法律与新金融》，第 19 期。

金数额一般都多于6 000万元[①]，故两者之中一般第一百八十九条第二款的处罚更重。

一种行为触犯两项同性质的行政处罚规定。更为恰当的处理是以《证券法》第一百九十三条第三款（若认定其构成欺诈发行，则对发行阶段的行为以《证券法》第一百八十九条第二款[②]）对行为人进行罚款。

五、结语

在2016年证监会“从严打击”的背景下，证监会的确意识到以往在发行人上市公司虚假陈述案件中对实际控制人的处罚不到位，意图加大对其的惩戒力度。以往依照《证券法》第一百八十九条第一款或第一百九十三条第一款，将其认定为“直接负责的主管人员”，只能分别处以“30万元至60万元”或“3万元至30万元”的罚款；而依照《证券法》第一百八十九条第二款或第一百九十三条第三款，则可分别处以“所募资金1%以上5%以下”或“30万元至60万元”的罚款。因此，证监会提出了“双重身份的双重义务与双重责任”的说法，开始对身份重合的实际控制人施以双重处罚。但正如本文分析，该双重处罚并不当然合理。在虚假陈述案件中责任人身份重合情况下，可以采用“从一重论处”的做法，更具合法合理性，也正好能够实现证监会“从严处罚”的政策目标。

（责任编辑：吴幼铭）

---

① 根据Wind资讯数据，2016年，发行人首次公开发行的募集资金总额平均为6.59亿元，最低募集资金金额也有0.78亿元。

② 具体到欣泰电气案，由于欣泰电气募集资金为25 734.9万元，依《证券法》第一百八十九条第二款的处罚金额区间为“257万元至1 287万元”，远高于依第一百八十九条第一款的处罚上限60万元，故应依第一百八十九条第二款进行处罚。

[illegible]

[illegible]

[illegible]

[illegible]

[illegible]

Financial Law Forum
金融法苑
2018　总第九十六辑

金融创新法制

绿色债券中“环境效益目标”的制度构建研究

■ 吴幼铭*

摘要：“环境效益目标”作为判断绿色债券的重要考虑因素之一，应当一方面防止“染绿”和“洗绿”等制度套利的出现，另一方面要确保其范围足以涵盖对环境有裨益的指标。首先，建议通过绿色项目的认定，推定属于绿色项目的绿色债券具有相应的“环境效益目标”。其次，测算或核实“环境效益目标”的第三方评价机构应当具备一定的适格性要求，即具备相应环境领域的专业人员且独立于发行人。最后，“环境效益目标”与实际情况不符时，建议给予该信息披露者一定的豁免事项。当出现有关该目标的虚假陈述时，发行人与第三方评价机构对外应当承担连带责任，第三方评价机构不能以“一概免责”的声明推卸相关责任。

关键词：绿色债券　环境效益目标　信息披露

绿色债券最初由多边开发机构发行，诸如2007年欧洲投资银行发行的气候投资意识债券（Climate Awareness Bond），2008年世界银行发行的第一只绿色债券。自2013—2014年伴随着“绿色债券原则”（Green Bond Principles，GBP）的出现，绿色债券市场发行主体扩大至商业银行和企业在内的私营部门。目前，绿色债券已经在市场上蓬勃发展，仅2016年前7个月的发行量已经超过2015年全年的发行量，达到800亿美元。①

而国内从2014年开始，陆续出现企业或者金融机构发行绿色债券的案例。② 2015年底，央行发布《关于在银行间债券市场发行绿色金融债券有关事宜的公告》和发改委发布《绿色债券发行指引》标志着中国绿色债券市场正在步入正轨。2016年，中国绿色债券发行规模迅速增长，

---

* 北京大学法学院2016级硕士研究生。

① 参见中国银行间市场交易商协会—国际资本市场协会工作组：《绿色债券市场发展国内外实践及前景展望》，2017年3月。

② 例如2014年5月，中广核风电有限公司发行国内首单碳债券“14核风电MTN001”；2014年6月，国际金融公司发行首笔人民币计价绿色债券；2015年7月，新疆金风科技股份有限公司在海外发行首单中资企业绿色债券“新疆金风科技绿色债券”。

几乎从零增长至人民币 2 380 亿元，占全球发行规模的 39%。[①]

尽管国内绿色债券发展迅猛，但是，其配套的规范依旧比较简略，这可能会纵容“洗绿”或者“染绿”的发生，从而进行制度套利。如何对绿色债券的“绿色”进行认定，就成为其与一般债券的明显区别。其中，“环境效益目标”（the environmental sustainability objectives）是对于绿色债券的“绿色”属性评定较为有效的考虑因素之一。然而，国内对于“环境效益目标”相关规则却是处于空白状态，如何构建一套围绕此目标确保绿色债券“绿色”属性的制度，成为本文思考的重点。

一、 环境效益目标的规则与实践

如同普通债券，绿色债券也需要进行信息披露。除了通常需要进行披露的财务信息等，绿色债券的信息披露制度目的还包括防止“洗绿”行为的发生。因此，作为不同于一般债券发行时进行披露的项目，“环境效益目标”就显得格外重要。

（一）国内规则及实践

正因为“环境效益目标”是绿色债券独有的披露内容，所以，我国大多数相关的绿色债券文件对此均有规定。[②] 根据这些文件的规定，披露“环境效益目标”是发行人的强制性义务。

依据目前国内对于“环境效益目标”的主要规则，在发行绿色债券时，披露“环境效益目标”是发行人的法定义务。但是，何为“环境效益目标”呢？

有关环境效益目标的具体披露要求，仅在中国银行间市场交易商协会的规则中有所规定，即“详细披露拟投资项目的未来环境、经济和社会效益目标，如二氧化碳等温室气体的年度减排量、年度节能量、大气污染物减排量等投资人关注的指标”。[③] 而在我国实践中，绿色债券的环境效益目标也主要集中于节能减排。[④] 但是，这是否已经涵盖了所有“环境效益目标”的范围呢？

---

① 气候债券倡议组织、中央国债登记结算有限责任公司：《中国绿色债券市场现状报告2016》，2017 年 1 月。

② 我国目前广义上的绿色债券包含了发改委监管的绿色企业债、证监会监管的绿色公司债、央行主管的绿色金融债以及银行间市场交易商协会主导的非金融绿色债务工具。其中，仅发改委发布《绿色债券发行指引》对绿色企业债的“环境效益目标”未明确提及。央行发布的《关于在银行间债券市场发行绿色金融债券有关事宜的公告》、证监会发布的《关于支持绿色债券发展的指导意见》以及中国银行间市场交易商协会发布的《非金融企业绿色债务融资工具业务指引》均有提及“环境效益目标”。

③ 参见中国银行间市场交易商协会发布的《M. 16 表（绿色债务融资工具信息披露表）》M. 16 - 3。

④ 由于在我国目前四种绿色债券中银行间市场交易商协会对于环境效益目标已有较为具体的披露要求，因此，不再考察绿色债务融资工具。此处选取其余三种绿色债券作为参考，分别为中国大唐集团新能源股份有限公司 2016 年非公开发行绿色公司债券（第一期）（G16 唐新 2）对应证监会监管的绿色公司债券、兴业银行股份有限公司 2015 年绿色金融债（16 兴业绿色金融债 01）为央行管辖的绿色金融债以及第一期广州发展集团股份有限公司绿色债券（17 广州发展绿色债 01）属于发改委主管的绿色企业债券。

（二）国际规则的启示：一种推定的方式

对于上面的疑问，不妨在先了解国际相关制度的基础上再进行思考。在绿色债券标准制定的层面，国际上存在着两套广泛被接受的绿色债券国际准则：一是国际资本市场协会（International Capital Market Association）发布的“绿色债券原则”；二是气候债券倡议组织（Climate Bond Initiative）于2011年底发布的“气候债券标准”（Climate Bonds Standard，CBS）。[①]

在GBP中存在对于“环境效益目标”的规定，即原则二：项目评估和筛选流程中要求发行人披露“环境可持续目标”。但GBP仅仅是概括性的要求，而没有解释应如何理解这一目标。[②]实际上“环境可持续目标”是指GBP所认可绿色项目能够实现的目标。因此，该目标受限于绿色项目，并且落入这个认可列表范围内的项目就应当认可其具有“环境效益”，进而可以制定相关的目标。例如，GBP规定中目前列举的项目包括可再生能源、能效提升、污染防控、自然资源和土地使用的环境可持续管理、陆地与水域生态多样性保护、清洁交通、可持续水资源与废水管理、气候变化适应、生态效益性和/或循环经济产品、生产技术及流程、绿色建筑等。在这些列表中的项目即可认为存在“环境可持续目标”。而且上述项目也不止于具有节能减排效果的“环境可持续目标”。

此外，CBS则对于环境目标的规定则更为具体：气候债券的环境效益目标种类繁多，可包含广义的环境效益目标如提高低碳设施（如太阳能设备）的装机容量；也可包含具体有关项目运营的效益目标或间接影响的目标，如取代电网中碳排放量高的能源以实现减排目标。发行人阐述的环境效益目标将直接影响气候债券标准对债券报告的要求。[③]

（三）小结

综观国内外对于“环境效益目标”的信息披露规则以及实践，该目标应该是开放的体系，能够涵盖的范围极为广泛，对于环境保护存在裨益的目标均可纳入其中。具体而言，可以用绿色项目的认定推定某一项目具有对应的“环境效益目标”。[④] 当然，这种模糊的定义方式在有利于不同价值目标纳入其中的同时，却也会造成实践中标准的五花八门。较为理想的做法可能是类似绿色项目的认定，[⑤] 首先制定出典型的目标类型，存在无法归入已有类型的目标，再个案审

---

① CBS还存在行业标准细则，目前现有行业包括太阳能、水能、风能、低碳建筑、低碳交通、地热能，可能出台细则的行业包括生物质能、水电、土地使用、海洋能、垃圾处理。资料来源：https：//www.climatebonds.net/standard/sector_ criteria，2017年5月21日访问。

② See ICMA，Green Bond Principles，June 2017.

③ See Climate Bonds Standard，Version 2.1，Clause 1.1.1 Note.

④ 国内对于绿色项目的认定已经有一定标准，可以参见发改委发布的《绿色债券发行指引》以及中国金融学会绿色金融专业委员会编制的《绿色债券支持项目目录》。

⑤ 国内已有绿色项目认定的规定，主要是发改委在《绿色债券发行指引》中规定的绿色项目以及中国金融学会绿色金融专业委员会编制的《绿色债券支持项目目录》。

查，完善已有类型。

二、“环境效益目标”第三方评价机构的选择

在一般债券发行时，债券发行人的资信信息不仅可以被作为信息披露的内容，而且还可以凭借此信息通过第三方评级机构进行信用评级，进而使得投资者能够直观地了解债券发行人的本金利息偿付能力。类似地，绿色债券也需要评价制度对其绿色属性进行鉴定。这种引入评价制度对于投资者而言是有益的，这可以减少投资者亲自检验绿色债券绿色资质的成本，而且使用专业的评估机构也能使得绿色债券发行人获得第三方机构对其绿色资质的背书，获得更好的市场流动性以及更高的认可程度。

至于绿色评价制度的方式，根据 GBP 的规定，可能的途径包含四种方式：第一，咨询审阅（Consultant Review）：发行人向咨询机构或学术机构寻求建议，审查发行人绿色债券的框架。第二，核查（Verification）：由独立第三方核查发行人的绿色债券相关制度。核查可能会更侧重于参考发行人的内部标准。但是，有关环境可持续性的核查可以参考外部标准。第三，认证（Certification）：第三方机构依据外部标准对发行人的绿色债券进行评估。第四，评级（Rating）：第三方评级机构可以对发行人的绿色债券进行评级。这些方式均是通过外部第三方来确保绿色债券的“绿色”属性。

在以上四种方式中，与“环境效益目标”关系最为密切的就是认证，由第三方评价机构对这一区别于其他债券的指标进行测算或核对。

（一）“环境效益目标”第三方评价机构的潜在选项

针对“环境效益目标”评价的第三方机构，国内相关规则并没有相应资质的要求。在目前对此规范空白的背景下，如何选择适格的第三方机构对“环境效益目标”进行检视就成为一个不得不考虑的问题。

这里以我国绿色债券实践为角度，对此问题进行剖析。需要说明的是，目前没有一家第三方机构对绿色债券进行认证。① 这主要是由于发改委下设的资源节约和环境保护司以及应对气候变化司在申报阶段对绿色企业债进行了认定。②

从截至 2017 年 9 月 21 日的绿色债券第三方认证来看，除绿色企业债之外的 98 期绿色债券（包括资产支持证券）中，会计师事务所作为第三方进行认证，占比最多；未进行第三方认证的

---

① 笔者搜索了 19 只绿色企业债，没有一只绿色企业债选择进行第三方进行认证。参见绿色金融——绿色债券数据库，资料来源 http：//greenfinance. xinhua08. com/zt/database/lsqyz. shtml，2017 年 9 月 20 日访问。

② 联合资信评估有限公司：《2016 年度绿色债券市场运行报告》，4 页，2017 年 2 月。

绿色债券包含13期。①具体各第三方机构占比参见下图：

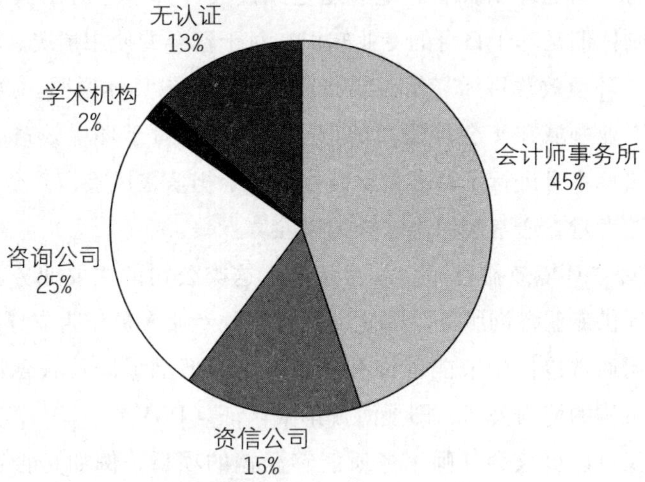

图1　绿色债券第三方评价机构分布情况②

从图1能够发现，我国绿色债券的第三方评价机构主要分为四类：（1）会计师事务所；（2）专业咨询公司；（3）信用评级公司；（4）学术机构。那么，这四类认证机构是否可能因为人员专业知识背景的不同，对于“环境效益目标”的认证有所不同呢？是否还有其他潜在的问题呢？

1. 会计师事务所对“环境效益目标”进行认证。在上述绿色债券中，使用会计师事务所进行第三方认证的企业无一例外选择国际上的“四大会计师事务所”。这样做的好处之一就是第三方的信誉较好，可以为绿色债券的“绿色属性”进行背书。但是，会计师事务所本身的属性又会带来另一个潜在问题，就是在发行绿色债券时审计机构与绿色债券第三方评价机构能否重叠？根据笔者对于以上绿色债券的观察，发行人基本都选择回避这个可能性，审计机构与绿色债券第三方评价机构尽量选择不同的会计师事务所。③当然，对于那些在绿色债券发行中存在双重身份的会计师事务所，笔者认为通常而言，这两种身份并无不可调和的利益冲突，因而可以并存。从机构角色来看，审计机构是确保发行人所提交财务数据的准确性；而绿色债券第三方评价机

---

① 数据整理自绿色金融——绿色债券数据库，资料来源 http：//greenfinance. xinhua08. com/zt/database/lsqyz. shtml，2017年9月21日访问。

② 国内还存在两期双绿色认证的实践，此处统计时将此二期双绿色认证绿色债券的第三方评价机构分别对应计入相应类别。

③ 根据笔者检索的98期绿色债券，聘用审计机构与绿色债券第三方评价机构均为一家公司的绿色债券有青岛农村商业银行2017年第一期绿色金融债券、哈尔滨银行2017年第一期及第二期绿色金融债券、洛阳银行2017年绿色金融债券、北京银行绿色金融债券（第一期）。

构着重于关注债券的绿色属性，两者并行不悖。

就“环境效益目标”评价本身而言，笔者通过阅读会计师事务所出具的第三方意见报告发现，会计师事务所实则依旧是基于自身的专业知识，对于资金的使用情况、资金管理、合规性等方面进行认证，对于“环境效益目标”是否能够真正达成则未具体说明。这一点也不难以理解，因为会计师事务所的专业领域在于会计账目的审核等，而非对于环境效益的评估。若是会计师事务所对于环境效益目标本身进行了背书，反而可能会承担信誉风险，甚至是法律风险。会计师事务所基于自己的专业考量，通常会回避这样的风险。

2. 专业咨询公司对“环境效益目标”进行认证。这类公司的主要业务就是对环境保护、绿色金融、环境评价等提供专业咨询服务，因此，具有相关专业人员作为支撑。目前我国绿色债券所选择的专业咨询公司通常包括中节能咨询有限公司、商道融绿以及联合赤道，还有的绿色债券发行人选择了国外机构的境内公司，即上海挪华威认证（DNV GL）。①

专业咨询公司不仅可以审核会计师事务所能够涵盖的项目，例如是否符合绿色项目、资金使用情况，以及信息披露情况等。更重要的是，此类机构基于自身对于环境领域的专业知识，可以对于发行人在发行文件中所申明的环境效益目标进行核实或者对项目的环境效益进行独立核算。

3. 信用评级公司对“环境效益目标”进行认证。在上述绿色债券中，目前市场上只有中债资信评估有限责任公司（以下简称中债资信）一家信用评级公司从事相关认证。信用评级公司本来是基于公司的财务状况，对于公司未来偿本付息能力进行评估的机构。现在，此类信用评级公司似乎有开拓绿色债券评价这一新业务领域的趋势。

譬如上述的中债资信在2017年针对绿色债券发布了《中债资信绿色债券评估认证方法总论（2016年版）》，不仅对这类债券进行了评价，而且对于绿色债券的绿色程度尝试性地进行了界定。② 具体而言，中债资信评估绿色等级的认定主要从两个角度出发，一是行业目录自身绿色等级的上限，③ 二是项目自身环境效益。后者又会从募集资金使用与管理、产业政策、信息披露与报告、治理与制度出发进行考查。

第一层次是在行业层面进行考查，第二层次是对项目本身进行考量。但是，项目层次的考量似乎专注于发行人和项目本身的合规性，并没有直接涉及项目对于环境产生效益的评价。这样的评级方式似乎与绿色债券本身的“绿色”属性还存在一定差异。

---

① 例如新疆金风科技2016—2018年度中期票据。

② 中债资信将绿色债券评估等级分为深绿（G1）、绿（G2）、较绿（G3）、浅绿（G4）以及非绿（NG）。参见“中债资信绿色债券认证评估方法总论”，资料来源：https://www.chinaratings.com.cn/CreditRating/Technical/Method/116990.html，2017年5月15日访问。

③ 例如风力发电上限为深绿，太阳能光伏发电上限为绿，煤炭清洁利用上限为较绿。

据此，中债资信所出具的第三方评估报告也是延续上述体系，并未提及核对或测算具体的“环境效益目标”。这可能是因为信用评价公司目前依然不具备环境领域专业人才，无法对于需要结合环境专业知识的“环境效益目标”进行评价。

4. 学术机构作为“环境效益目标”认定的第三方主体。在笔者检索的绿色债券中，唯有北京中财科创绿色投资有限公司联合中央财经大学气候与能源金融研究中心在实践中作为第三方进行评估。学术机构确实具有相关领域的专业知识，因此，出具的报告可以测算或核对绿色债券所能带来的“环境效益”。

（二）国内双绿色认证的实践

在国内绿色债券市场，还有一种有趣的现象——双绿色认证实践。比如，中国节能环保集团公司2016年绿色公司债券（第二期）第三方评价机构包括安永华明会计师事务所以及专业咨询公司中节能咨询有限公司。根据其债券募集说明书，前者作为会计师事务所依旧主要关注于资金使用及管理、项目评估及筛选、信息披露等事项，而此处专业咨询公司认定的范围与会计师事务所所涵盖的范围几乎一致，似乎对于整个评价的裨益不大。

当然，双绿色认证制度本身并无对错，只要是企业的自愿行为就可以进行操作。只要有一家第三方评价机构对发行人绿色债券“环境效益目标”在内的“绿色”因素进行全面评估与审核即可，无须强求发行人发行的绿色债券经过两家以上第三方评价机构评估。

（三）第三方评价机构的限制：关联企业的回避

在上例中，还引发出一个问题：中节能咨询有限公司为发行人中国节能环保集团公司的全资子公司，那么其作为第三方评价机构是否适合？

GBP所建议的是外部审核（external review），也就意味着第三方机构应当独立于发行人，而第三方机构属于发行人的全资子公司，显然不能认为其作出的报告属于外部审核的范围。在国内规则方面，证监会发布的《关于支持绿色债券发展的指导意见》也是鼓励提交“独立”专业评估或认证机构出具的评估意见或认证报告；央行发布的《关于在银行间债券市场发行绿色金融债券有关事宜的公告》也鼓励由“独立”的专业评估或认证机构出具评估报告。

因而，对于绿色债券“环境效益目标”的第三方评价机构不仅是法人主体与发行人不同，而且需要独立于发行人，不受发行人的控制。如上述发行人子公司为发行人的“环境效益目标”进行评价显然是不适合的。

（四）小结

综上所述，“环境效益目标”的测算或者核对需要由具有相关领域专业知识的第三方机构进行。在目前阶段，会计师事务所以及信用评级公司可能面临相关领域人才比较缺乏的困境。因此，仅能从自身专业角度对绿色债券的财务等方面进行评估，却无法真正涉及“环境效益目标”。而专业咨询公司以及学术机构则在环境专业领域具有明显的优势，因此，这两种主体适合对“环境效益目标”进行测评。同时，还需要关注发行人与第三方评价主体之间的关系，若是两者具有关联关系，则需要考虑该第三方评价机构是否为适格主体。

三、“环境效益目标”无法实现的后果

在发行人的绿色债券发行说明书中记载“环境效益目标”并经过第三方机构核验等步骤后，并非万事大吉。最终，绿色债券没有达到预期的“环境效益目标”是否需要对此追究法律责任？若有，由哪个（些）主体承担相关法律责任？

（一）该事项的失实是否涉及“虚假陈述”

《证券法》第六十九条规定，披露有关债券资料存在虚假记载、误导性陈述或重大遗漏，致使投资者遭受损失，需要承担赔偿责任。[①] 当然，在本文语境下，可能出现的选项是：“无中生有”的虚假记载以及“夸大事实”的误导性陈述。那么，包含在披露文件中的“环境效益目标”似乎就属于该条规制的内容，若是存在与事实不符的情况，就应当认定为“虚假陈述”。

但是，“环境效益目标”比较特殊，因为这一信息涉及对于未来的预测，这种信息被称为前瞻性信息（forward - looking information）。[②] 这很类似于招股说明书中盈利预测的内容，主要凭借披露者的主观估计和经验预测，因此其真实性很难把握，往往会与最终现实存在或多或少相左的情况。

对于这个问题，不妨先考察一下国内现有规则对于盈利预测等前瞻性信息披露的规定。《上市公司证券发行管理办法》第六十七条、《首次公开发行股票并上市管理办法》第五十六条以及《首次公开发行股票并在创业板上市管理办法》第五十五条均规定了类似的内容，对于上市公司披露的盈利预测，如果实际利润未达到预测数字的80%，除非不可抗力，法定代表人及审计的注册会计师应当在股东大会及报刊公开解释并道歉。同时，中国证监会可以对法定代表人予以警告。如果实际利润未达到预测数字的50%，除非不可抗力，中国证监会在36个月内不受理该公司的公开发行证券申请。

而另一个可以参考的立法选择是美国法对于前瞻性信息的规制。对于前瞻性信息这类天然存在不确定性的信息，美国立法者也无法通过正面、统一的方式进行完全规制，它们采取的立法技术是“逆向规制”的方式，即符合规定情形（安全港）的行为不违法；不符合规定情形的行

---

① 由于我国债券市场分为多个市场，绿色债券也因此在不同市场发行与交易。但是，披露相关债券资料的规则是共同的。因此，这里以《证券法》的规定作为一般性市场规则进行分析。

② 这类信息也称为“软信息”。参见彭冰：《中国证券法学（第二版）》，342页，高等教育出版社，2007。又参见廖凡：《鼓励与强制之间——美国证券法对前瞻性信息披露的规定》，载北京大学金融法研究中心编：《金融法苑》，34页，法律出版社，2003。

为也不急于认定为违法，而是留待各类调查或诉讼中进行个别认定。①

具体而言，美国《1933 年证券法》和《1934 年证券交易法》分别对前瞻性信息进行了大致相同的规定。② 对于前瞻性信息授予安全港，包括：（1）该信息被明确为前瞻性信息，并且附有明显的警告性声明（meaningful cautionary），表明可能使实际结果与预测性声明中的结果出现重大偏差的各种重要因素；（2）该信息属于不重要信息（immaterial）；（3）诉讼中原告无法证明发布该信息的主体实际知悉（actual knowledge）该信息错误或具有误导性。

比较中美对前瞻性信息的规则，不难发现，中国规则对前瞻性信息的规制更为严格。其实，国内的这种规制方式依然是重视实质真实的方式。对于达到预测数 80% 及以上作为无须负责的标准，这与事实情况基本相差无几。这种监管思路说明国内监管者不太愿意因为前瞻性信息的不可确定性而放松对其准确性的要求。而美国的“安全港”制度则是希望鼓励前瞻性信息的披露与保护善意的披露者，因此，在立法上豁免的“安全港”规则也比较宽松。

对于“环境效益目标”这一前瞻性信息，在现阶段，笔者倾向于借鉴美国的立法模式，给予一定的“安全港”。这是因为“环境效益目标”与盈利预测还是存在诸多不同：其一，在现有规则体系下，盈利预测由原来的强制性披露转向自愿披露。③ 因此，信息披露者可以选择不披露这类盈利预测信息，以规避相关虚假陈述而可能面临的法律风险。实践中，拟上市公司对于披露盈利预测的动力也因此大幅下降。披露率由强制政策下的 97.32% 下降到自愿政策实施后至 2012 年初的不足 5%。④ 但是，对于绿色债券中的“环境效益目标”而言，这不是一个披露者可以“随心所欲”选择披露的信息。其关乎绿色债券的绿色属性，因此，在法规上也是将其作为法定披露信息。在要求强制披露与绿色债券在我国刚刚起步的背景下，若是以某一百分比作为“及格线”判断这一信息是否达标，则可能使得较多的信息披露人被认定为虚假陈述，反而会打压市场对绿色债券发行的积极性。其二，盈利预测侧重于以货币方式衡量，例如营业收入、净利润等。而“环境效益目标”即使进行定量，其衡量的标准也呈现多元化，可能是二氧化碳减排量、各类污染物减排量、各类废弃物利用量等。这样的多元评价体系造成这种指标更为复杂，更难以准确预测。其三，绿色项目建设至投入使用的时间较长，可能跨度在五年，甚至是十年以上。由此，在发行时披露的“环境效益目标”或多或少会存在偏差。而且，专业认证机构也难以在绿

① 魏俊：《证券法上的安全港及其制度价值——以前瞻性信息披露为例》，载《证券法苑》，2014（2）。

② See Securities Act of 1933 Section 27A and Securities Exchange Act of 1934 Section 21E.

③ 1997 年实施的《中国证券监督管理委员会关于发布公开发行股票公司信息披露的内容与格式准则第一号〈招股说明书的内容与格式〉的通知》第三条，强制要求披露盈利预测。目前，2016 年起实施的《公开发行证券的公司信息披露内容与格式准则第 1 号——招股说明书（2015 年修订）》第八十五条，鼓励公司披露盈利预测。

④ 郭成林：《招股书再现盈利预测 中材节能 IPO 欲争“印象分”》，载《上海证券报》，2012-03-20（F08）。

色项目建设至投入使用的期间评估“环境效益目标”的实现情况，不得不在五年或者以上的时间跨度后，再次评估实际情况，无疑增加了判断该信息真实性的难度。

基于上述讨论，“环境效益目标”若是出现与实际情况不符，可以通过安全港规则进行豁免。具体的安全港可以是通过声明产生差异可能原因的方式，抑或披露人在诉讼中证明自己在披露时善意尽责的方式。在安全港之外的情形，在目前规则起步阶段，则可以交由证监会或法院进行个案审查。

（二）此类“虚假陈述”的责任主体及责任分配

在“环境效益目标”虚假陈述中，可能承担责任的主体为发行人以及第三方评价机构。根据《证券法》第六十九条，对于虚假陈述而言，发行人是当然的责任主体。那么，若“环境效益目标”出现虚假陈述，也理应遵从这一规则，将发行人纳入责任主体。然而，在实践中，对于“环境效益目标”的认定存在两种方式：一是第三方单独测算，二是发行人测算 + 第三方机构核实。这两种模式似乎会影响到责任主体的认定以及责任的分配。

第一种模式是指发行人本身对于“环境效益目标”可能由于能力的限制而不能进行测算，而是交由第三方机构进行测算，以第三方报告的形式披露，甚至在债券募集说明书中也不记载第三方测算的结果。①

乍看之下，这种模式类似于债券发行人与债券信用评级机构之间的关系。债券发行人聘用债券信用评级机构对于其发行的债券进行评估，以获得市场的信任以及增加流动性。若出现评级虚假或错误，造成投资者损失的，可以根据《最高人民法院关于审理证券市场因虚假陈述引发的民事赔偿案件的若干规定》第七条将信用评级机构作为虚假陈述行为人，追究其责任。而发行人对于信用评级的错误，除非发行人有过错，一般不承担虚假陈述的责任。

但是，“环境效益目标”如上文所述，对发行人是一种法定的披露义务，不存在“环境效益目标”的债券不能称为“绿色债券”。因此，这种义务的存在使得发行人与第三方机构之间的关系，即使在模式一的情形下，变为了类似债券发行人与审计机构的关系。即发行人有义务披露相关财务数据与资料，而审计机构对于相关披露的数据与资料进行真实性、合规性等审核。在这种关系下，根据《最高人民法院关于审理涉及会计师事务所在审计业务活动中民事侵权赔偿案件的若干规定》第五条，发行人与审计机构之间通常承担连带责任。

在模式一中，发行人虽然没有自己对“环境效益目标”进行测算，但是其承担相关法定的义务。因此，其委托第三方机构可以被视为第三方代其出具了相关数据。第三方机构属于独立于

① 例如兴业银行2016年第一期绿色金融债券，兴业银行在其债券募集说明书中未具体记载自己所测算的“环境效益目标”，而是交由北京中财科创绿色投资有限公司发布第三方专业评估意见，在该意见中记载相关“环境效益目标”。

发行人的机构，对于自己出具的数据应当保证其“真实性”。所以，若是出现虚假陈述的情况，模式一的发行人与第三方评价机构往往需要对外承担连带责任。

第二种模式是发行人自身首先对于“环境效益目标”进行测算，然后交由第三方评价机构对于发行人测算的结果进行核实。① 这种模式就比较清晰，与发行人和审计机构的关系非常近似。第三方评价机构对于“环境效益目标”实质上进行了一定程度的背书。如果出现虚假陈述的情况，自然需要第三方机构与发行人共同承担连带责任。

（三）第三方责任限制条款的效力

另一个值得关注的现象是，国内绿色债券的第三方评价机构会在声明中限制自己所承担的责任。譬如，中节能咨询有限公司对于广东华兴银行发行绿色金融债券的认证报告中，“认证机构声明”明确表示：该第三方独立认证意见“仅对本项发行事项提供信息支持，第三方评价机构不接受基于本报告意见及其披露的信息而产生的损害赔偿责任。”②

笔者认为这样的责任限制条款可能并不能保护第三方评价机构免于虚假陈述等法律责任。一方面，在规范意义上而言，虚假陈述的责任主体包括了第三方评价机构的中介机构，其披露的信息涉及虚假陈述就可能面临相应的法律责任。即使选择笔者所倾向的安全港规则，也不能以此类一概免责的方式进行声明。更好的方式是将可能出现的“环境效益目标”与实施情况不符的情形警告投资者，并说明可能出现此类偏差的具体原因。另一方面，这样的一概免责声明可能与市场投资者对于第三方评价机构的预期有所不符。之所以需要引入第三方评价机构，就是因为其具有专业知识，能够对于“环境效益目标”进行专业判断，从而为其进行背书，增加投资者对于绿色债券“绿色属性”的信心。否则，投资者也不需要第三方评价机构参与绿色债券的发行。

四、结语

目前，我国绿色债券的发展还处于初级摸索阶段，如何设计一套好制度使得绿色债券真正用于绿色产业就成为首要解决的问题。而“环境效益目标”则是确保“绿色”的关键指标。围绕着这个指标，首先要考虑如何防止“洗绿”和“染绿”进行制度套利，这涉及如何认识“环境效益目标”的问题。对此，在现有背景下，不宜将“环境效益目标”定义过窄，而是不妨通过“绿色项目”的认定，推定某一债券可以实现一定的“环境效益目标”。

其次，该目标测算或审核的第三方机构也需要由适格主体担当，而非允许各个中介机构为

① 例如广东华兴银行发行2016年绿色金融债券，广东华兴银行首先对于其项目的“环境效益目标”进行了测算，再委托中节能咨询进行核算。

② 参见《广东华兴银行股份有限公司申请发行绿色金融债券第三方独立认证报告》。

抢占市场随意充当该目标的评价机构。比较合理的做法是，该机构选择的必要条件应当是机构中需要具有环境领域专业知识的人员，例如专业环境咨询公司或者相关学术机构。

此外，"环境效益目标"由于属于信息披露的一环，也要关注其涉及虚假陈述的可能性。通过参考美国安全港的立法理念，保护善意披露者，避免因这一指标的披露阻碍整个绿色债券市场的发展。

当然，绿色债券中的"环境效益目标"不仅仅是需要关注其发行时的披露情况，还要有事中的跟踪持续披露，以及事后的最终复核。"评估—跟踪—复核"将整个"环境效益目标"构建成为一个闭环结构，更为有利于绿色债券的制度目标实现。当前国内绿色债券均未到期，① 因此，事中和事后对于"环境效益目标"的实践刚刚起步，甚至还未出现。这也是今后对于绿色债券制度构建值得拭目以待的新发展。

（责任编辑：涂晟）

① 根据笔者检索，发行第一只绿色债券的是上海浦东发展银行2016年第一期绿色金融债券，其为3年期债券，于2019年1月27日到期。

法律规避视角下消费信托的产生与合规性研究*

■ 旷涵潇**

摘要： 消费信托是信托公司近年来推出的新业务模式，其基础是信托法律关系。信托公司将信托财产分为“消费金”和“保证金”，对二者分别管理运用。从法律规避的视角来审视消费信托产品，其产生与发展的根本原因并非市场需求，而是因为消费信托被视为事务管理类信托，信托公司为了规避高额风险资本计提，而被动进行业务转型的选择。在产品具体的运作过程中，还存在规避合格投资者限制和禁止刚性兑付等监管规范的情况。监管者有必要明确消费信托的产生原因以及其中存在的不合规之处，基于此探索适当的监管方式。

关键词： 消费信托　法律规避　风险资本　合格投资者　刚性兑付

自2013年11月中信信托推出国内首单消费信托至今，已有十多家信托公司推出了几十款各具特色的消费信托产品。许多业界人士、媒体记者以及经管学者已经从积极方面分析了消费信托产品的业务模式。但是，消费信托商业模式背后的法律关系，存在诸多法律规避行为及其合规性问题，这些问题与消费信托产生原因的关系，仍缺乏关注。

法律规避行为是指特定主体试图通过变换法律事实（如主体、标的物或行为的类型等），使之不符合特定规范的构成要件，以排除适用特定法律规范或者选择适用对自己最有利法律规范的各种策略行为。① 合规性是指在符合法律法规要求的前提下开展业务，不仅不能违反法律层面的规定，也不能违反部门规章、规范性文件以及行业自律规则的要求。

信托公司通过设计交易结构，并利用信托行业对消费信托产品属性的定位，以图规避信托业监管规范中“三座大山”——高额风险资本计提、合格投资者限制和禁止刚性兑付要求。四年后再回头审视市场上琳琅满目的消费信托产品，当商业创新的激情退去，市场不得不直面法律风险时，市场参与者和监管者更需要冷静对待。本文对消费信托产品中法律规避的分析，将侧

* 本文为基金项目：中国政法大学2017年博士研究生创新基金资助项目《消费信托的产生与合规性研究》的研究成果。

** 中国政法大学民商经济法学院2016级博士研究生。

① 王军：《法律规避行为及其裁判方法》，载《中外法学》，2015（3）。

重于监管规范的合规性层面，以明确消费信托产品的产生原因和法律风险，为监管者明确监管目标和方式提供帮助。

一、 消费信托中的法律关系

“消费信托”是商业实践的产物，并非法律创设的结果。如果信托公司（受托人）推出的信托产品以满足投资者消费需求为主要信托目的，信托财产的特定部分或全部用于购买指定消费权益，且消费权益（信托利益）于信托生效时即可取得，业界通常将这类产品称为“消费信托”。

各种消费信托产品都包含两层法律关系：一是信托法律关系，包括消费目的、信托当事人、通过书面合同（包括电子合同）的方式设立信托以及信托财产独立性等要素；① 二是信托财产管理运用过程中形成的其他法律关系。

（一）信托法律关系与基本交易结构

信托法律关系的当事人包括委托人、受托人和受益人。消费信托属于营业信托，根据法律规定，受托人只能由信托公司担任。大多数消费信托产品为自益信托，委托人与受益人是一致的，通常既是投资者也是消费者。②

单一或集合投资者直接向信托公司交付资金或其他财产（权），认购消费信托产品，是最标准、最普遍的消费信托模式，其交易结构如图1所示。

但也有例外，产品设计者将预购型众筹③与信托计划嵌套时，投资者不直接参与信托法律关系，而是间接认购了消费信托产品。具体而言，投资者认购众筹平台发行的权益凭证，再由众筹平台或与之有关联关系的资管公司作为委托人/受益人，以合格投资者身份认购信托计划。其基础交易结构如图2所示。

（二）信托财产的类型

1. 资金信托。绝大多数消费信托产品都以资金作为信托财产。信托公司运用受托资金采购消费权益。根据资金管理方式的区别，如果受托人将单一委托人交付的资金独立管理、运用，则为单一资金信托；如果受托人将两个以上（含两个）委托人交付的资金进行集中管理、运用或

① 赵廉慧：《信托法解释论》，44页，中国法制出版社，2015。

② 信托法律关系中的委托人，从投资消费信托产品角度来看，是投资者；从获得消费品和消费权益的角度来看，也是消费者。本文根据具体情境选择使用“投资者”“消费者”或者“委托人”进行表述，三者没有实质区别。

③ 预购型众筹是一种与捐赠型、股权型、债权型众筹并列的商业模式，详细介绍参见 C. Steven Bradford, Crowd Funding and the Federal Securities Laws, 1 Columbia Business Law Review, Vol. 1, 2012, pp. 9 – 17.

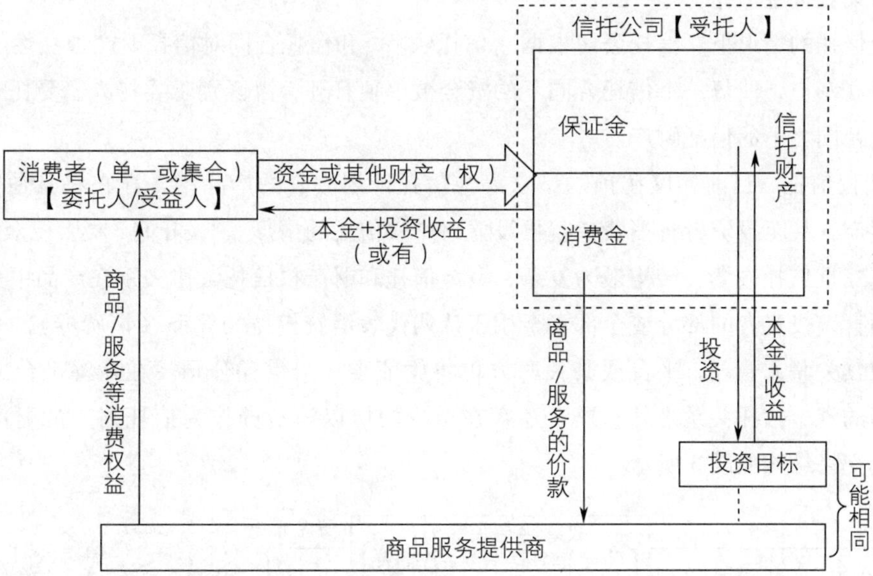

资料来源：作者根据信托产品公开资料整理。

图1　消费信托的基本交易结构

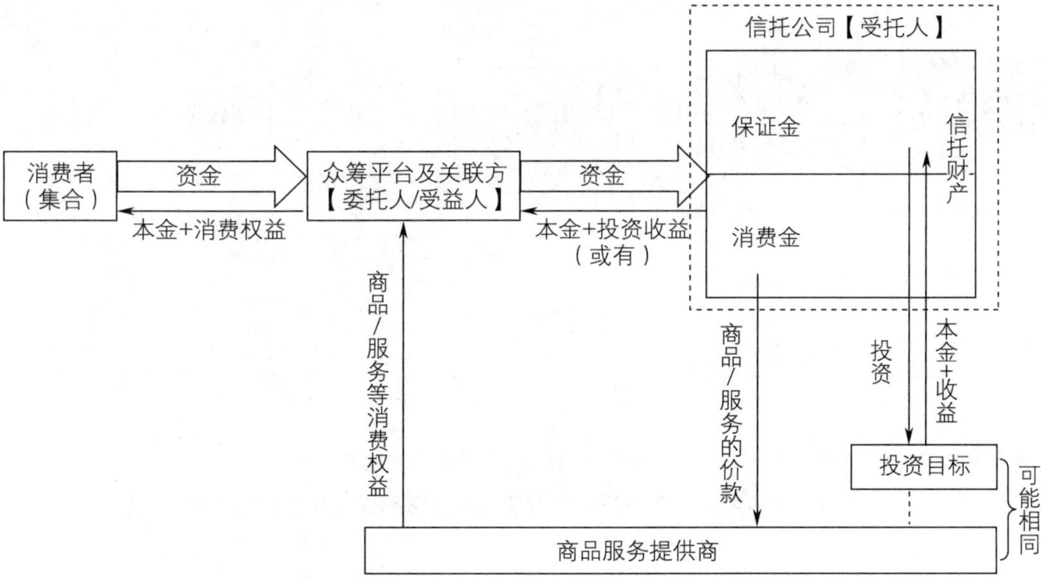

资料来源：作者根据信托产品公开资料整理。

图2　预购型众筹与信托计划嵌套的基础交易结构

处分，则为集合资金信托。①

在资金信托的情形下，信托公司根据《信托法》② 和信托合同对信托财产独立性的要求，在商业银行设立专户，使每一个信托合同下的资金被单独管理，以区别于委托人、受托人固有财产和其他信托合同之下的信托财产。

2. 财产权信托。目前，仅在预购型众筹与信托计划嵌套的产品中，存在将其他财产（权）作为信托财产，甚至投资者将消费权益再设立财产权信托的情形。“《叶问3》影视众筹”③ 消费信托中存在三重信托嵌套，结构最为复杂，资金信托和财产权信托法律关系在产品中分别存在。

具体而言，投资者的部分或全部资金用于认购代表消费权益的凭证（消费券），并将凭证委托给平台或其关联方管理，平台或其关联方再将凭证委托给信托公司。在众筹平台或其关联方与信托公司的资金信托关系之外，通常还存在至少两层以消费券作为信托财产的财产权信托法律关系。其交易结构如图3所示。

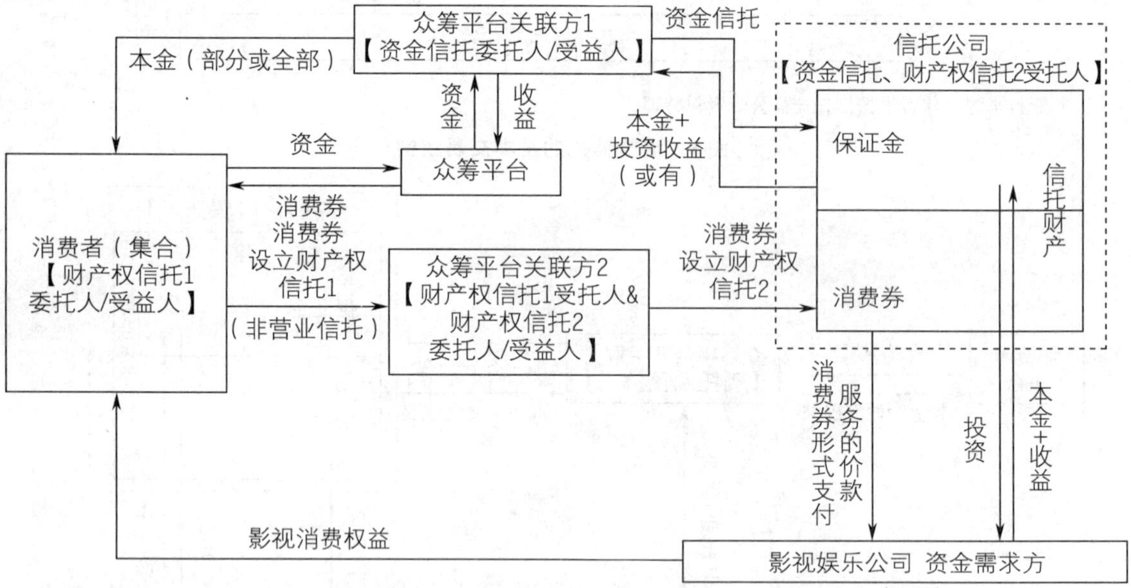

资料来源：作者根据“《叶问3》影视众筹”消费信托产品公开资料整理。

图3 预购型众筹与信托计划嵌套且涉及财产权信托的交易结构

① 参见《信托公司集合资金信托计划管理办法》第二条。

② 《信托法》确立了信托财产独立性的要求，第十五条和第十六条第一款规定了信托财产与委托人未设立信托的财产、受托人的固有财产相分离，第四十七条表明了受益人可以用于清偿自身债务的固有财产是信托受益权而非信托财产本身。

③ 徐天晓：《〈叶问3〉项目扯皮　牵出万向信托具争议性三重嵌套信托计划》，载《证券日报》，2016-05-27（B1）。

与资金信托相比，财产权信托中需要对信托财产采取登记等其他公示方式，以保障财产的独立性。消费券这类特殊的财产权，是某项消费权益的表彰，具有类证券化属性。从发行、使用到设立信托，这类财产都在有限的网络平台空间（众筹平台）上完成，平台可以登记该财产的权属变更情况，达到公示效果。

然而，这类消费权益凭证的登记没有统一标准，且缺乏政府或行业内其他具有公信力机构（比如交易所、行业协会等）的认证。那么，公示内容的可信度、可以查阅到此类公示的途径，都会影响到最终的公示效果。平台登记公示还会增加交易成本，而且无法解决其他各类财产作为信托财产时面临的困境。

（三）信托财产运用形成的法律关系

现有消费信托产品的商业模式中，委托人交付的信托财产价值，通常高于所需要购买的商品或服务实际价值。据此，信托财产在实际运用过程中也被划分为两部分：一部分被称为“消费金”或“会籍费”（存在于以获得服务为目标的产品中）；另一部分普遍被称为“保证金”或“担保金”。① 前者存在于所有消费信托产品中，后者存在于绝大多数产品中，在极少数产品中不存在。②

1. 信托公司管理“消费金”形成的法律关系。委托人先将消费金委托给受托人管理，并通过合同条款明确约定了财产用途，后获得消费权益。因此，消费信托具有先付款、后消费的性质，消费金也具有类似预付款的功能。

如果投资者交付资金中的消费金足以涵盖信托公司购买该项商品、服务的全部价款，投资者即可获得完整的消费权益，无须另行支付价款。如果消费金不足以涵盖最终获得商品或服务的全部价款，信托公司采购的消费权益通常只是代表商品、服务部分价值的优惠券、折扣券或者会员资格，投资者还需要另行支付价款以获得商品或服务。③

信托公司对消费金运用的裁量权较小，通常按照信托合同的要求限于特定用途。信托公司

---

① 本文认为，“消费金”和“保证金”交付的对象仅限于信托公司，这些类型是信托财产的内部区分。在部分产品中，投资者获得的消费权益仅仅是会员资格、优惠折扣，还需要另行直接向商品服务提供商付款，以获取最终的商品或服务。基于此，有观点认为，投资者向商品服务提供商支付的款项也属于“消费金”或者“保证金”，并且存在商品服务提供商对“保证金”部分管理运用的问题。参见严婉怡：《刺破消费信托的神秘面纱》，载《法律与新金融》，2017（19）。

② 中信信托推出的“海洋旅行包”消费信托，每份信托财产为 9 999 元。信托公司先用信托财产进行投资获得收益，赎购旅游服务产品，以分摊购买消费服务的成本。投资者交付的信托财产金额，与旅游服务提供方在大幅让利后的成本相当，因此该项目中可能不存在明显高于服务价值的保证金。

③ 最为典型的是“乐买宝”，投资者通过蚂蚁金服平台认购信托计划后，受益权中的消费权益是由聚划算平台特约商户提供的会员权益，投资者从平台特约商户处购买商品或服务还要另行支付价款。参见《如何评价乐买宝?》，资料来源：https：//www. zhihu. com/question/50863328？ sort = created，2017 年 4 月 5 日访问。

与商品服务提供商订立合同，并支付价款，价款来源理论上是信托财产中的消费金。商品服务提供商需要履行向消费者提供消费权益的义务。二者各自履行义务的顺序按照合同约定，实践中也存在信托公司向商品服务提供商赊购的情况。

根据信托公司集中采购的标的物不同，形成的合同法律关系也存在区别。当信托公司用消费金采购的是有形物品，以及代表认购某类商品服务的优惠券、消费券，信托公司与商品生产商、经销商之间订立的是买卖合同。当采购的是各种服务，信托公司与相对方之间订立的是服务提供合同。在特定产品中，当买卖合同不能实现合同目的时，转而以租赁合同的形式实现。比如在西藏信托“BMW X1”信托计划中，当投资者不具有北京车辆上牌指标时，信托公司与汽车销售商关联的汽车租赁公司签订租赁合同，通过租赁而非买卖过户的形式实现消费权益。①

2. 信托公司管理“保证金”形成的法律关系。信托公司如果在信托生效时，就将全部消费金支出，用于换取消费权益；那么在信托到期时，必须将保证金管理运用所获利益用于填补返还消费金的支出。信托公司如果采取赊购的形式获取消费权益，必须将信托财产（消费金 + 保证金）管理运用所获利益，最终向商品服务提供商支付消费权益的对价，并向投资者支付剩余的信托财产本金及收益。

这里的“保证金”，并非通常意义上起到为主债权债务担保作用的保证金；其本意在于保障信托财产整体保值增值，以完成购买消费权益的目标。信托公司管理运用保证金时，基于其专业的资产管理能力，裁量权比较大。信托合同通常不会对受托人运用保证金的方式、范围作出过多限制。

受托人在确保资金运用合规的前提下，可以采取包括但不限于发放信托贷款、股权直投、证券投资等形式。这些投融资法律关系在本质上由一系列合同构成。信托公司为了控制投资风险，通常会设计专门的投资组合，使投资风险与能覆盖消费权益价款的预期收益相匹配。值得注意的是，消费信托中的商品服务提供商并不排斥成为投融资法律关系中的资金需求方，获得信托公司运用消费信托保证金进行的股权或贷款融资。

二、 消费信托的产生源于规避高额风险资本计提

（一）信托业风险资本计提的基本要求

《信托公司净资本管理办法》第十六条要求，信托公司净资本不得低于各项风险资本之和的100%。如果风险资本计提比例增加，那么信托公司必须采取增资等办法以提高净资本。《银监会关于印发信托公司净资本计算标准有关事项的通知》（银监发〔2011〕11 号，以下简称《净

① 参见西藏信托：《BMW X1 信托方案》，资料来源：http：//www. ttco. cn/cms/u/cms/www/201505/18220812ksg0. pdf，2017 年 3 月 20 日访问。

资本计算标准》）对具体的风险资本计提比例进行了规定，对于事务管理类信托业务的计提比例，集合类为0.2%，单一类为0.1%；对于非公租房的房地产类融资类信托业务的计提比例，集合类为3%，单一类为1%；对于其他融资类信托业务的计提比例，集合类为1.5%，单一类为0.8%。由此可见，集合类信托业务高于单一类信托业务，投资类、融资类信托业务普遍高于事务管理类信托业务。

（二）消费信托的业务类型——经过包装的事务管理类信托

何为事务管理类信托业务，由谁通过什么标准将一项信托创新产品归属于事务管理类业务，需要客观的标准而不能是从业者主观地宣称。信托公司为了规避风险资本计提增加，将部分融资类业务包装成事务管理类信托，① 这一行为在合规性上存在明显问题。

1. 监管者对信托业务模式的分类。在法律或者学理上的信托分类之外，银监会和信托业协会对信托公司直接参与的业务模式和产品，按照监管需要做了进一步区分。《净资本计算标准》按照信托财产的运用功能，将资金信托业务分为三大类：融资类、投资类和事务管理类。事务管理类信托，是指委托人交付资金或财产给信托公司，指令信托公司为完成特定目的，从事融资或投资管理以外的事务性管理业务。②

2. 消费信托形式上属于事务管理类信托。当事人在消费信托合同中会明确约定用于消费目的的信托财产数额，以及具体的消费用途。从表面上看，信托财产的运用和处分等事项均由信托文件事先明确约定，受托人谨慎履行向商品服务提供商统一采购等义务即可，自由发挥财产管理裁量权的空间并不大。在受托人义务与管理裁量权的问题上，消费信托与传统的融资类信托/债权信托、投资类信托/股权信托相比存在明显区别。基于此，业界通常将消费信托认定为事务管理类信托。

3. 消费信托是经过包装的事务管理类信托。包装本质上是一种法律规避。受托人或者其他参与消费信托产品设计的主体，将原本可能被认定为投融资类信托的产品，通过格式条款安排或者增加交易环节，使其成为事务管理类信托。消费信托对信托业务类型的包装与规避表现在以下方面：

第一，受托人通过格式合同实现较大的财产管理裁量权。表面上看，受托人只是按照消费信托合同要求履行义务，为了投资者的消费需求行事；但实际上，消费信托产品均由受托人提供格式合同，消费权益的来源、范围、给付方式均由受托人确定，投资者只能被动选择是否认购该产品。

---

① 朱永康：《信托业回归本源趋势明显——事务管理类信托已占一半》，载《中华工商时报》，2016-12-09（05）。

② 中国信托业协会：《信托基础》，226页，中国金融出版社，2012。

第二，消费权益交易背后的投融资法律关系。由于信托财产分为消费金和保证金两部分，消费金严格限制专款专用，购买消费权益；而保证金的使用，则相对灵活自由。消费信托中的商品服务提供商并不排斥成为投融资法律关系中的资金需求方，许多参与消费信托的商品服务提供商都获得了信托公司运用信托财产保证金进行的股权投资或贷款融资。这种操作模式，实质上是在传统投融资类信托产品中，加上了一个商品服务购买的环节。

因此，受托人的“被动管理”、事务管理角色，可能仅仅是一种形式上的表现，许多消费信托产品是一种经过包装的事务管理类信托。

（三）消费信托产生的真实原因分析

1. 市场需求推动消费信托业务发展的真伪。

第一，消费信托的产生与发展并非纯粹因投资者/消费者需求而推动。业界普遍认为，传统信托产品主要满足资金需求方的要求，无法直接服务于消费目标；消费信托采取“理财+消费”的模式，投资者直接为了获得消费权益而进行投资理财。然而，市场上提供消费权益的商业模式多样，消费者会根据自身需求选择最便利、性价比最高、最有保障的模式，消费信托未必会成为刚性需求。更何况，现有消费信托产品覆盖的消费权益种类有限，部分产品的投资门槛远高于消费品的实际价值。

第二，消费信托的产生与发展并非完全依赖商品服务提供商的融资和销售需求。商品服务提供商和信托公司“联合推出”消费信托产品，可以同时导入资金和客户。尤其是在高端养老、医疗服务以及奢侈品销售时，信托公司长期服务的合格投资者正是商品服务提供商理想的高净值客户，便于实现精准营销。[①] 然而，商品服务提供商在此过程中所耗费的成本也不容小觑。在商业活动去中介化的时代，商品服务提供商依赖信托公司这样强大的金融中介开展业务，并非最优选择。如果通过互联网平台销售，借助众筹等新兴模式融资，以及利用大数据分析客户消费习惯，都将大量节省融资和销售成本。

第三，信托公司利润最大化目标能否实现尚无定论。从实际情况来看，在2016年下半年，消费信托产品单笔收取的固定信托报酬在0.1%～0.15%比较普遍，与同期其他类型的信托产品相比并没有太大差距。而且，单笔销售金额和投资者数量均不确定，信托公司欲依靠投资者规模效应获取更大利益具有或然性。现有消费信托产品以单一资金信托为主，无须满足集合资金信托的合格投资者限制，单笔起售金额从百元至百万元不等。由于缺乏数据支持，难以准确把握各款产品的投资者数量。虽然业界对此表示乐观，但不同产品在吸引实际投资者数量上可能存在巨大差异，个案的成败很难反映消费信托产品整体的获利情况。

---

① 徐天晓：《中信推钻石消费信托定位精准营销 意在撬动商业模式变革》，载《证券日报》，2015-03-20（B01）。

2. 风险资本监管规则变革推动事务管理类信托发展。信托公司作为受到严格监管的金融机构，其决定开展某项业务，在追求商业利益最大化之外，还必须考虑符合监管规则的要求。

在2013年底，《国务院办公厅关于加强影子银行监管有关问题的通知》（国办发〔2013〕107号，以下简称107号文）颁布，其核心在于明确信托公司“受人之托，代人理财”的功能定位，推动信托公司业务模式回归信托主业，严禁开展影子银行业务，约束信贷类业务，鼓励发展创新业务。创新业务主要是从信托财产种类、财产管理方式以及投资运用途径上创新。当传统信贷类业务、投资房地产项目业务受到严格限制时①，信托公司的创新可能会依赖于外部的投资顾问，甚至委托人自身对资金运用方式的特殊要求，从而为各类事务管理型信托的发展提供了空间。

银监会在2014年4月发布的一系列监管措施，使信托公司面临严峻的净资本压力。《银监会办公厅关于信托公司风险监管的指导意见》（银监办发〔2014〕99号，以下简称99号文）明确要求，根据信托公司的业务类型，建立合理明晰的分类资本计量方法，完善净资本监管制度，其中尤其要强化信贷类信托业务的资本约束。银监会同时发布了《关于调整信托公司净资本计算标准有关事项的通知（征求意见稿）》，修改了各类信托业务计提风险资本的比例（风险系数）。无论单一类还是集合类事务管理类业务的计提比例统一为0.1%；融资类、投资类业务的计提比例，在部分特定业务（比如房地产融资业务）上大幅提高，计提比例远高于事务管理类业务。②

风险资本监管规则的变革是银监会逼迫信托公司转型的“杀手锏”。信托公司在此压力下，除了补充资本金，更需要在新的风险资本计算标准正式颁布前，将其传统信贷融资业务向事务管理类业务转型。

3. 事务管理类信托的逆向繁荣与消费信托诞生。如果事务管理类信托的发展是基于市场主体的广泛需求，那么这种发展可被视为正向繁荣。反观我国各种信托创新业务，尤其是能发挥财富管理与传承功能的事务管理类信托，不得不由监管者通过监管政策引导来实现，以推动信托业务转型，这被视为逆向繁荣。近两年来，随着前述监管规则的实施，信托公司的非融资功能逐渐显现并不断深化，传统债权业务被逐步弱化和压缩。事务管理类信托产品在信托业管理的信托资产中占到半壁江山。③

消费信托的诞生，正是事务管理类信托逆向繁荣的产物。首单消费信托诞生与107号文颁布

---

① 参见《中国银监会办公厅关于信托公司房地产信托业务风险提示的通知》（银监办发〔2010〕343号）。

② 参见《新信托公司风险资本计算办法五点变化》，资料来源：http：//www.dyxtw.com/news/2014－06－25/133382.html，2017年3月28日访问。

③ 根据信托业协会于2017年9月4日公布的数据，信托资产规模突破23万亿元。2017年第二季度末事务管理类信托余额为1 247 754 559.44元（占比53.92%）。参见信托业协会：《2017年第二季度末信托公司主要业务数据》，资料来源：http：//www.xtxh.net/xtxh/statistics/43292.htm，2017年9月5日访问。

在时间上基本同步，而在99号文颁布后又有多款产品竞相推出。信托公司通过开发以消费信托为代表的事务管理类业务，逐步压缩信贷融资业务的比例。

这一过程是漫长的，远期的转型调整似乎不能解决信托公司当下的净资本压力。于是，不少信托公司选择将融资类业务包装成事务管理类信托。消费信托的出现，信托公司以替投资者管理财产、实现消费目的为名，实质上仍是为特定商品服务提供商融通资金，完美地规避了风险资本计提增加带来的净资本压力。

三、 消费信托规避合格投资者要求的合规性分析

根据《信托公司集合资金信托计划管理办法》，认购集合资金信托产品的主体必须是合格投资者。此外，集合资金信托计划的期限不得少于一年，单个计划在一定条件下对自然人投资者有人数限制。① 这些法定要求在控制集合资金信托投资风险的同时，也在一定程度上限制了投资者的投资自由。

在各类消费信托产品中，存在两条路径规避集合资金信托计划中的合格投资者要求。一是将预购型众筹与信托计划嵌套，二是将消费信托产品直接设计为单一资金信托计划。采取前者的产品较少，大多数消费信托产品都设计成了单一资金信托。

（一）预购型众筹与信托计划嵌套的合规性分析

设计预购型众筹与信托计划嵌套的交易结构，除了影视娱乐产业融资的路径依赖②之外，更重要的是借此避免众多普通投资者直接认购信托产品，达到规避集合资金信托计划中合格投资者要求的目标。

1. 预购型众筹的合规性风险。预购型众筹以公众预付货款购买产品为模式汇集资金，被视为一种特定的消费模式：一是约定作为回报的实物或者服务已经成型，比如团购；二是作为回报的实物或者服务尚未成型，商品服务提供商众筹融资成功后开始生产，比如影视作品和游戏开发众筹。③

在预购型众筹与信托计划嵌套的情形下，众筹平台通常向公众发行消费券募集资金。理论上，预购型众筹产品不具有投资性，提供资金的众筹参与者不追求未来投资回报，而是以项目成功、获得产品消费为目的，应当由《合同法》《消费者权益保护法》保护。因此，预购型众筹中

---

① 参见《信托公司集合资金信托计划管理办法》第五条、第六条。

② 影视娱乐行业进行融资并销售娱乐权益的，多通过影视公司和互联网公司合作建立的网络众筹平台实现，这一模式已经成型并且绑定了大量粉丝（投资者/消费者）。信托公司将影视消费信托产品嫁接在众筹平台之上，可以获得稳定的资金来源。“百发有戏之《黄金时代》”“星美科技影城众筹”以及“《叶问3》影视众筹”这三个消费信托产品都采取这一模式。

③ 张天一：《产品众筹的法律风险初探——以伏牛堂的一次众筹经历为例》，载《金融法苑》，2014（89）。

发行消费券的行为，不属于《证券法》第十条公开发行证券需经核准规定的管辖范围。[①]

2. 用众筹资金认购信托计划的合规性分析。众筹完成之后，金融监管部门和司法部门不会主动干预集中资金购买消费权益的行为。但当预购型众筹和信托计划嵌套，众筹平台及其关联方凭借其合格投资者资质，用众筹资金认购信托计划，并在众筹产品中约定了消费权益之外的预期收益率，此类产品的合规性就另当别论了。

此时，众筹募集的资金不再单纯地具有消费属性，同时具备了投资属性，其实质是拆分销售信托受益权。这种形式与2014年被银监会、信托业协会认定违法的“信托100”互联网团购信托产品（平台）[②] 相比，并没有实质区别。99号文对信托产品营销提出明确要求：“坚持合格投资人标准，应在产品说明书中明确，投资人不得违规汇集他人资金购买信托产品，违规者要承担相应责任及法律后果。”即使银监会默许这种行为存在，也很难保证其不被证监会认定为公开发行/转售证券，或者被司法机关依据《最高人民法院关于审理非法集资刑事案件具体应用法律若干问题的解释》（法释〔2010〕18号）界定为非法集资。

当然，由于“信托100”的前车之鉴，信托公司和众筹平台一定会预见到其中存在的问题，于是产生了更为复杂的财产权信托嵌套模式。投资者购买众筹平台发行的消费券后，以消费券作为信托财产，以众筹平台或其关联方为受托人，设立财产权信托。该财产权信托的受托人再将消费券作为信托财产，认购信托公司发行的消费信托产品（见图3）。这样一来，消费信托产品成为财产权信托，更无法适用银监会对资金信托计划规定的合格投资者要求。在经历两层财产权信托嵌套之后，信托公司以消费券作为对价，向商品服务提供商采购消费权益，商品服务提供商再持消费券向众筹平台兑现。

目前来看，这样的操作确实能符合监管要求。但信托公司既不经手资金，也不经手消费权益，其发行的所谓消费信托产品成了彻彻底底的通道。

（二）单一资金信托操作模式的合规性分析

即使信托公司在形式上对每一笔信托财产单独管理，与商品服务提供商订立独立的采购合同。但是，多个独立的采购合同相对方是同一的，监管部门仍可能将其视为“同一项目”。《信托公司集合资金信托计划管理办法》第五十二条规定：“两个以上（含两个）单一资金信托用于同一项目的，委托人应当为符合本办法规定的合格投资者，并适用本办法规定。”如果监管部门严格依照这一规定执法，恐怕那些不符合合格投资者要求的消费信托项目，都会被认定为违

① 彭冰：《股权众筹的法律构建》，载《财经法学》，2015（3）。

② 陈莹莹、刘夏村：《银监会：严肃处理“信托100”违规行为》，载《中国证券报》，2014-04-24（A02）。关于“信托100”的操作模式和合法性分析，以及团购信托的相关问题，参见徐晓雪：《陆金所富盈产品合法合理性分析——从“信托100”违法角度对比分析》，载《互联网金融与法律》，2014（4）；孙天驰：《团购信托新变种》，载《互联网金融与法律》，2015（11）。

规了。

由此可见，单一资金信托和集合资金信托的区分，表面上看是资金募集来源上的区别；在本质的认定上，还是要回到信托财产运作过程中来考虑。信托公司无论在资金募集上运用何种巧妙的形式规避法律，最终逃不过信托财产管理运用上的监督，这才是信托业监管永恒的核心。

四、 消费信托规避禁止刚性兑付的合规性分析

（一）信托利益视角下的刚性兑付

《信托法》第三十四条规定，受托人仅限于“以信托财产为限向受益人支付信托利益”。当受托人尽到了各项信义义务，但由于客观原而非自己的过失，致使信托财产发生损失或者丧失了应得的收益，受托人不承担相应的民事责任，且无须向受益人给付投资收益。由此可见，信托利益是一项期待利益，其最终能否取得具有或然性。

典型的刚性兑付是在信托财产损失的情况下，信托公司自愿承担损失，连同本金和预期收益一并向投资者给付信托利益的行为。具体而言包括两个层面：一是信托合同订立前，或者在履行合同的过程中，承诺信托利益（最低收益）；二是按照承诺完成信托利益的交付。其实质是，通过受托人的承诺，将具有或然性的信托利益必然化。

从表面上看，信托公司的刚性兑付行为是一种自愿承担损失的行为，在法律效力上不存在瑕疵。尤其是当信托计划投资流动性较差的非标准化产品时，信托公司为了吸引投资者参与，以承诺刚性兑付实现增信效果。监管部门为了防范兑付危机出现后来自广大投资者的压力，还曾一度默许甚至鼓励信托公司开展刚性兑付。① 然而，从本质上看，刚性兑付抑制了客观存在的市场风险，阻碍了投资者风险意识的培养，使市场利率与风险不相匹配，加强了市场扭曲，最终不利于国民经济健康发展。

因此，《信托公司管理办法》第三十四条规定，信托公司开展信托业务，不得承诺信托财产不受损失或者保证最低收益。这一条被视为禁止刚性兑付的规范来源。

（二）信托利益在信托生效时取得与刚性兑付的关系

《信托法》第四十四条规定了受益人自信托生效之日起享有信托受益权；但是，受益人取得受益权并不意味着立即可以行使该项权利，获得信托利益。大多数信托产品，只有在信托文件明确规定的期限届至或条件成就时，比如在每年约定固定的时点或者信托终止后，受益人才能实

① 99号文规定：“项目风险暴露后，信托公司应全力进行风险处置，在完成风险化解前暂停相关项目负责人开展新业务。”随着该规则出台，信托公司为了继续开展业务，保护自己稀缺的牌照资源，遇到存在兑付问题项目，都会尽快全力“刚兑”。

际取得信托利益。①

消费信托中的信托利益是指消费权益。消费信托与传统信托产品在信托利益取得时间点上有明显区别，受益人/消费者通常在信托生效时就能取得全部或部分消费权益。基于意思自治，委托人和受托人可以约定具体的信托利益给付时点，包括约定在信托生效时给付信托利益。并且，从消费这一信托目的来看，消费者有即时消费的需求，信托利益在信托生效时取得有其必要性。

信托合同中约定信托利益在信托生效时取得，能够实现保障受益人信托利益的目标，相当于在信托设立前承诺了保障本金和收益，可能会被视为规避禁止刚性兑付要求。但是，信托利益在信托生效时取得与一般的刚性兑付相比，有三点不同：第一，前者在信托文件中可能不存在明确的收益承诺；第二，前者发生给付行为的时点在信托生效时，而后者通常在信托期限届至前后；第三，前者的给付行为是受托人自愿作出，而后者通常存在于信托财产管理运用发生损失的情形下，受托人为了其他目标而选择对受益人承担责任。

基于此，信托利益在信托生效时取得是否构成刚性兑付，关键要看信托财产管理运用过程中发生损失时的风险分配。若由消费者自行承担，其最终获得的保证金返还数额应扣除信托财产损失；若由信托公司刚兑，则消费者在获得消费权益之外，最终能获得全额的保证金返还。实践中，部分消费信托产品对信托到期后返还保证金作出了约定，这违背了《信托公司管理办法》第三十四条的规定，属于典型的承诺刚兑。

（三）信托利益在信托生效时取得的合规性分析

在消费信托中，信托财产保证金部分的管理运用是存在风险的。一旦发生投资风险，信托财产的损失应当由信托受益人承担，受托人应将损失部分在给付剩余信托财产价值前进行扣除。消费信托即使保障了消费权益在信托生效时取得，也不应保障信托财产中的保证金部分不受损失。

消费信托中的刚性兑付问题，并不能归责于信托利益在信托生效时取得。信托公司在信托文件中约定，在信托生效时或者信托期限届至以前其他时点给付信托利益，《信托法》和相关规章并不禁止。但是，信托文件中必须明确：如果后续信托财产管理运用中发生的损失，返还的信托财产剩余价值应当扣除此前支付的消费权益的实际价值。

以西藏信托“BMW X1”消费信托产品为例，该产品的每份认购金额（信托财产消费金 + 保证金）为 150 万元人民币，而所获得的消费权益是免费使用并在三年后获得一辆市场价为 39.8 万元人民币的宝马 X1 轿车。如果受托人管理运用的信托财产在三年到期后，实际价值减损为 130 万元人民币，并且投资者选择保有该宝马轿车；那么受托人返还的剩余价值应当是 130 -

① 周小明：《信托制度：法理与实务》，261－262 页，中国法制出版社，2012。

39.8 =90.2 万元人民币。

按照银监会的要求，应当明确信托公司“受人之托、代人理财”的功能定位，培育“卖者尽责、买者自负”的信托文化。① 信托公司和信托业监管者应当从信托计划条款的内容入手，修改现有的“到期后返还信托财产保证金部分”条款，并加强缔约前的说明义务和缔约后的信息披露义务。

五、 结语

消费信托因监管政策的变动而生，在信托公司的推动下、广大商品服务提供商和投资者的参与下，其资产规模、影响范围逐渐增大。在政策利好的导向之下，资本和机构都不会放过这一机遇，披上事务管理类信托外衣的各种消费信托产品粉墨登场。只有不被热闹的产品宣传和复杂的交易结构所迷惑，才能明晰消费信托的法律关系及其中法律规避的奥秘。

对于各类消费信托产品而言，信托公司已经施展各种妙招，努力避开自产品设立起便高悬的合规性之剑。但在当前信托业强调规范经营、破除刚兑、业务转型的大背景下，信托公司能否向广大投资者如期足额兑付信托财产中消费以外部分的本金，考验着信托公司的投资管理能力，也决定着消费信托的未来。

对市场发展起导向作用的监管者，应当充分识别消费信托产品在产生和发展过程中存在的法律规避行为，在信托财产形式和来源、资金管理运用方式以及信托计划格式条款等方面，以适当的监管方式积极顺势而为，为消费信托在正确的轨道上前进探索破局之道。

（责任编辑：吕雅馨）

① 《中国银行业监督管理委员会办公厅关于信托公司风险监管的指导意见》（银监办发〔2014〕99 号）第一条。

网络互助计划在中国：发展概观与性质厘定

■ 刘天宇[*] 朱文浩[**]

摘要：“网络互助计划”是人们对实践中兴起的一类“依托互联网平台形成的会员间互助保障模式”的生活化概括。当下，网络互助计划已形成较为稳定的运营模式和可观的规模效益，但其长期处于性质不清、定位不明的状态。实践中，监管者以经营资质为由否认了网络互助计划属于相互保险的可能性，并引导其向公益方向转型。不过，这种转型既不契合网络互助计划的运营模式，也不能真正保障互助计划参与人的合法权益。理论上，从对相互原则的两种解释出发可以提炼出相互保险的内涵和相互保险组织的共性特征，而我国法律规范意义上的相互保险组织却仅有相互保险公司这一形式。网络互助计划不属于我国法律规范意义上的相互保险，但其运营模式和发展趋向符合相互保险组织的共性特征，可以作为广义的相互保险，参照美国的交互保险制度而受到保险监管机构的监督管理。

关键词：网络互助计划 相互保险 相互原则 交互保险

近年来，随着互联网时代和高风险社会的降临，越来越多的人开始关注潜藏于自己生活之中的风险，并寄望于通过互联网这一纽带为自身的生命和财产安全增强保障。网络互助计划即在此种背景下于我国酝酿、萌芽，以不可思议的速度拓展其影响范围。2011 年，首家以“互保”之名成立的“互保公社”标志着网络互助开始由“乌托邦式的空想”走向“有规则意识的创新实践”。此后，众多规模更大、涉及范围更广的“网络互助计划”应运而生，造就了网络互助行业的勃兴之势。截至2017 年6 月，各网络互助平台中会员数在10 万人以上的有18 家，在100 万人以上的有7 家。① 这些网络互助所涵摄的范围极广，不仅包含传统的大病互助、健康互助，甚至拓展到了大学生手机屏幕碎裂等情形。

网络互助行业的迅速发展甚至“野蛮生长”引起了监管部门的关注。针对网络互助计划

---

* 刘天宇，中央财经大学法学院 2015 级民商法学硕士研究生。

** 朱文浩，中央财经大学法学院 2016 级民商法学硕士研究生。

① 数据来源：互助之家“行业数据”，http：//www. imhuzhu. com/3429. html，2017 年6 月17 日访问。

"类保险化"的特质，监管机构出于"防范风险、稳定保险市场"的考量，对其与保险产品进行了严格界分。与之紧密关联，行业层面将网络互助计划与保险产品进行自我区隔，转而向公益化方向发展，而保险监管机构似乎也对此乐见其成。[①] 然而，网络互助平台于刚性监管规则的压力之下选择的公益化定位是否契合网络互助计划的本质则值得深思。宜引起充分注意的是，"网络互助计划"并非一个法学概念，而是人们对实践中兴起的一类"依托互联网平台而形成的会员间互助保障模式"所做的生活化概括。因此，当我们试图对网络互助计划进行定性时，就必须充分把握其在运营上的原理与特点，而不能仅仅以监管层面的意志为转移。建立在对网络互助计划发展状况进行系统梳理的前提下，本文的核心内容是结合相互保险的基本理论准确厘定网络互助计划的性质，并基于此对其进一步发展提出设想。

一、 网络互助计划的运营模式

在资本的强势介入下，网络互助计划于2016年迎来了发展机遇期，平台数量和各平台会员人数均有显著增长，运营内容也日益丰富。在被称为"网络互助元年"的2016年渐行渐远之际，在持续涌入的资本回归理性之时，网络互助行业的运营模式也趋向定型化。检视自身的运作机理，各网络互助平台普遍将其项下的网络互助计划定位为"基于会员间受规则约束的、可持续性的单项捐赠行为而形成的互助社群"，将平台本身定位为"互助社群的设计师、召集人和管理者"。[②] 展言之，所谓网络互助计划，即网络互助平台借助互联网技术对可能面临同质风险的群体进行信息撮合，促使其加入平台成为会员并在平台公约的拘束下于会员彼此间达成互助协议。当协议中载明的特定事项发生时，会员有义务通过分摊一定数量金钱的方式对特定人予以帮助。本文选取了10个最具代表性的网络互助平台，[③] 分别从产品运作和会员治理两个方面对

---

① 截至2017年5月，会员人数排名前8的网络互助平台中有6个成立或者挂靠公益基金会。参见慧保天下：《监管出手引导网络互助，或将集体转型为公益组织》，载搜狐网，资料来源：https：//465408. kuaizhan. com/23/35/p3772096412ef9d，2017年6月17日访问。

② 各网络互助平台普遍在其官网首页上方或者"关于我们"处对自身及其项下的网络互助计划进行定位。在网络互助计划的定位上，出现频次较高的词语是会员（10次）、互助（10次）、社群或群体或人群（10次）、单项捐赠（9次，"大树互助"强调受助人和捐助人之间权利义务的对等性与公平性，故不使用"单项捐赠"一词）、公约或约束或规则或协议（6次）、可持续（5次）；在对自身的定位上，出现频次较高的词语是互助社群（10次）、管理（10次）、发起或召集或组织（7次）、设计或安排（6次）。

③ 本文所选取的网络互助平台包括众托帮、轻松互助、水滴互助、壁虎互助、夸克联盟、17互助、e互助、康爱公社、大树互助、校友互助。基于"蓄水池"效应，网络互助发挥作用的前提是具有一定的规模，故本文选择代表性平台时也将平台的会员人数作为主要的考量因素，兼采纳成立时间、辐射的群体范围等因素。本文选取的代表性平台中前7家会员人数在百万以上（截至2017年5月），康爱公社是最早成立的网络互助平台，而大树互助和校友互助是较早的限定互助群体范围的平台。资料来源：互助之家"行业数据"，http：//www. imhuzhu. com/3429. html，2017年6月17日访问。

其运营模式进行梳理。

（一）网络互助计划的产品运作

1. 产品设计。整体而言，不同网络平台项下的网络互助计划产品在内容上具有明显的“同质性”。首先，在网络互助计划的细分产品上，绝大部分互助计划均指向受助人人身，尤以大病医疗互助、人身意外互助最为常见。其次，在网络互助计划的费用缴纳上，“事前预存+事后分摊”模式占据主流，[①]“事前无须预存+事后分摊”的模式也有一定市场。[②] 两种模式的共性在于均需在某一会员的互助申请审核通过后分摊一定数额的金钱。两种模式的差异在于会员加入某项互助计划是否需要预缴一定数量的金钱作为参与事后分摊的保障，在第一种模式下会员需要预缴的资金为9元到90元不等，而第二种模式下会员在加入互助计划时无须缴纳任何费用。值得注意的是，虽然多数平台均强调加入某项互助计划的会员每次需分摊的金额不超过9元，但对于会员每年需要分摊的金额总数则缺乏明确、直接、易于公众知悉的提示。透过部分网络互助平台的季度运营报告等公开披露的信息，可以窥见在抗癌互助计划等最为常见的网络互助计划中，中青年会员年均需缴纳的费用在80元到120元之间，老年会员需缴纳的费用在300元到400元之间；[③] 最后，在网络互助计划的条款设计上，绝大部分网络互助计划的条款均包含准入与退出条件、互助范围、互助条件、互助标准、计费标准、互助金申请与退出条件、争议解决、免责条款等内容。

2. 资金保障。毋庸置疑，保障资金的充足和可持续是网络互助计划得以生存和发展的生命线。正因为如此，各网络互助平台在进行宣传推广时均重点强调其资金的充足性，以凸显其具有较为稳定的发起互助并聚合互助金的能力，进而吸引会员加入。由于网络互助平台并非互助金的给付者，其互助金的给付完全依赖于会员的分摊，故对会员事前预存或者事后分摊的互助金的管理和使用就显得尤为关键。事实上，保证互助金的给付过程公开、透明，使得真正需要帮助的会员得到及时、足额的互助金给付正是平台对会员的主要义务。在资金的管理上，前述绝大部

---

① 在平台章程或互助计划条款中明确表明采用“事前预存+事后分摊”模式的网络互助平台包括众托帮、水滴互助、夸克联盟、17互助、e互助、校友互助等。而壁虎互助在《会员公约》中强调其项下的互助计划同时包含两种模式，但从其官网和官微上可查找到的互助计划却均仅采用了“事前预存+事后分摊”模式。

② 在平台章程或互助计划条款中明确表明采用“事前无须预存+事后分摊”模式的网络互助平台包括大树互助和康爱公社。

③ 前述10家网络互助平台中均未在其官网首页、公约章程或者官网上载明的互助计划条款中提示会员每年可能需要分摊的金额总数。不过，部分网络互助平台在其公开发布的运营报告、官微上介绍的分摊规则中对此项金额进行了测算。对此，可参见e互助官网“公示中心”部分，资料来源：http：//www. ehuzhu. com/ehuzhu2/choujianghongbao/common. do？vm = plan/plan - web - view - information - center0&newsType = 10216，2017年6月17日访问。也可参见大树互助官微“中青年抗癌互助计划”，资料来源：http：//wx. hubaotx. com/new/item. php？id = 1，2017年6月17日访问。

分网络互助平台均将互助金交由第三方机构托管，平台并未建立自有或者自管的资金池，即与会员的互助金进行“自我隔离”。① 而在资金的使用上，前述所有网络互助平台均在其会员公约、章程或者网络互助计划条款中规定了较为清晰和严格的互助金申请程序，并对拟发放互助金的事项和受助者的个人情况进行公示，② 部分网络互助平台引入第三方公估机构、专业律师团队分别对互助事件的真实性进行调查和二次审定。③ 此外，针对信息公示过程中可能产生的信息安全问题，部分网络互助平台应用了区块链技术。④

（二）网络互助计划的会员治理

1. 会员准入与退出。从会员的准入条件上看，各网络互助计划呈现出较强的一致性。首先，在会员准入的身份条件上，存在理论上不限定会员身份的全民互助计划，但也有相当一部分互助计划对会员的年龄、从事的职业甚至感情状态进行限制。其次，在会员准入的人身条件上，前述指向受助人人身的大病医疗互助计划均要求会员在加入时身体健康，非残疾人士且未患过特定重大疾病。再次，在会员准入的时间条件上，指向受助人人身的大病医疗互助计划普遍会规定一段30天至365天不等的等待期，⑤ 以防止会员带病加入计划，有效降低道德风险。最后，在会员准入的其他条件上，主要包括认同并遵守平台及特定互助计划的章程或者条款、不存在骗取互助金等严重的不诚信行为。⑥ 从前述各网络互助平台的运营理念中可以推知，这种宣誓性和兜底性的条款意在维系网络互助计划的社群性和会员间的向心力。从会员的退出条件上看，会员退出包括自愿退出和强制退出两种形式。就自愿退出而言，所有的网络互助计划均强调会员可以随时退出且无须缴纳任何费用，会员退出时账户内的剩余金额将会得到退还。⑦ 就强制退出而

---

① 其中，大树互助未将资金交由第三方托管，而是强调平台有对会员充值的资金进行管理的权利。参见大树互助官网“会员公约”部分，资料来源：http：//www. hubaotx. com/pc/item. php? id = 3，2017 年 6 月 17 日访问。

② 对此，最具代表性的可参见 17 互助官网“信息公示”中“资金公示”部分，资料来源：https：//www. yiqihuzhu. com/module/information. html，2017 年 6 月 17 日访问。

③ 对此，最具代表性的可参见校友互助官网首页，资料来源：http：//www. xyhuzhu. com/web/order/join，2017 年 6 月 17 日访问。

④ 对此，最具代表性的可参见众托帮官网“区块链公示”部分，资料来源：http：//www. zhongtuobang. com/blockchain，2017 年 6 月 17 日访问。

⑤ 对此，最具代表性的可参见 17 互助官网“信息公示”中“互助公约”部分，资料来源：https：//s1. yiqihuzhu. com/www/public/pdf/convention – project – 7. pdf，2017 年 6 月 17 日访问。

⑥ 最具代表性的可参见康爱公社官网“基本规则”部分，资料来源：https：//www. kags. com/home/rules2016，2017 年 6 月 17 日访问。

⑦ 最具代表性的可参见壁虎互助官网“公约章程”部分，资料来源：https：//www. bihubao. com/index. php/Home/Index/constitution. html，2017 年 6 月 17 日访问。

言，会员只要有一次不履行互助义务即视为自动退出该项互助计划。① 同时，部分网络互助计划也规定，当会员账户内的金额小于一定数额或者小于一定数额达到一定期限后，即视为退出该项互助计划。②

2. 会员权利与义务。会员的权利与义务往往是网络互助平台公约章程以及各网络互助计划条款中规定的核心内容，它包含会员彼此之间的权利与义务和会员对平台的权利与义务两个方面。就会员彼此之间的权利与义务而言，网络互助计划着重强调权利与义务的对等性和公平性，而这正是吸引会员持续加入的关键因素。具体而言，加入互助计划的会员在其他会员发生互助计划条款中载明的特定事项时必须履行帮助他人的义务，由此才能取得自己发生特定事项时获得他人帮助的权利，一次不履行义务即丧失会员权利。进一步来讲，新近推出的部分网络互助计划通过年龄、身份、身体健康状况等准入条件将加入的会员限制在一定范围内，其直接目的是为了保证会员间发生危险概率的大体相当，而根本目的则是为了保证会员间权利与义务对等。此外，部分网络互助计划还根据会员年龄、会员加入时间、会员历史贡献、会员任务完成情况等为不同会员设定了不同的互助金额，只有一部分会员才能享有最高互助金额。③ 而就会员和平台之间的权利与义务而言，网络互助计划着重强调会员对平台的如实告知义务和平台对会员的善良管理人义务，而这正是互助计划得以持续运行的重要保障。具体而言，会员必须诚实守信，接受会员公约章程、计划条款的约束，如实告知自己的年龄、职业、身体健康状况等与加入互助计划有关的重要信息，不得故意提供虚假情况或者隐瞒真实情况以骗取互助金；相对应地，平台基于与会员的协议完成管理或者委托第三方管理互助基金、审核互助申请、公示互助信息、划扣捐助会员分摊的金额、向受助会员发放互助金等事项，其也必须履行善良管理人的注意义务，对互助事项进行认真、严格的审核，同时对互助计划存续期间关涉会员权利的重大事项予以真实、准

---

① 其中，众托帮互助平台的规则最为宽松。按照其规定，会员因账户余额小于0元而未能履行互助义务时，会员资格中断，如果会员在30日内补足余额，则可在补足余额的30日内恢复会员权利；只有在30日内未补足余额的，才彻底失去会员资格。该规定类似于《保险法》第三十七条确立的“保险合同复效制度”。对此，可参见众托帮官微“大病医疗互助（中青版）”，资料来源：https：//wx. zhongtuobang. com/product/view？ s = prod&fID = 11111039&id =1，2017年6月17日访问。

② 其中，17互助规定会员账户余额小于0元则立即失去会员资格，夸克联盟和壁虎互助规定会员账户余额小于3元则立即失去会员资格；而水滴互助的规定与众托帮的规定类似，会员账户余额小于1元后，会员资格中断，于15天未能补足的，才彻底失去会员资格。对此，可分别参见夸克联盟官微“夸克大病互助基金（中青年版），资料来源：http：//www. quarkers. com/Home/Event，2017年6月17日访问；水滴互助官微，资料来源：https：//www. shuidihuzhu. com/sd/list/young？ channel = wx_ h5，2017年6月17日访问。

③ 对此，最具代表性的可参见康爱公社官网“基本规则”部分，资料来源：https：//www. kags. com/home/rules2016，2017年6月17日访问。

确、及时和完整的披露。[①] 此外，为进一步彰显互助平台的社群性，增强用户黏性，部分网络互助平台成立了会员代表大会，强调会员具有参与平台事务、监督与批评平台建设的权利。[②]

二、 网络互助计划的监管进程

为一种业态乃至经济模式披上“新技术”抑或“新思维”的外衣并不能使其脱离规则的约束。[③] 事实上，自网络互助行业初步形成规模时，其在财务稳定性和实际给付能力两方面暴露的缺陷即为部分业内人士所察觉，并由此引发了公众对其所存在的经营风险、道德风险和法律风险的担忧。[④] 就法律风险而言，非法经营保险业务的风险、非法集资的风险和侵犯网络互助计划参与人合法权益的风险是最为突出的三个方面。显而易见，上述风险的存在和加剧将倒逼监管机构作出回应。此后，在强有力的外部监管政策所形成的激励约束机制下，行业内部也会采取相应的自律监管措施，以指引行业的发展方向与监管层面的价值导向相适应。下文将从保监会的监管与行业的自律监管两个方面对网络互助行业的监管进程进行述评。

（一）保监会监管

保监会对网络互助行业的关注由来已久，且立场鲜明。从 2015 年下半年起，保监会就多次通过发布规范性文件、答记者问、约谈、严禁保险机构与相关网络互助组织开展业务合作或提供增信支持等方式表达了对网络互助计划这一新生事物的“不鼓励”态度。[⑤] 然而，保监会针对网络互助计划的一系列重拳在很大程度上被资本的力量消解，并未取得预期的收效。鉴于此，2016 年 11 月 3 日，保监会有关部门负责人再次就网络互助平台有关问题答记者问，指出已对部分网络互助平台负责人进行重点约谈并通报了监管意见[⑥]。2016 年 12 月 26 日，保监会下发了《关于开展以网络互助计划形式非法从事保险业务专项整治工作的通知》，为此次专项整治工作安排了包括排查分类、限期整改、查处、总结评估在内的四个步骤。从“网络互助平台基本情况调查表”（以下简称调查表）中可以窥见，保监会针对网络互助平台的监管重点包括以下四个方面：

---

① 对此，最具代表性的可参见 17 互助官网“信息公示”中“资金公示”部分，资料来源：https://www.yiqihuzhu.com/module/information.html，2017 年 6 月 17 日访问。

② 互助之家：《众托帮第一届会员代表大会成功召开，共议网络互助未来》，资料来源：http://www.imhuzhu.com/3402.html，2017 年 6 月 17 日访问。

③ ［美］凯斯·R. 桑斯坦著，钟瑞华译：《权利革命之后：重塑规制国》，45－51 页，中国人民大学出版社，2008。

④ 李晓林：《网络互助平台风险不容忽视》，载《中国保险报》，2016－11－07（001）。

⑤ 在此阶段，保监会针对网络互助计划发布的规范性文件包括《关于“互助计划”等类保险活动的风险提示》《互联网保险风险专项整治工作实施方案》等，举行的答记者问活动为“就‘夸克联盟’等互助计划有关情况答记者问”。

⑥ 中国保监会：《就网络互助平台有关问题答记者问》，载保监会官网，资料来源：http://www.circ.gov.cn/web/site0/tab5168/info4048925.htm，2017 年 6 月 17 日访问。

第一，是否宣称其日常运作乃至资金的管理与使用处于政府的有效监管之下；第二，是否违规使用保险术语，甚至混淆保险产品与网络互助计划的区别；第三，是否收取保险费并建立资金池；第四，是否向社会公众承诺刚性的赔偿给付责任或者提供确定的高额保障。其中，后两个方面是保监会此次整治行动的重中之重。

应当承认，在网络互助行业逐步形成规模效应但内部良莠不齐的背景下，保监会上述监管举措兼具坚决查处违规平台的“霹雳手段”与坚定维护消费者合法权益的“菩萨心肠”，对整治网络互助行业沉疴具有无可争议的积极作用。但2015年末至今，保监会对网络互助行业展开监管的直接目的一以贯之，即“划清互助计划与保险产品界限，防范消费误导”。显然，这一监管目的决定了保监会监管以“避免互助平台变相或实际经营保险业务”为重心，以“规范网络互助计划的宣传方式和产品设计”为主要手段，存在不可避免的局限性。具体而言，保监会的监管措施仅止于让网络互助计划参与人认识到网络互助计划存在不容忽视的风险，但对如何从源头上化解这种风险却缺乏作为。[①] 以前述网络互助计划运营主体非法经营保险业务的风险为例，其核心并不在于网络互助平台是否向会员明确告知其所提供的风险保障具有不确定性，因为出于增强用户黏性的角度，所有平台均会在产品运作和会员治理两个方面竭力降低这种不确定性。事实上，这种风险的症结在于部分网络互助计划给予会员的风险保障预期远高于运营主体的资金条件和内部治理水平所能达到的程度，不能为会员提供稳定、可持续的受助机会。显然，保监会的上述监管举措无助于这种风险得到有效治理。

更加令人担忧的是，保监会针对网络互助计划所采取的上述监管措施虽然有助于防范消费误导，但却使得对其的监管陷入真空状态。事实上，从网络互助计划参与人的视角出发，其重点关注的绝非是网络互助计划被冠以“公益”抑或“保险”之名，而在于网络互助计划运营过程中其会员权利能否得到实现，是否有一套行之有效的规则可以为自己以及网络互助平台提供行为指引。而在现有的监管体系下，对加入网络互助计划的会员而言，假使其与网络互助计划的运营主体就互助金的申领条件、互助范围、不予互助的情形等问题产生争议，似乎只有与运营主体协商解决或者提起诉讼两种途径。而一旦进入诉讼程序，依照《保险法》《相互保险组织监管试行办法》的规定，网络互助计划因不属于商业保险而只能作为无名合同适用《中华人民共和国

---

① 金雪儿：《试析网络互助的监管逻辑——评网络互助专项整治计划》，载北京大学金融法研究中心官微，资料来源：https：//mp. weixin. qq. com/s/uTnuwS4zcSS7MBIuY2JuPg，2017年10月15日访问。

合同法》(以下简称《合同法》)的规定，这显然不利于对其利益的特殊保护。[①] 综上所述，保监会针对网络互助行业的"重拳出击"更像是一场旨在净化互联网保险市场环境的"整风运动"，其在彰显保险产品优越性方面的作用可能要远大于维护网络互助计划参与人的合法权益本身。

（二）自律监管

客观而言，保监会针对网络互助行业的一系列监管措施为其规范发展提供了外在动力，也促成了网络互助行业自律监管从无到有的转变。2016 年 12 月 16 日，9 家网络互助平台共同签署了《中国网络互助行业自律公约》(以下简称《公约》)。[②] 该《公约》分四章，共计十个条文，分别从宣传规范和经营行为规范两个维度对各网络互助平台的运营模式进行规制，构成了网络互助行业自律监管的主要内容。在宣传规范上，《公约》主要参照前述调查表中重点提示的四个方面，为网络互助平台的宣传行为画定了红线；而在经营行为规范上，《公约》分别从互助计划合理性、会员数据真实性、平台数据安全性、互助事件真实性、互助资金安全性和互助平台退出机制六个方面设计了网络互助计划的规范化发展路径。具体而言，可以用产品、机制、信息三个关键词概括网络互助行业对自身经营行为的监管。首先，在产品设计上，合理安排各网络互助计划的内容，尤其是对互助金上限、互助金确定标准、互助范围、互助金分摊规则等可能引起争议的事项进行清晰明确的规定，从源头上把控风险；其次，在机制构建上，设立并不断优化平台治理机制、互助事件第三方核查机制、第三方资金托管机制、互助金申领机制、平台退出机制等，用科学合理的程序降低风险；最后，在信息处理上，既要不断推进会员数据、互助事件、资金流向等各项关键信息的公示，利用可公开信息的持续披露消解风险，又要高度重视会员信息的安全保护。

与保监会监管不同，行业自律监管的着力点是防控并化解各网络互助计划运营过程中潜在的风险点，保障网络互助计划参与人的权利得到实现。由此出发，方能不断吸引公众加入互助计划，推动自身的可持续发展。但显而易见的是，《公约》在对网络互助计划的定位和具体的自律监管规则构建上均存在着不容忽视的缺陷。一方面，在网络互助计划定位上，《公约》仅强调网络互助计划与保险产品的自我区隔，并未阐明其与保险产品的"异质性"，更未从正面说明网络

---

① 从笔者在中国裁判文书网的检索情况看，目前尚无有关网络互助计划的纠纷。但在与网络互助计划同为类保险组织的船东互保协会、渔业互保协会纠纷中，法院均持有"互助保险不属于商业保险，故不适用于《保险法》，涉案保赔合同应作为无名合同适用《合同法》等相关法律规定"的立场。参见"深圳光汇石油集团股份有限公司与中国船东互保协会海上、通海水域保赔合同纠纷案"，广东省高级人民法院（2014）粤高法民四终字第 128 号；"山东省渔业互保协会与孙立美、孙福英等保险纠纷案"烟台市中级人民法院（2014）烟民申字第 248 号。

② 郎万彬：《首届网络互助高峰论坛召开——众托帮乔克发言：风险可控才能实现真正互助》，载环球网，资料来源：http://china.huanqiu.com/citynews/2016-12/9841853.html?qq-pf-to=pcqq.c2c，2016 年 6 月 17 日访问。

互助计划的丰富内涵；另一方面，在自律监管规则的具体构建上，《公约》仅通过两个条文粗略框定了网络互助平台的行为界限，而缺乏精确、周延、可操作性强的行为指引。更加重要的是，无责任的规范乃无牙之老虎，《公约》中虽单列了“自律公约的执行”一章，但却将其作用的发挥寄望于签署单位的“充分尊重和自觉履行”，约束力显著不足。一言以蔽之，网络互助行业的自律监管指向的问题虽更贴近网络互助计划参与人权益保障的核心内容，但囿于自身有限的影响范围和拘束效果，其向监管机构“表决心”的宣誓意义要远大于引领行业规范发展的实际意义。

三、 网络互助计划的性质阐释

承前所述，我国网络互助行业的运营模式已趋于稳定，但理论和实务中对于其法律性质为何却未有定论。监管层面从保险业经营主体必须经保监会依法核准的角度出发，以网络互助计划的运营主体不具有保险业的经营资质为由否认了其属于保险的可能性。基于此背景下，行业层面接受了监管机构为其选定的“公益”属性，但对于其本质如何却“欲语还休”。简言之，网络互助计划的运营主体试图为网络互助计划创设一个既不触碰监管红线又契合其运营模式的定位——“按照契约规则集聚会员的信息撮合平台”。[①] 但此种模棱两可的论述不仅难以取信普通公众，更无法说服监管机构。由上所述，只有从网络互助计划的运营状况出发，借鉴国内外关于相互保险的相关理论，才能准确厘定网络互助计划的性质，助力网络互助行业的进一步发展。

（一）网络互助计划不属于公益行为

追本溯源，首次明确发出网络计划属于“公益”或者“慈善”的声音来自监管层面。这种主张认为，民间互助行为具有源远流长的历史，通过互联网纽带促使更多非双务有偿的自愿捐助的达成，对于扶危济困、弘扬公益慈善精神具有毋庸置疑的积极作用。[②] 自保监会针对网络互助计划的专项整治行动完成后，这种严格依循现行法的主张逐渐占据了主流，且有为行业所接受的趋向。然而，这种主张忽视了网络互助计划在运营过程中呈现出的基本样态，过度抑制了资本的逐利天性，无助于网络互助行业的可持续发展。

何为公益？所谓“公”强调的是“公共”“共同”“不偏私”，而所谓“益”强调的是“收益”“增长”“补助”。[③] 从表面的文义上看，公益指的是“社会的公共利益”“对公众有益的事”，多指卫生、救济等群众福利事业。对网络互助计划来讲，其包含会员与会员之间的关系以

① 李海博：《关于网络互助的监管建议》，载财新网，资料来源：http：//opinion. caixin. com/2016 - 05 - 06/100940611. html，2017 年 7 月 5 日访问。

② 慧保天下：《互联网保险变奏第一波：监管出手引导网络互助，或将集体转型为公益组织》，载搜狐网，资料来源：https：//465408. kuaizhan. com/23/35/p3772096412ef9d，2017 年 6 月 17 日访问。

③ 参见《辞海》，730 页、775 页，上海辞书出版社，1989。

及平台与会员之间的关系两个层面。在前一个层面上，会员之间的权利与义务关系具有对等性，会员之间的“赠予”在一定意义上是有条件赠予。具体而言，会员之间的“捐赠行为”从表面上看是单向的、自愿的、无偿的，从客观上也的确是对公众有益的，但其实质上却是双向的、受强制契约约束的、有条件的，会员进行“捐赠”的主观目的也是为了“自利”而非“利他”。在网络互助计划中，会员的“捐赠行为”是其加入计划时所签订的契约对其课以的义务，会员只有在履行了该项义务的前提下才能维系会员身份，进而于契约规定的事项发生时享有申请互助金的权利。换言之，在会员与会员的关系层面，网络互助计划实质上就是会员以日常“捐赠”一定数量的金钱为对价，换取特定风险发生时其他会员“捐赠”自己的权利。当然，由于网络互助计划运营过程中会员加入和退出是即时的，互助事件发生时“自愿”参与分摊的会员人数也有一定波动，故会员不能获得确定风险保障。但从前述对网络互助计划运营模式的梳理中不难窥见，网络互助计划运营主体始终致力于从互助规则构建、互助事件审核、互助资金管理使用三方面着手降低互助过程中的不确定性，使会员拥有的互助金请求权得到落实。一言以蔽之，将网络互助计划定性为公益忽视了会员彼此之间的权利与义务关系，在法律关系上有失周延。

倘若将网络互助计划定性为公益在会员与会员的关系层面尚可用现代公益的“双向参与”和“形式创新”来解释，① 那么将视角转到平台与会员的关系层面，此种定性将不得不面对资本趋利性的拷问。前已述及，当下我国网络互助计划的运营主体多为有限责任公司，且有相当数量的网络互助平台引入了外部投资者，于此条件下转型为公益组织显然缺乏内在动力和可操作性。实践中，近来发展迅速的部分网络互助平台从不讳言自身的商业化企图，个别平台更是在其官网明确指出“我们伸出援手，但我们不是公益”。② 值得注意的是，进入2017年以后，部分已取得公益牌照的网络互助平台开始在其推出的部分网络互助计划中对会员收取一定数量的管理费用，③ 其他平台也在其公约章程中保留了在可预见的未来向会员收取管理费用的权利。④ 此外，部分网络互助平台也开始逐步利用运营网络互助计划过程中集聚的海量会员资源，探索建立平

---

① 杨朝清：《社会保障需要更多抗癌公社》，载《光明日报》，2012-07-23（02）。

② 参见互助之家：“网络互助的2017年：基金会、大病众筹、医疗健康和保险化”，载互助之家官网，资料来源：http：//www.imhuzhu.com/3427.html，2017年7月5日访问。

③ 其中，最具典型的是夸克联盟于2017年4月推出的“夸克联盟抗癌互助基金”，其在互助规则中明确规定会员需预缴90元方可加入该互助计划，平台每年收取的管理费为30元，到期未缴将失去互助资格。此后，夸克联盟的“夸克大病互助基金（中青年50万版）”、轻松互助的“百万终身大病互助行动”、抗癌公社的“霍去病医疗互助社”也采用了类似的规则。对此，可参见夸克联盟官微，资料来源：http：//m.quarkers.com/Quark/Plan/12，2017年8月12日访问。

④ 其中，最具典型的是壁虎互助在其项下三个互助计划的章程中均强调“平台可向会员收取合理的运营管理费用，试运行期间该项费用由平台补贴，试运行期限为2年”。对此，可参见官网“公约章程”部分，资料来源：https：//www.bihubao.com/index.php/Home/Index/constitution.html，2017年6月17日访问。

台广告、线上商城等颇具盈利空间的运营模式。[①] 综上所述，网络互助计划虽然蕴含了“同舟共济”的公益理念，但其在运营模式以及运营主体的主观目的上均与公益存在显著差异，故将网络互助计划定性为公益缺乏理论上的周延性和实践上的可行性，仅仅反映了其表征而已，不能契合其本质。

（二）网络互助计划不属于我国法规范意义上的相互保险

与网络互助计划“公益说”的主张形成鲜明对比的是，支持网络互助计划属于“保险”的声音主要来自行业内部。姑且不论网络互助计划发展早期的“类保险化”特质，即使在保监会针对网络互助计划非法经营保险业务等行为进行风险提示前后，仍有部分业内研究者将网络互助归入中国特色的相互保险的范畴。这种主张强调，网络互助与相互保险在业务内容和产生条件上存在诸多相似之处，在本质上也同为通过“众筹”管理风险的形式，两者差异似乎仅在于是否取得相互保险牌照而已。[②] 然而，这种主张虽考虑了网络互助计划的运营模式，但并未在我国现行的法律规范与相互保险的基本理论之间搭建起一座桥梁，说服力有限。

近年来，伴随着互联网金融的迅速兴起和政策的逐步开放，国内正掀起一股“相互保险热”的旋风。2015 年 1 月，由保监会出台的《相互保险组织监管试行办法》（以下简称《试行办法》）正式实施，首次赋予了相互保险组织的合法性，为相互保险的发展扫清了法律障碍。作为规范相互保险行业发展的依据和指针，《试行办法》对相互保险和相互保险组织的概念进行了厘清。该办法明确规定了三类相互保险组织及其设立条件，勾勒出了我国法规范意义上的“相互保险”的全貌。具体而言，依据《试行办法》第七条的规定，成立一般相互保险组织必须满足“拥有 500 个以上的一般发起会员”“1 亿元以上的初始运营资金”“健全的组织机构和管理制度”“具备专业任职资格的董监高”等条件。此外，虽然《试行办法》第八条和第九条对成立专业性或者区域性相互保险组织、以农民或农村专业组织为主要服务对象的涉农相互保险组织在资金条件和内部治理条件已经有了极大的放宽，但在基本的监管思路上与一般相互保险组织乃是一脉相承的。而由前文所述不难发现，对于网络互助计划这一新兴事物而言，在运营资金和内部治理条件两个方面上均不具备《试行办法》中规定的设立相互保险组织（尤其是一般相互保险组织）的要件。一方面，在资金条件上，设立一般相互制保险组织需要有不低于 1 亿元的实缴

---

① 夸克联盟：《夸克的牛人们：［夸克之家］邀你速来入驻!》，载夸克联盟官微，资料来源：http：//m. quarkers. com/Home/Index，2017 年 8 月 12 日访问。

② 刘欣琦、耿艳艳、孔祥：《借产品之优，起相互之风——我国相互保险发展展望》，载《国泰君安证券行业一般研究报告》，第 9 页。

货币资金作为初始运营资金，这显然是足以令网络互助计划的运营主体望而却步的门槛；① 另一方面，在内部治理条件上，当下虽有少数网络互助平台出于保障会员权利的考虑成立了会员代表大会，但其具体职权内容和日常运作状况尚处于非公开阶段，更未有平台在其官网上对其拥有合理的组织机构和管理制度进行说明。因此，现阶段网络互助计划的运营主体在专业性上仍存在较大的提升空间，治理体系也不够完整和有效，无论在形式上还是实质上都无法达到《试行办法》所载明的监管要求，自然不属于我国法规范意义上的相互保险。

承前所述，相互保险在我国范围内仍然如同一株刚刚破土而出的树苗。不过，将视野置于广阔的海外，相互保险已并非一个新生事物。作为历史最悠久、地位最重要的保险形式之一，相互保险肇始于英国，在20世纪中叶成为当时保险业的主要组织形式，② 且时至今日仍在世界保险市场上占据一席之地。因此，我们在把握相互保险的概念时也必须追本溯源，以国外的相关理论和法律规范为依托审视相互保险的内涵，而不能简单照搬《试行办法》中的定义。换言之，将网络互助计划排除在我国法规范意义上的相互保险之外不等于否决了其被纳入相互保险范畴的可能性。下文将从相互保险的核心意涵和组织形式出发，继续对网络互助计划的定性进行探讨。

（三）相互保险的核心意涵与组织形式

1. 相互保险的核心意涵。相互保险的核心意涵是法律和经济上的“相互原则”，它与股份保险的最主要区别是人员因素重于资本投入。③ 相互原则在法律上并无一个完全确定的指向，对它的解释有广义和狭义两种。按照广义的解释，相互原则侧重于强调相互保险组织会员的作用及会员彼此间的关系。作为面临同质风险的人们在日常生活过程中基于“互助”观念形成的制度安排，在相互保险中会员通过保险费的缴纳和追加实现对风险的团体承担。④ 此外，所有会员通常会共同参与相互保险组织的治理，影响组织意向的形成，并有权获得盈余分配。⑤ 而按照狭义的解释，相互原则仅适用于表示会员与相互保险组织的关系。具体而言，这种关系包含社团关系和保险合同关系两个层面。⑥ 从法律条文出发，前一层面的关系显然重于后一层面，因为会员资

---

① 国家企业信用信息公示系统的查询结果显示，前述10家网络互助平台中，注册资本超过100万元的有9家，超过1 000万元的有6家。同时，仅有众托帮的运营主体上海仲托网络科技有限公司和壁虎互助的运营主体北京必互科技有限公司的注册资本超过了1亿元，两者的注册资本分别为10 000万元人民币和31 648.7314万元人民币，且均并非实缴。

② Wright, Janet; Virginia Wadsley; Janice Artandi (1994) . The History of the National Association of Mutual Insurance Companies, A Century of Commitment, 1895 - 1995. Indianapolis, IN: National Association of Mutual Insurance Companies. pp. 1 - 5.

③ 刘燕：《相互保险与股份保险比较》，载《中国金融》，2016 (24)。

④ Braun, A., Schmeiser, H. and Rymaszewski, P., 2015. Stock vs. mutual insurers: Who should and who does charge more? . European Journal of Operational Research, 242 (3), p. 875.

⑤ 方国春：《相互制保险公司治理的逻辑与价值》，载《保险研究》，2015 (7)。

⑥ [德] D. 法尼著，张庆洪、陆新等译：《保险企业管理学》，130页，经济科学出版社，2002。

格能且仅能通过“建立保险关系”来取得。① 但在实践中，保险消费者进行自主决策时考虑的首要因素往往是某一保险产品的“价格—收益”关系。也就是说，只有在消费者决定为某一款确定的保险保障支付对价时，其才会成为相互保险组织的会员。从这一视角出发，后一层面的关系理应重于前一层面。

有观点认为，随着相互保险组织业务范围的扩张和会员数量的迅速增长，有关相互保险中会员彼此间会形成保持多方面联系的“共同体关系”的假定已经变得不切实际，从狭义的角度理解相互原则更具价值。② 应当承认，此种观点充分考虑了相互保险组织的发展变迁历程和会员的经济理性，具有一定的合理性。但值得注意的是，相互保险组织的“社团性”日益减弱、会员“搭便车”心理不断增长所导致的管理效率低下正是20世纪90年代以来大量相互保险组织转制的重要原因。③ 由此可见，密切会员间的关系对维系相互保险组织的“相互性”至关重要，且互联网的普及也为会员的联络和沟通提供了更多的可能性。一言以蔽之，我们应兼采广义和狭义两种解释全面理解相互原则，并基于此确定相互保险及相互保险组织的定义。综上所述，我们认为，相互保险是指具有相同风险保障需求的人群，以“互助共济”“分摊风险”为目的自愿联合，通过“自己投保，自己承保”的方式办理保险的经济活动。④

2. 相互保险的组织形式。作为相互原则运用于保险业经营所形成的特殊组织，相互保险组织是指以“互助”而非“资本”为核心，不存在股东或者股本投入，由被保险人为自己办理保险，具有一定合作性质的企业组织。⑤ 根据国际合作与相互保险联盟提出的相互制社团的定义，凡能够体现相互原则、致力于满足会员的保险保障需求并以其利润提升会员服务的合法组织均可纳入相互保险组织的范畴。⑥ 前已充分阐明，相互原则可以从会员彼此之间关系和会员与组织关系两个视角解释。从一定意义上讲，正是对于相互原则的不同理解造就了形式丰富的相互保险组织。当然，“万变不离其宗”，从前述相互原则的基本内涵出发，相互保险组织分享了以下共性：⑦ 第一，它们的运营是为了服务于会员的利益，利润留存于运营中或者返还给会员。但必

---

① 德国《保险监督法》第20条对会员与相互保险组织之间的关系进行了阐释。该条文指出：“发起协议及章程应包括对发起会员资格的规定。取得会员资格的要求是与相互保险组织建立保险关系。” See German Insurance Supervision Act，Part III，Section 20，2016.

② ［德］D. 法尼著，张庆洪、陆新等译：《保险企业管理学》，130－131页，经济科学出版社，2002。

③ 孙立娟、李萤蕾：《日本相互保险公司的发展演变及其原因分析》，载《现代日本经济》，2013（2）。

④ 刘燕、李敏：《相互保险在中国：理念、特征与挑战》，载尹田主编：《保险法前沿》（第4辑），54页，知识产权出版社，2017。

⑤ 刘燕、李敏：《中国引入相互保险面临的挑战》，载《中国保险》，2015（12）。

⑥ 国际合作与相互保险联盟著，必互相互保险筹备组译：《认识相互保险实用手册》（中文版），8页。

⑦ The International Cooperative and Mutual Insurance Federation，The ICMIF Global Manifesto 2015：Protecting lives and livelihoods，资料来源：http：//www. icmif. org/publications/other/icmif－global－manifesto－2015－protecting－lives－and－livelihoods，2017年8月12日访问。

须注意的是，强调盈利并非相互保险组织的唯一目标或者主要目标并不等同于否认其追求利润的管理原则。相反，拥有恰当且平衡的运营者、会员、客户以及公众利益分享机制正是相互保险组织的核心特征，也是其保持可持续性和长期运营能力的关键所在。① 第二，它们采用民主的管理方式，允许会员参与组织管理运营，且其重要决策往往反映会员“集体且自由”的意志。② 第三，它们归属于特定人群，但也可以为更加广泛的客户群体提供服务。

依据上述定义，世界范围内能确定近40种相互保险组织。但一般认为，相互保险组织主要有相互保险公司、相互保险社、交互保险社和保险合作社等四种组织形式，且尤以前两种组织形式最为普遍。③ 其中，相互保险公司指的是由有相同保险保障需要的社会成员作为投保人（保单持有人），以缴纳保费的方式形成初始运营资金并成为公司所有权人，同时又作为被保险人彼此之间通过公司接受保险保障的法人组织。④ 相互保险公司的初始运营资金允许来自保单持有人以外的主体，且其可以承接非会员保单。⑤ 而相互保险社是指同一行业的人群出于分散风险、弥补损失的考量，自愿结合形成的非法人集体组织。⑥ 作为保险组织的原始形态，相互保险社的运营较为简单，没有精细和周延的治理结构，通常仅设立一个专职或兼职受领薪金的负责人处理业务并管理社内事务。⑦ 与相互保险公司存有显著差异的是，相互保险社没有股本，运营资金全部来源于社员（保单持有人）缴纳的分担金，且其也不能承接非会员保单。由此可见，我国法规范意义上的相互保险在组织形式上主要限于相互保险公司。实践中，虽然截至目前保监会批准开业的三家相互保险组织均以“相互保险社”命名，但从其已经公示的相互保险社章程来看，三家相互保险组织对自身的定位均是企业法人，强调其初始运营资金全部来自主要发起会员借款，且可以承接非会员业务，这也完全契合相互保险公司的特征。⑧

（四）网络互助计划属于广义的相互保险

1. 网络互助计划的运营模式能够满足相互原则的基本要求。从网络互助计划运营主体的基本运营模式来看，其符合上述相互保险组织的第一和第三个特征自不待言。应当承认，现阶段网

---

① Faye Lageu, The regulatory challenge for mutuals: “balance”，资料来源：http://www.icmif.org/blog/regulatory-challenge-mutuals，2017年8月12日访问。

② Izak Smit, Leading the community of members in a mutual，2017年8月12日访问。

③ 贾林青：《保险法》，314页，中国人民大学出版社，2014。

④ 方国春：《相互制保险公司治理的逻辑与价值》，载《保险研究》，2015（7）。

⑤ 方国春：《我国相互制保险公司治理主体权利与配置研究》，载《保险研究》，2016（8）。

⑥ 张君：《论我国保险公司组织形式的多元化》，载《保险研究》，2002（5）。

⑦ 石东洋、袁冰、陈枕：《相互保险公司的种类及特性》，载《福建法学》，2013（3）。

⑧ 例如，我国第一家获批的众惠相互保险社在其章程第二十条规定：“本社初始运营资金全部以初始运营资金借款形式筹集。”第二百三十一条规定：“本社在接受会员保单的同时，也可以接受非会员保单，但必须符合中国保监会有关规定。”

络互助计划的运营主体无论在运营理念、产品设计还是资金的管理与使用上，均竭力保障会员的合法权益并致力于会员利益的最大化。即使是部分网络互助平台对会员收取管理费并探索周边盈利空间的行为，也可以从维持公司财务能力并追求积极财务表现等方面解释。而对于第二个特征，当下各网络互助计划的运营主体均意识到了会员民主管理的必要性并采取了行动，但这种行动往往缺乏精细的章程指引和有操作性的实施步骤，对其实际运营的作用仅止于“锦上添花”。事实上，作为从会员彼此间关系层面理解相互原则的一种组织形式，能否通过会员民主管理的方式充分维系其“共同体关系”，恰恰是网络互助计划能否被纳入相互保险范畴的关键所在。

综上所述，我们认为，从整体上看，网络互助平台的运营模式和发展趋向符合相互保险组织的共性特征，可以作为广义的相互保险而受到保险监管机构的监督管理。不过，就现状而言，网络互助计划的运营主体必须从下列几方面对其运营行为进行持续优化，以不脱离相互原则所能涵摄的语义范围：第一，完善会员制度，允许并积极引导会员参与计划的管理，确保重大决策体现会员的集体意志。第二，在会员民主管理的基础上形成科学合理、健康有序的治理结构。第三，改进网络互助计划条款内容，合理借鉴国外相互保险的“等待期制度”等先进的设计，通过精细且富有可操作性的互助条款有效保障会员合法权益。第四，高度重视网络互助计划的社团性特征，构建并维系会员彼此之间的“共同体关系”。为实现这一目标，应注重用户规模与用户质量的适当平衡，充分关注用户的成本认知和接受情况，做好长期可持续的信用建设。需要指出的是，倘若网络互助计划的运营主体缺乏在面向全民的运营过程中有效保证互助计划的社团性的能力，则主动将自身限制在特定的行业或者区域范围也不失为一个明智的选择。[1] 第五，筹集必要的初始运营资金或最小资本公积金。虽然前文已阐明网络互助计划无须遵循相互保险公司的资金要求，但具备适当资金条件仍是保证其偿付能力的重要举措。

2. 网络互助计划的运营模式较为契合交互保险的组织形式。基于网络互助计划属于广义相互保险的判断，自然产生其归属于何种相互保险形式的追问。有学者认为，网络互助计划类似于美国法上的交互保险。[2] 一般认为，交互保险是由有同质风险的会员共同签订“某一会员的风险由其他会员作为联合承保人共同承担”的协议，进而于会员间实现分散风险目的的组织。[3] 在交互保险组织中，会员既是保险人又是被保险人，会员申请入会需缴纳一笔费用以便用于对其他会员的赔偿金和组织的管理费用。为实现日常运营与管理，交互保险组织往往会委托一个代理

---

① 赵绰翔、郑苏晋：《相互保险是一种新型保险吗?》，载《清华金融评论》，2015（7）。

② 常鑫：《大陆相互保险发展与监管研究》，载尹田主编：《保险法前沿》（第4辑），77页，知识产权出版社，2017。

③ Norgaard, R. L., 1964. What is a Reciprocal? . The Journal of Risk and Insurance, 31 (1), p. 59.

人，依据交互保险协议其代理可以是永久的或者有固定期限的。同时，为确保代理人的行为与会员的集体利益一致，交互保险组织通常会成立一个由部分会员组成的决策委员会对代理人的行为进行监督并把控组织的发展方向。① 从美国的实践经验来看，对交互保险组织的监管以会员权益保障为核心，分别从最小资本公积金的设定、交互保险协议的必备条款、会员的准入与退出机制等方面着手。②

我们认为，从网络互助计划运营主体、互助契约内容、互助金来源等角度观察，网络互助计划和交互保险均具有高度契合性。③ 无论是网络互助平台抑或交互保险组织的实际代理人均非保险人，也不是互助金来源主体，其仅仅是这种相互保险形式的日常运营者。值得注意的是，在我国当前的网络互助计划运营模式下，是先有“平台”而后有“会员”，故网络互助计划运营主体所发挥的作用和拥有的权限也更大，往往会在参与信息撮合的同时影响互助契约的内容。不过，这并不影响网络互助计划性质上属于交互保险这一结论的得出，只是对网络互助平台的监管应参照美国对有永久代理权的交互保险组织实际代理人的监管，在力度上予以适当加强。

综上所述，网络互助计划在性质上属于广义相互保险已不言自明。当下，保监会强制性地将网络互助计划排除在保险市场以外，使得网络互助计划的经济实质与其法律表现形式长期不能统一。事实上，无论是网络互助计划的性质不清、定位不明，还是在实践中衍生出的非法经营保险业务、非法集资、侵犯网络互助计划参与人合法权益等法律风险，皆可归因于此种不统一。一言以蔽之，从尊重网络互助计划的经济实质、强化网络互助计划参与人合法权益保障两个视角出发，宜将网络互助计划纳入保险业的监管范畴。

（责任编辑：李一茗）

① Haskel, M. A., 2003. Legal Relationship among a Reciprocal Insurer's Subscribers, Advisory Committee and Attorney-in-Fact, The NY City L. Rev., 6, p. 35.

② Haskel, M. A., 2003. Legal Relationship among a Reciprocal Insurer's Subscribers, Advisory Committee and Attorney-in-Fact, The NY City L. Rev., 6, p. 35.

③ 金雪儿：《网络互助的性质定位与监管对策——以e互助为例》，载北京大学金融法研究中心官微，资料来源：https://mp.weixin.qq.com/s/6QZkkQCJu0P10a0SBdp9cg，2017年10月15日访问。

Financial Law Forum
金融法苑
2018 总第九十六辑

金融科技法制

美国数字货币监管考量及对我国的启示*

■ 张继红** 牛佩佩***

摘要： 数字货币作为区块链1.0应用，具有降低信任成本、提高交易效率、交易信息透明且安全等优势，但同时因其去中心化、匿名性、全球支付性等特点，也带来了税收、管辖、洗钱等问题，对传统金融基础设施造成了一定的冲击和影响。综观全球数字货币的法律监管制度，以美国为代表的国家及地区采取了积极的功能性监管态势，出台了较为细致的监管指引，强调了消费者权益保护和反洗钱规则的建立。近期，我国监管当局虽然全面禁止ICO业务，但未来我国仍须面对数字货币的发展。追踪数字货币的最新监管状况，汲取国际监管经验与教训，尽快对数字货币进行宏观审慎监管层面的顶层设计，同步建设数字货币的市场准入、过程监管、退出机制等，才能更好地平衡金融创新与安全之间的矛盾与冲突。

关键词： 区块链　数字货币　金融监管

2017年9月4日，央行、中央网信办、工信部、工商总局、银监会、证监会、保监会联合发布《关于防范代币发行融资风险的公告》，将首次代币发行（ICO）界定为非法公开融资的行为，禁止各类代币发行融资活动。① 同时，要求境内比特币交易所制订无风险清退方案，9月底前关停。国内三大比特币交易平台中，“比特币中国”和“微比特”两家已经正式宣布将关闭平台。一路高歌猛进的比特币交易，在中国被按下了暂停键。但是，这并不能抹杀比特币为代表的数字货币所具有的创新潜力，同样也并不意味着我国可在全球金融创新浪潮中完全置身事外。越来越多的国家将比特币等数字货币纳入法律监管范畴，我国也应遵循国际金融监管规律，进行数字货币法律监管框架的前瞻性研究，深入探讨可能存在的问题，做到从容应对、及早预防。

---

* 本文为基金项目——国家社会科学基金一般项目“大数据时代金融消费者信息权保护制度研究”（15BFX112）阶段性成果。

** 法学博士，上海对外经贸大学法学院教授。

*** 上海对外经贸大学2016级法律硕士研究生。

① 参见人民银行等七部门联合发布的《关于防范代币发行融资风险的公告》，资料来源：http://www.gov.cn/xinwen/2017-09/04/content_5222657.htm，2017年10月30日访问。

一、数字货币的概念厘定、优势及存在的问题

2008年11月，“中本聪”提出了点对点的电子现金系统，勾画了比特币的基本框架。2009年1月3日，创世区块形成，以区块链技术为基础的比特币系统正式诞生。比特币最早的汇率为1美元=1 309.03比特币，发展到2017年9月26日1比特币=3 400.70美元[①]。可以看出，比特币蕴含着巨大的发展潜力。

（一）数字货币的概念厘定

美国金融犯罪执法网络（FinCEN）2013年3月18日发布FIN-2013-G001指导文件，对数字货币作了界定，“数字货币是一种交换媒介，在某些情况下可以像真实货币一样使用流转，但并不具有真实货币的所有属性，并且在很多国家都不具有法定的地位。”[②] 美国国税局（IRS）2014年3月25日发布的指导文件Notice 2014-21，重申了FinCEN对数字货币的界定，并进一步明确了比特币是可兑换数字货币的典型，可以购买或兑换成美元、欧元或者其他真实货币和数字货币。[③] 2017年7月14日至20日，美国统一法律委员会年度会议正在讨论中的《虚拟货币商业统一监管法案》（*Uniform Regulation of Virtual Currency Businesses Act*）将“虚拟货币”界定为，“以数字表示的价值，用作交换媒介，账户单位或存储价值；不是法定货币，不论是否以法定货币计价。”[④]

关于数字货币，目前的界定非常模糊，往往会与虚拟货币、电子货币相混淆。虚拟货币有广义与狭义的概念之分。狭义的虚拟货币仅仅指在网络虚拟环境中，由运营商发行，并且只能在其封闭系统内部使用的交换媒介，如Q币、网络游戏币等。广义的虚拟货币包括电子货币、数字货币以及网络游戏币等。电子货币是将传统法定货币在银行或其他金融机构中，以电子化、网络化、数据符号等形式存储和支付的法币形式。[⑤] 通常来说，数字货币是以密码算法学和计算机分布网络节点为基础，以数字符号形式存在的一种加密货币。数字货币可以分为央行发行的数字货币（法定数字货币）和私人发行的数字货币（即以比特币为代表的去中心化的数字货币）。两

---

① 参见2017年9月26日16时20分，火币网实时最新交易价格。

② FIN-2013-G001, Mar. 18, 2013.

③ IRS Notice 2014-21, Mar. 25.

④ 美国《虚拟货币商业统一监管法案》认为“虚拟货币”是无形的，以公钥和私钥为表现形式的计算机地址组成。为了实现地址之间的价值转移，用户应当同时获得公钥和私钥。虚拟货币的价值由市场决定，而非由政府或国际组织确定。“虚拟货币”不包括：(1) 软件或协议中虚拟表示价值的转移；(2) 商户提供一部分价值作为奖励计划，并且这些价值不能兑换为商户法定货币，银行信用证或其他可兑换虚拟货币；(3) 在线游戏、游戏平台中使用的数值表示的价值以及由同一出版商销售或提供的系列游戏。这里的对虚拟货币的界定，与数字货币相类似，排除了游戏币、电子货币等。

⑤ 井底望天、武源文等：《区块链世界》，248-250页，中信出版集团股份有限公司，2016。

种数字货币之间的根本区别在于央行发行的数字货币具有传统法定货币的全部职能，由央行统一发行和维护管理；以比特币为代表的数字货币则没有发行主体，而是基于区块链共识机制节点民主决定并共同维护。应该说，比特币是数字货币最典型的代表，不仅历史最为悠久，而且规模也最大。但是，随着新兴数字货币的不断涌现，比特币也遭遇了一定的冲击。①

表 1　数字货币与相关概念的比较

类别	数字货币	法定货币	电子货币	网络游戏币
发行主体	私人	央行	银行业金融机构	网络运营商
法偿性	无法偿性	无限法偿	有限法偿	无法偿性
适用范围	比特币等数字货币系统（依政策法律规定或有扩张）	不限	网络银行、手机银行或非现金支付终端设备	网络运营商封闭系统内部
流通方式	双向流通	双向流通	双向流通	单向流通
信用保障	全网共识基础上的网民信用	国家信用	国家信用、银行信用	企业信用

（二）数字货币的优势

相比传统货币形式，建立在区块链技术基础上的数字货币具有以下优点：

第一，降低信任成本以及交易费用，提高交易效率，实现远距离交易。区块链系统没有管理和维护中心，也不需要交易中介，其运行建立在数学算法的基础上，系统中的各节点在不了解交易对象的情况下也能完成交易。② 相比传统交易通过银行等金融机构来实现的形式，其费用也大大降低。③ 实际上，这一点是非常重要的，因为发达国家的交易费平均为 2% 到 3%，在一些地区可以攀升到 10% 以上。而比特币允许人们将钱在全球范围内转移给其他人，成本只有几分钱，甚至没有额外的成本。数字货币通过分布全球的区块链系统来使用，可以实现远距离传输，促进国际交易结算更加便捷。

第二，交易信息更加透明化。比特币系统中储存了创世区块以来的全部交易信息，所有的节点都可以自行进行查询、认证和下载，交易数据完全透明，不存在信息不对称的问题，有效促进资源优化配置和交易公平。完全透明的交易信息记录还为后续的审计查账、物流追踪等提供了

① 2017 年 4 月，英国剑桥大学发布的《全球加密货币基准研究报告》（*Global Cryptocurrency Benchmarking Study*）显示，比特币等加密货币正经历深刻变革，包括数字资产交易、存储、流通和发行的方式等。其中，还特别提及目前市值最大、出现最早的比特币市场份额已经被其他新的加密货币（如以太币、达世币、门罗币、瑞波币和莱特币等）稀释，过去两年内市场份额从 86% 降至 72%。

② Alberts, Jeffrey E. ; Fry, Bertrand. *Is Bitcoin a Security*. Boston University Journal of Science and Technology Law 21. 1 (2015): 1 – 21.

③ McCallum, Bennett T. *The Bitcoin Revolution*. Cato Journal 35. 2 (2015): 347 – 356.

便利，同时也提高了交易的可追责性，降低了信用风险，有效避免了传统信用中介在交易过程中操纵交易、内部舞弊等现象的发生。

第三，安全程度高、交易信息不易篡改。数字货币去中心化的特点使得所有的交易信息被保存在系统各个节点上，没有中央服务器，防止了黑客等对中央服务器攻击导致整个系统瘫痪的局面出现。其采用共识机制，绝大多数的矿工都会出于维护自身利益最大化的考虑，诚实挖矿，维护整个系统的正常运作，攻击者只有控制了全网51%的算力，方可修改交易记录、制造区块链分叉、获得双重支付、阻止特定交易、攻击特定的钱包位置。这种共识攻击的影响力非常有限。

（三）数字货币的主要风险

数字货币因其去中心化、匿名性、全球性的特点，易滋生犯罪，引发道德风险。虽然，金融科技创新需要得到支持和鼓励，但是数字货币对传统金融行业，特别是对整体金融系统的稳定和发展的负面影响也不容忽视。①

1. 数字货币易沦为犯罪活动工具。数字货币具有匿名性、不可追踪以及无国界、无地域限制等特点，易被用于洗钱、恐怖活动、毒品交易等犯罪，难以追究违法分子的法律责任。2011年上线的“丝绸之路”网站便是例证。该网站允许用户使用比特币进行交易，并且采用特殊技术，使得监管机构难以追踪其交易细节。一经推出就受到地下交易者的追捧，滋生大量毒品、非法枪支买卖等非法交易，交易物品涉及毒品、黑枪、信用卡资料、黑客服务和色情服务等。② 直至2013年10月2日“丝绸之路”网站站长乌布利希被美国FBI逮捕，该网站才被彻底捣毁。再如一些传销币MMM国际盘、维卡币、BBTCoin、LEO币等，打着未来货币和快速致富的旗号，从事传销诈骗等犯罪活动。2015年5月，MMM进入我国并迅速扩张，具有典型的金融传销特征，通过鼓励会员发展下线会员投资作为其计酬模式，涉嫌违反《禁止传销条例》，对现有金融市场秩序形成一定的负面影响，需要及时应对和规制。

2. 数字货币可能会变成影子货币体系，引发系统性风险。数字货币是建立在去中心化的基础上的，没有一个中间机构进行监管，同时也没有国家信用作为后盾，其成功运行建立在人们相信它可以被人接受的前提之下，一旦这种信用崩溃，将引发集体恐慌，那么场面会变得难以控制。③ 数字货币不具有法定货币的地位，却可以行使法定货币的支付、价值尺度功能，可能发展成为“影子货币”。如果其规模不断扩大，则可能会对现有金融体系造成冲击，引发系统性风险。

---

① 伦纳·库尔姆斯、廖凡、魏娜：《比特币：自我监管与强制法律之间的数字货币》，载《国际法研究》，2015（4）：110－128。

② V. Gerard Comizio. Virtual Currency: growing regulatory framework and challenges in the emerging Fintech ecosys－tem. North Carolina Banking Institute 21.（2017）：131.

③ Allen，Hilary J. \$ = *Euro* = *Bitcoin*. Maryland Law Review 76.4（2017）：877－939.

3. 数字货币的分散性使其面临独特的消费者保护问题。比特币交易的不可逆转性意味着，即使有合法的比特币还款请求，没有当前持有人的自愿转移，也没有真正的方法强制将虚拟货币资金交给受害方。由于没有中介监督机构，通过正式的法律制度解决案件的可能性很小，通常没有人主张和保护消费者利益。当平台倒闭、破产或者遇到欺诈、被盗后，消费者便难以追回其损失。由于数字货币的匿名性，消费者遭受财产损失后，即便所有的记录都存在于区块链系统之中，但却难以锁定真正的侵权人，也难以取证证明财产损失及因果关系等。

与此同时，比特币在网络平台上可轻松实现 24 小时不间断交易，没有涨停跌停限制，其价格大起大落频繁。由于数字货币不是建立在实体经济基础之上的，可以说是一种金融创新衍生产品，受不确定性因素的影响较大。当数字货币的价格被炒至虚高，严重偏离其实际价值时，便可能会产生经济泡沫，并由此引发金融危机。

二、 美国数字货币的法律监管

在金融创新与发展方面，美国一直走在世界前列，是全球数字货币发展的主要市场之一。早在 2013 年，美国金融监管部门对数字货币的实质性监管就已经开始了，并形成了联邦和州两个层面的监管体系。

美国虽然没有关于数字货币的统一监管法规，但美国金融犯罪执法网络（FinCEN）、美国国税局（IRS）、美国商品期货交易委员会（CFTC）、美国金融消费者保护局（CFBP）、美国司法部（DOJ）等都对数字货币的界定、应用以及犯罪预防、消费者权益保护等发布了相关报告和指引。其中，纽约州金融服务局（NYSDFS）更是率先对数字货币的业务监管建立了规范框架。美国将比特币界定为一类特殊的虚拟货币，将从事比特币交易的平台、支付中介等视为资金传递者（money transmitter）纳入监管范畴。围绕“资金传递者”这一核心，从市场准入、资金转移、反洗钱以及消费者权益保护等方面实施监管。

（一）准入监管

2015 年 6 月 3 日，NYSDFS 发布了对纽约州数字货币业务进行审慎监管的规定。[①] 5 月 7 日，纽约州发出了第一个数字货币业务经营许可证“BitLicense”，itBit 信托有限公司获得了许可证。

纽约州金融服务监管条例规定许可证是必需的，没有许可证不得从事数字货币业务，监管条例对数字货币业务进行了列举。[②] 纽约州监管者认为从事数字货币的传输、保管、存储、控

① New York Code, Rules and Regulations, TITLE 23. Department of Financial Services, Chapter I, Part 200. Virtual Currencies.

② （1）接收数字货币作为传输或发送；（2）代表他人对数字货币进行保管、存储、持有、维持控制和监管；（3）买卖数字货币作为一项客户业务；（4）进行货币兑换业务，包括将数字货币兑换为法定货币，将法定货币兑换为数字货币，以及将一种数字货币兑换为另一种数字货币；（5）控制、管理或发行数字货币。

制、管理、发行、买卖以及兑换业务的机构均属于该条例所监管的范围，都应该获得相应的许可证后，方可经营。同时，规定了两种豁免许可证申请的情况：（1）纽约银行法特许进行数字货币交换业务的人员和经监管机构批准从事数字货币业务的人员；（2）仅将数字货币用于出售或购买商品或服务的商人或消费者。申请者必须满足监管机构设定的维持持续经营所需的最低资本要求，进行客户资金的托管，同时做好相应的记录保存、财务报告和披露工作，配备相应的反洗钱计划、消费者权益保护机制、网络安全程序，保持其经营持续性，遵守联邦和州的法律法规。监管者对其财务状况、业务经验、责任承担等进行调查，如认为其符合申请条件，则以书面形式通知其结果，并发布许可。

2015 年 6 月 19 日，康涅狄格州颁布了修改康涅狄格州货币流通立法 Act 81，要求所有康涅狄格州运营的数字货币业务申请相应的许可证。立法不仅对货币服务企业如货币兑换和发行机构提出了要求，还为数字货币业务制定额外的标准。立法界定了“数字货币业务”，是指“用作交换媒介的以数字形式存储或融入支付系统技术的数字单位”。仅作为在线游戏等消费者奖励计划一部分，不能兑换为法定货币的虚拟货币则不包含在其中。数字货币业务必须保持足够的担保债券来应对数字货币价格的波动性。银行业务专员在颁发数字货币业务执照时，考查申请人提出的业务类型，如存在可能对消费者造成经济损失的不当风险，则可以拒绝发放许可证。

2017 年 7 月，《虚拟货币商业统一监管法案》再次强调准入监管的重要性。[①] 该法案第 2 章第 201 条对许可制度（License）进行了专门规定。许可申请人需要向注册部门提交申请人及行政执行官的基本信息、前五年的商业信息、申请人持有其他州货币服务许可证情况、业务获得资金存入银行名称地址、资金来源及最低净资产和储备金（第 209 条规定，最低净资产为 25 000 美元及保障业务运营的充足储备金）等监管者需要的信息。

（二）数字货币转移规则

美国联邦法规 31 CFR 第 103. 11（uu）项对货币服务提供者进行了界定和列举，并且对于货币转移服务商进行了规定。[②] 美国金融犯罪执法网络（FinCEN）发布指引规则 FIN - 2013 - G001 也对货币服务提供商进行了详细的规定和列举，明确银行保密法（BSA）适用于创建、获取、分发、交换、接受或传播数字货币的人员或机构。该指南将这些主体定义为用户、管理机构和兑换机构。用户不受 BSA 注册、报告、保存记录等规则的约束，而数字货币的管理机构和兑换机构则要受到约束。尤其是货币兑换者，除非限制或免除其适用该定义，否则一定要受到 BSA 的约束。根据 FinCEN 的规定，管理机构或兑换机构不是预付费交易的提供者或卖方，也不是外汇交

---

① Uniform Regulation of Virtual Currency Business Act, National Conference of Commissioners on Uniform State Laws, Available at http: //www. gongxiangcj. com/phpqrcode/upload/a745e61e9fae3a89019d682ada8653df. pdf.

② 31 CFR \ § 103. 11（uu）（5）.

易商。

根据银行保密法，银行和其他金融机构必须进行相应各项注册登记并做好记录保存工作。提供货币服务的企业需要在财政部进行注册并且配备相应的反洗钱措施和客户识别系统。2013年3月，FinCEN将此规则适用范围扩大到了从事“可兑换的虚拟数字货币”交易的金融市场参与者。

根据FinCEN规则，从事数字货币的兑换和管理的企业和个人都需要受到监管。兑换数字货币方是指将自身实际货币、资产以及其他数字货币兑换成特定数字货币的个人或企业。管理数字货币方是指从事数字货币发行并有权撤回的个人或企业。兑换数字货币方和管理数字货币方作为货币转移者，当它们接收或发送数字货币，买进或卖出数字货币时，就要受到上述规则约束，进行相应注册登记和记录保存工作。2014年，FinCEN在上述规则之下，又设置了四项规则，与银行保密法一起作为重要的监管和执法依据。① 之后，FinCEN还发布了四个适用数字货币平台监管法规的指导意见，② 为FIN－2013－G001指导文件的具体适用提供指引。

2014年9月12日，TeraExchange作为第一个在美国商品期货交易委员会（CFTC）注册的比特币衍生产品交易平台，开始受到CFTC监管。CFTC宣布将比特币衍生产品互换执行设施纳入注册和监管，宣布了比特币现货交易指数。③ 2015年9月，CFTC发布文件，将比特币代表的数字货币认定为大宗商品，与小麦、原油归类相同，将比特币期货期权交易纳入监管，交易行为要遵循大宗商品衍生品市场规则。2017年7月24日，CFTC表示，已经向纽约的比特币期权交易所LedgerX发放许可，允许其交易和结算比特币的衍生品合约。这是CFTC首次向数字货币衍生品交易发放许可。④ 2017年7月26日，美国证券交易委员会（SEC）表示数字代币的发售（ICO）将受到联邦证券法的监管。SEC表示这些DAO代币构成了证券，由此向投资者和行业参与者发出了警告。

（三）消费者权益保护规则

美国的监管当局针对比特币交易中可能存在的风险，向消费者进行提示、引导和建议。2014

---

① FinCEN Issues Guidance on Virtual Currencies and Regulatory Responsibilities, FIN－2013－G001, Mar. 18, 2013.

② October 27, 2014 Guidance: Application of FinCEN's Regulations to Virtual Currency Trading Platform, FIN－2014－R011; October 27, 2014 Guidance: Application of FinCEN's Regulations to Virtual Currency Payment System, FIN－2014－R012; January 30, 2014: Guidance: Application of FinCEN's Regulations to Virtual Currency Mining Operations; January 30, 2014: Guidance: Application of FinCEN's Regulations to Virtual Currency Software and Certain Investment Activity.

③ Press Release, TeraExchange, TeraExchange Launches First Regulated Bitcoin Derivatives Trading, Sept. 12, 2014.

④ 巴比特网站：“比特币的成长之路”，发布日期：2017年7月24日，http://www.8btc.com/bitcoin－growth，访问日期：2017年9月27日。

年8月，美国金融消费者保护局（CFBP）发布了关于数字货币的消费者指引文件《数字货币带来的风险》，对金融消费者进行数字货币投资给予建议和指导。① 同时该文件对消费者需要知道的关于比特币的风险进行了相应的提示，② 并且提供了一些建议，如在使用数字货币在平台上进行交易时，检查其是否按照美国金融犯罪执法网络的规定进行注册，了解交易的成本、费用及汇率等。

美国金融业监管局（FINRA）在2014年5月7日，发布了投资者提醒文件《比特币，有点冒险》，介绍了数字货币的概念和运行原理及存在的风险。③ 2013年7月23日，SEC投资者教育和宣传办公室就此发布了投资者提醒，告知投资者使用虚拟数字货币可能存在的潜在诈骗风险。④ 2014年5月7日，SEC再次发布投资者提醒文件，以使投资者了解涉及比特币和其他形式数字货币投资的潜在风险。⑤

（四）反洗钱规则（AML）

货币服务提供者及货币转移服务商需要建立相应的反洗钱机制，遵守反洗钱程序。数字货币服务提供者及转移服务商也不例外。美国联邦法规31 CFR第103.125项规定了货币服务业务的反洗钱程序。⑥ 符合美国联邦法规31 CFR第103.11（uu）项所界定的货币服务提供者，需建立合理有效的反洗钱程序，防止货币服务业务被用于反洗钱犯罪和资助恐怖活动犯罪。该程序的建立要与其所提供金融服务领域的风险大小及规模相适应，并且要按照财政部的要求，制作书面纸质版本，并制作副本以供查阅。

---

① CFBP. August 2014: Consumer Advisory: Risk to consumers posed by virtual currencies.

② （1）比特币价格波动大。在2013年，比特币的价格曾单日下降了61%。2014年，一天的价格曾下跌高达80%。（2）相比银行提供的金融产品或服务如信用卡等，数字货币获得的保护更少。数字货币并不同于常规的货币，不具有法定地位，不是由美国联邦政府、州政府或者中央银行来发行的。没有人有义务必须接受它作为支付或者将它兑换为真实货币。比特币“兑换亭”不同于传统的银行“ATM”，它是连接互联网的机器，允许插入现金兑换比特币，但是，它并没有连接到银行，缺乏期望的安全保障，还可能被收取高额的交易费用。（3）黑客攻击、欺诈风险。它的运行建立在数量庞大难以识别的计算机网络系统之上、世界各地的私人电脑之上，靠区块链技术来维护和更新。当通过数字货币进行交易时，要了解对方的信息，以防数字货币交易失败，要追偿价款损失维护权益时，难以联系到对方。数字货币并不存储在银行之中，而是储存于数字钱包里。

③ FINRA. May 7, 2014: Consumer Alert: Bitcoin: More than a Bit Risky.

④ See SEC Charges Texas Man with Running Bitcoin - Denominated Ponzi Scheme, SEC government website, available at https: //www. sec. gov/news/press - release/2013 - 132.

⑤ See Investor Alert: Bitcoin and Other Virtual Currency - related Investments, U. S. Securities and Exchange Commission website, available at https: //investor. gov/additional - resources/news - alerts/alerts - bulletins/investor - alert - bitcoin - other - virtual - currency. 该文件指出，比特币用户是欺诈或高风险投资计划的目标，区块链存在难以追踪、涉及全球范围、没有中央监管机构且难以冻结财产等特点使得执法机构的调查很难进行。投资者进行比特币投资时，要考虑其价格波动大、政府法规、安全性问题等风险，谨慎投资。

⑥ AML policy per 31 CFR \ § 103. 125.

了解你的客户（KYC）规则是指对客户的身份验证和识别。此项规则通常用于金融监管以及反洗钱监管。在数字货币反洗钱监管中，也要遵守上述规则。美国《爱国者法案》要求企业建立客户识别相应机制，在账户建立及管理过程中，了解相应的客户信息，保存相应的数据记录。联邦金融机构监察委员会（FFETC）建立了银行保密法/反洗钱信息库，为客户识别规则的适用提供了实际的指导。同时，美国银行保密法也要求银行和其他金融机构符合相应的客户识别程序。

2015 年 5 月 5 日，FinCEN 对 Ripple 公司进行了 70 万美元的罚款，因为 Ripple 公司在出售 XRP 过程中，违反了 BSA 的规定。虽然 Ripple 公司对于其子公司从事数字货币业务按照 FinCEN 规则进行了相应的注册登记，但其在销售 XRP 几个月的时间里没有配备相应的反洗钱措施（AML），也没有指定相关审查人员对其经营业务进行独立审查。从此执法案例可以看出，反洗钱措施必须在其数字货币经营业务中体现。

综上，美国数字货币的监管制度突出体现了以下特点：从形式上看，既有联邦法规、部门规则、州法规，又有软法性质的指引报告等；从监管机构看，以功能性监管为主，多分散于行政职权机构的部门监管，并无统一的监管规则；从内容上看，将数字货币的监管纳入现有金融监管体系之中，而非新设监管机构进行监管，以反洗钱、消费者保护为重点。

随着数字货币的发展，监管规则及其内容从单一环节更趋向全面、深入，最初只是在税收等领域对数字货币属性进行规定，而后针对证券、期货或者打击洗钱犯罪中所涉及的数字货币进行规范，并发布投资者、消费者风险提示等建议报告，在州一级层面出台对于数字货币业务较为系统全面的监管法规。同时，美国十分注重对数字货币业务开展者的市场准入和过程监管，这对于数字货币行业的起步、发展、风险防范和控制等都大有裨益。

总体而言，美国现行的金融监管体制，更强调对于金融产品或服务的功能性监管，面对金融市场的不断创新及出现的新问题，及时进行立法，突出体现了监管的能动性和灵活性，为我国数字货币的法律监管提供了经验借鉴。

三、 我国数字货币的监管思路

（一）现状分析

虽然我国比特币用户相对较少，但是交易量全球领先。由于不收取交易手续费并且提供杠杆类的融资炒币和卖空业务，国内交易平台一度占据全球比特币 98% 以上的交易量。① 2013 年 12 月，央行与工信部、银监会、证监会、保监会联合印发了《关于防范比特币风险的通知》（以

① 吴晓灵：《央行应负责监管比特币交易平台》，第一财经，发布日期：2017 年 3 月 9 日，https://www.sosobtc.com/article/19878.html，访问日期：2017 年 5 月 26 日。

下简称《通知》)，明确比特币不具有法偿性和强制性的货币属性，非货币当局发行的，不能也不应在市场上作为货币进行流通使用，只是特定的虚拟商品。换言之，我国并不承认比特币为代表的数字货币具有货币的合法地位。然而，我国并未禁止个人投资者交易比特币，而是采取严格监管的态度。

2017 年 1 月初，人民银行营业管理部对“火币网”和“币行”两家主要比特币交易平台开展检查。2 月初，人民银行营业管理部检查组约谈在京比特币交易平台，对其他从事比特币交易的“中国比特币”“比特币交易网”等 9 家在京的比特币交易平台主要负责人进行约谈，通报目前比特币交易平台存在的问题，提示交易平台可能存在的法律风险、政策风险及技术风险等，并提出明确要求。① 随着监管加强，国内平台比特币交易量骤减。3 月 7 日，央行召集北京数家比特币交易所召开通气会，并将一份监管草案下发以征求意见。草案要求，比特币交易所必须建立三项制度——反洗钱反恐怖融资制度、反洗钱上报制度和客户识别制度。② 9 月 4 日，央行等七部委发布防范代币发行的公告之后，我国境内比特币交易平台于 9 月 30 日前全部关停。

（二）监管思路

虽然我国已经禁止比特币交易，但这并不意味着我们可以一直处于避风港中，完全不受国际社会金融创新产品的冲击。禁止及限制只是暂时性措施，如何有效引导、规制才是发展的要义。

2016 年 1 月，我国央行召开数字货币研讨会，提出发行法定数字货币的战略计划，央行法定数字货币的原型系统 Demo 准备在 2017 年推出。央行发行的数字货币，具有传统法定货币的所有功能，能够大幅降低货币发行流通成本，便于对资金流向和交易信息实时跟踪和查询，增加经济交易透明度，减少洗钱、逃漏税等违法犯罪行为，提升央行对货币供给和货币流通的控制力以及货币政策的精准性。值得关注的是，数字货币的优势，更集中地体现为依靠区块链分布式记账、密码算法等强大的技术支持，可以在没有中心化管理机构的情况下自主、有序运行。我国法定数字货币的发行和流通主要目的是能够替代实物现金，降低传统纸币发行、流通的成本，提高支付结算的便利性，该系统主要由央行采用多种技术手段、程序设计和法律规则等进行控制和维护。事实上，这与以比特币为代表的数字货币体系“去中心化”的主旨和理念并不相同。而在对于数字货币的监管中，也必须严格区分法定数字货币与以比特币为代表的数字货币。

哈耶克的自由货币理论认为市场机制要发挥作用的关键是存在竞争，政府对于货币发行权的垄断对经济的均衡造成了破坏，竞争性货币制度具有可行性和优越性，货币非国家化是货币

---

① 不得违规从事融资融币等金融业务，不得参与洗钱活动，不得违反国家有关反洗钱、外汇管理和支付结算等金融法律法规，不得违反国家税收和工商广告管理等法律规定。

② 腾讯科技网：《央行将比特币交易所纳入反洗钱监管要求建立客户识别制度》，发布日期：2017 年 9 月 26 日，http：//tech. qq. com/a/20170318/019610. htm，访问日期：2017 年 9 月 29 日。

发行制度改革的根本方向，由私营银行发行竞争性货币（自由货币）来取代国家发行垄断性的货币是理想的货币发行制度。[①] 而比特币等数字货币恰好是这一理论在现实世界的最好验证。作为有着主权信用背书的法定数字货币，在其发展理念和方向上便偏离了自治理念，其与比特币为代表的数字货币的初衷大相径庭。但事实上，比特币等数字货币难以以没有任何第三方机构中间监管的形式长期存在，例如人们使用数字货币的程度可能取决于政府如何处理税收问题。[②] 虽然其支持者赞赏其分散性和独立性，但大多数人需要的是资金安全保障，有效监管才是数字货币能够合法运营的必要前提。

1. 数字货币的监管原则。

第一，维护金融安全和稳定原则。金融发展和监管的关键是维护金融系统安全和稳定。对于数字货币这种金融创新产品的出现，也是如此。数字货币极端的价格波动可能会增加金融市场的不稳定性，其去中心化的特点也会对传统金融设施造成冲击和影响。因此，当务之急是将其纳入现有监管框架，防范和化解可能蕴含的金融风险，维护金融安全与稳定。

第二，鼓励创新、合理适度原则。对于金融创新，尤其是金融衍生品的监管缺位是美国次贷危机发生的一个重要原因，从中吸取的重要教训就是保持金融监管和金融创新的同步。数字货币由于匿名性等可能产生金融风险和问题，必须予以重视，将其纳入监管视野。与此同时，也要鼓励创新，合理运用监管的自由裁量权，尊重市场主体的经营自主权，避免对市场的过度干预，从而抑制发展的活力。监管与创新并重，平衡市场和政府的关系。

第三，保护消费者权益原则。金融的发展是建立在信用基础之上的，保护消费者的合法权益，方能使其建立起对整个金融市场的信心，这也是金融行业得以生存和发展的关键。如果其合法权益不能得到应有保障，信任崩塌，会对整个金融体系造成威胁。具体到数字货币领域，更是如此，因其匿名性、法律监管缺位以及各国监管不协调等问题导致消费者维权艰难的困境，必须通过监管规则的设计加以改善、补足。

第四，国际合作原则。数字货币本身发展的跨区域性、全球性对于国际监管合作及全球治理提出了新的要求。一方面，我们应紧密跟踪国际监管新进展和新成果，积极参与国际相关组织的活动，能够在监管标准的制定中争取更多的话语权；另一方面，加快制定数字货币基础标准，完善国内法，推动我国优势技术转化为国际标准。同时，建立符合国际发展趋势和我国实际需要的国内监管制度和跨国家纠纷管辖权、法律适用的沟通协调机制，与其他国家监管当局积极开展关于打击跨国数字货币金融犯罪合作，实现监管信息共享和监管程序的对接。

---

① ［英］弗里德里希·冯·哈耶克著，姚中秋译：《货币的非国家化》，20－23页，新星出版社，2007。

② Adam Chodorow. Rethinking basis in the age of Virtury Currencies. *Virginia Tax Review Association* 36.（2017）：371.

2. 微观层面：具体规则设计。

第一，明确数字货币的法律属性和法律地位。美国监管当局首先对于数字货币的性质进行了界定，阐明其不具有法定货币的地位，但具备法币的一些流通功能。2017 年 7 月，澳大利亚的比特币立法，将比特币视为货币，废除比特币商品与服务税（GST），比特币交易者和投资者通过受监管的交易所和交易平台购买和出售比特币将不会再被征税。韩国 FSC 表示数字货币既不能认为是货币，也不能被认为是金融产品，对试图通过 ICO 来筹集资金的企业将加大惩处力度。我国在 2013 年《通知》中明确比特币只是特定的虚拟商品。实际上，对于数字货币的兑换、支付等业务的监管以及税收方面的监管等都需要以此为基础和依据。对于数字货币必须进行全面统一的定义，以便监管机构确定其是否以及如何符合各自的监管规定，而后决定是否予以规制。① 因此，我国需要对比特币出台更细化的规定，特别是其在税收法律中的地位也应加以明确。

目前对于数字货币的法律性质的界定，主要有三种：货币、财产和商品。虽然许多国家在立法中将数字货币认定为货币，但其实难成为真正的货币。毕竟真正的货币是由一个主权国家承认为法定货币，并且被人们广泛接受和习惯使用。而数字货币却往往只是对其感兴趣的投资者在使用。若将其视为财产的话，有助于其获得更多合法性，但是该界定更接近于持有而非作为货币进行交易。加之，与其他资本资产和投资一样，个人不得不缴纳因购买或出售比特币产生收益的税收。而如果将比特币等作为类似黄金、白银等商品处理，那么任何使用商品这个词的规则都可以安全地应用到虚拟货币上，而不必延伸和重新解释规则语言。② 对于数字货币的准确定性及相关税收等法律规则的明确将有利于形成投资者稳定的预期，有利于行业的规范发展。

第二，市场准入。建立企业从事数字货币业务的事前行政许可制度，严控准入标准，预先淘汰掉那些不具有相应资质的主体，可以有效预防和控制数字货币可能产生的风险。2017 年日本《支付服务法案》要求国内的比特币交易所必须获得财政部和日本金融服务局（FSA）的授权，否则不能作为数字货币交易所运行。③ 2017 年 7 月，韩国民进党代表 Park Yong jin 起草了三份修正法案，建议将数字货币操作者分为了“虚拟货币贸易商”“虚拟货币交易商”“虚拟货币经纪商”“虚拟货币发行者”和“虚拟货币管理者”五类，并且详细指出了具体的要求和违禁活

---

① Stephanie A. Lemchuk. Virtual whats?: Defining virtual currencies in the face of conflicting regulatory guidances. *Yeshiva University Policy & Ethics* Journal 15. (2017): 319.

② Stephanie A. Lemchuk. Virtual whats?: Defining virtual currencies in the face of conflicting regulatory guidances. *Yeshiva University Policy & Ethics* Journal 15. (2017): 319.

③ V. Gerard Comizio. Virtual Currency: growing regulatory framework and challenges in the emerging Fintech ecosys - tem. North Carolina Banking Institute 21. (2017): 131.

动。[①] 韩国要求以上五类数字货币操作者符合5亿韩元以上资金的准入条件，并经过FSC的授权，用户资金必须予以托管，购买保险或者具有付款担保。

数字货币业务经营者应向特定监管当局（如中国人民银行及其分支机构）提出业务运营的申请。之所以考虑央行作为数字货币的法定监管机构，主要原因在于央行作为我国法定货币的监管机构具有丰富的监管经验和较为齐备的人员和组织机构，对数字货币的监管更加便利和高效。[②] 央行可以根据申请企业的资本规模、资信和经营状况、组织机构设置、主要股东、董事和高管人员信誉及背景、风险管理措施和信息披露等因素来综合考察，以决定是否准予数字货币的经营许可证。同时，还要考察该企业是否建立相对完善的反洗钱机制、消费者保障制度、个人信息安全保障机制以及风险防控机制等。

然而，在准入条件的设定上，我们也应遵循适度原则，在管控风险的同时不应设置过于严苛的门槛而扼杀金融创新动力。例如，在纽约州发布BitLicense最终版本几周后，几家主要的比特币企业离开了该州，发誓只在其他不阻碍该技术的州和国家开展业务。[③]

第三，过程监管。一旦企业获得数字货币业务经营许可证，日常监管应突出主动监管，特别是技术在监管领域的应用。对经营者进行合理分类，实时了解行业及企业的发展状况，加强日常监管和动态监管，这里可以探索采用智能监管的方式，将监管规则写入区块链系统中，运用区块链技术对系统进行自动合规性监管，不仅可以降低监管成本、提高效率，还可以实现动态、持续监管的效果。

就监管对象而言，对于数字货币系统开发团队的监管几乎是不可能的，毕竟比特币建立在一个开放源代码的活跃社区之上。对于矿工的监管也同样无效，因为其并不能确认其记录的交易是否合法。[④] 对于数字货币平台的监管是目前最有效的措施。这里，监管对象包括：数字货币交易平台、数字货币钱包支付平台；提供数字货币资讯和信息的网络平台；为区块链平台提供服务的互联网服务提供商、数字区块链计算软、硬件提供商；以数字货币为基础的金融衍生产品及

---

① 巴比特网站：《韩国比特币监管法案面世，5亿韩元成市场准入门槛》，http://www.8btc.com/bitcoin-regulation-act-south-korea，访问日期：2017年9月28日。

② 2017年3月9日，全国人大代表、全国人大财经委副主任委员吴晓灵在回答第一财经记者提问时表示，今后对比特币交易平台的监管应是央行的职责，因为涉及反洗钱、外汇管理和支付结算。参见吴晓灵：《央行应负责监管比特币交易平台》，第一财经，发布日期：2017年3月9日，https://www.sosobtc.com/article/19878.html，访问日期：2017年5月26日。

③ See Evander Smart, California's Version of New York's Infamous 'BitLicense' Defeated in State Legislature, The Cointelegraph (Sept. 16, 2015), available at http://perma.cc/SR6W-59PH (observing the immediate reaction from the community following the final BitLicense announcement).

④ Samantha J. Syska. Eight-years-young: How the New York Bitlicense stifles Bitcoin innovation and expansion with its premature attempt to regulate the Virtury Currency industry. *Journal of High* Technology Law17. (2017): 313.

交易的主体等。

在消费者权益保护方面，要求经营数字货币的企业与消费者在签订合同之前披露重大交易风险、一般条款和条件、交易条款。以上信息披露，必须经过消费者确认，才算完成。交易完成后，企业需向消费者提供收据和交易凭证。同时，做好反欺诈工作，建立欺诈风险防范的信托和保险账户，分散消费者可能发生的交易损失，建立相应的纠纷解决和维权机制。央行还需要做好数字货币消费警示教育工作。在反洗钱方面，对服务、客户、交易对手相关的合法、合规、财务情况以及声誉风险等进行初步风险评估，并在此基础上建立、维护和执行反洗钱计划，建立客户识别程序和非法交易阻止程序。

同时，建立数字货币企业危机处置和市场退出机制，防范经营失败而可能引发的风险传染和系统性危机，切实维护消费者权益及整个金融业的稳定。对于无救助必要的企业，必须尊重市场"优胜劣汰"规则，建构有序退出机制。

此外，在法律责任方面，我国金融领域传统追责机制多以行政责任为主，刑事责任为辅，民事责任所占比重很小，不利于消费者个人维权行动。刚刚施行的《民法总则》第一百二十七条，明确规定了对"网络虚拟财产"的法律保护。作为网络虚拟财产的数字货币，应该说有了民事基本法的明确保障。除了刑事和行政责任的公法规制之外，民事责任领域可以作有针对性的细化规则设计，适当加重经营者的举证责任，可以考虑增加过错推定责任，来有效减轻消费者举证难等问题。

四、结语

技术进步是推动世界产业格局重塑的重要动力源泉，在技术层面，我们将永远面临一个未知的世界，计算机算法也会出现新的风险。当技术的发展速度远远超过既有法律框架时，新兴技术背景下的法律行为模式，能否适用传统的规则体系值得我们思考。区块链中的每个节点都可以将数据在网络上进行实时更新，建构的是一种全新的分布式数据库，可以在无第三方介入的情形下实现点对点的交易和互动。这是一种全新的社会公信和共识体系，其内部自动生成的交易规范及自治群体，已经在某种程度上淡化了中心监管机构的作用。相应地，技术主导下的金融创新，传统风险与新兴金融风险不断交替叠加，客观上要求金融监管立法必须借助新技术实现突破，不仅要完善旧体系，更要着眼于新体系的构建。金融监管的核心，既不能遏制创新的活力，又不能放纵风险的肆虐，我们既要给数字货币提供充足的创新空间，也需要予以合理引导、规范和协调，在一个弹性空间内可以适度扩张、试错。

（责任编辑：李逸斯）

共享单车押金及预付资金监管规则的反思与重构

■ 彭雨晨*

摘要：随着共享单车的普及，共享单车押金及预付资金的安全问题日益引发人们的关注。本文对共享单车押金及预付资金监管规则存在的问题进行了反思，认为押金监管规则并不能实现押金的绝对安全，监管部门对待预付资金的态度也过于严格。针对这些问题，本文提出了利用金钱质押制度重塑押金法律关系的解决方案，并建议参照单用途商业预付卡的管理规定重新设计预付资金监管规则。

关键词：金钱质押　金钱特定化　预付卡

一、 问题的提出

共享单车解决了城市“最后一公里”的出行难题，既方便又环保，因此深受大众的欢迎。不过，当骑行共享单车成为“全民风潮”时，共享单车企业却意外地掌握了一笔巨额押金和预付资金，其数量少则上亿元，多则数十亿元。巨量资金是各个资金链紧绷的共享单车企业眼里的“唐僧肉”，各个企业都在不同程度上存在使用用户资金的情况。一旦这些企业因为经营不善导致破产，这些资金的安全就很难保障，用户权益也将遭到损害。目前已经有共享单车企业破产导致用户押金难以退还的案例出现。①

2017 年 8 月 1 日，交通部等十部委联合发布了《关于鼓励和规范互联网租赁自行车发展的指导意见》（交运发〔2017〕109 号，以下简称《指导意见》）。《指导意见》从以下方面对共享单车押金及预付资金的安全进行了规范：一是鼓励企业免押金提供服务；二是要求企业将押金、预付资金交由银行存管以实现“专款专用”的目的；三是要求企业做好押金退还服务以达到“即还即退”的目标；四是要求企业通过正规渠道提供押金、预付资金的支付和退还服务；五是

* 北京大学法学院 2016 级硕士研究生。

① 张俊：《首家跑路共享单车：押金难退 创始人股东涉非法集资》，资料来源：http：//tech. sina. com. cn/i/2017 - 08 - 11/doc - ifyixiar9657099. shtml，2017 年 11 月 17 日访问。

要求企业在退出市场时也要确保用户资金安全。① 那么这些监管规则是否能够保障用户的押金安全呢？另外《指导意见》对预付资金采用了和押金相同的监管标准，这种做法是否有助于发挥预付资金的功能呢？如果这两个问题的答案都是否定的话，监管部门又应当如何修改监管规则才能兼顾安全与效率呢？

二、 对押金监管规则的反思

从实然层面上看，共享单车押金的所有权应属于企业。但是从应然层面上看，在押金长期不退的情况下，将押金所有权归企业所有并任由企业使用押金，这对用户来说并不公平。因为这种所有权安排使得用户不仅暴露在巨大的风险之下，而且得不到任何风险补偿。押金监管规则的一大任务就是要在实然层面上改变押金的所有权归属并确保押金安全。然而《指导意见》中的押金监管规则并未做到这一点。依据现有规则，共享单车押金仍归企业所有，用户仅对企业享有押金返回请求权。这一法律定性使得押金监管规则“确保押金绝对安全”的初衷很可能落空。

（一）共享单车押金的性质与归属

押金，是指债务人或者第三人将部分金钱交由债权人占有，债权人得于债务人不履行债务时以该部分金钱抵偿债务的担保方式。② 关于押金的法律性质，国内学术界主要存在两种不同的观点。观点一认为押金属于特殊的质押，债权人仅占有该部分金钱，金钱的所有权仍然保留在债务人或者第三人手中。③ 观点二认为在一般情况下押金属于债权性质的担保，债权人不仅拥有押金的占有权，而且拥有押金的所有权，只有在特殊情况下押金才可能构成金钱质押。④

本文更赞同第二种观点，理由如下。为了保护交易的便捷与安全，作为特殊种类物的金钱遵循“占有即所有”的原则。但在金钱质押法律关系中，金钱虽然被转移占有却没有改变其所有权归属，这与前述原则明显相违背。因此，金钱质押只有在极为严苛的条件下方能予以适用。最高人民法院在《关于适用〈中华人民共和国担保法〉若干问题的解释》（以下简称《担保法司

---

① 《关于鼓励和规范互联网租赁自行车发展的指导意见》第（十二）条规定：“鼓励互联网租赁自行车运营企业采用免押金方式提供租赁服务。企业对用户收取押金、预付资金的，应严格区分企业自有资金和用户押金、预付资金，在企业注册地开立用户押金、预付资金专用账户，实施专款专用，接受交通、金融等主管部门监管，防控用户资金风险。企业应建立完善用户押金退还制度，加快实现‘即租即押、即还即退’。互联网租赁自行车业务中涉及的支付结算服务，应通过银行、非银行支付机构提供，并与其签订协议。互联网租赁自行车运营企业实施收购、兼并、重组或者退出市场经营的，必须制订合理方案，确保用户合法权益和资金安全。”

② 孙鹏主编：《担保法精要与依据指引》，524 页，北京大学出版社，2011。

③ 马俊驹、余延满：《民法原论》，571 页，法律出版社，2016。

④ 王利明：《物权法研究》，1335－1336 页，中国人民大学出版社，2016。

法解释》）中规定，只有满足“金钱特定化”和“转移占有”这两个要件才能成立金钱质押。[①]而且《担保法司法解释》中对“金钱特定化”的形式有着严格限定，仅列举了封金、银行专门账户等形式。在这些形式中，作为质物的金钱，完全与质权人、质押人或者第三人的金钱相隔离。因此，如果押金没有在物理上实现特定化，并不能依法将其认定为金钱质押。此时，押金是债权性质的担保，交付押金的债务人只对债权人享有押金返还请求权。

用上述理论来检视《指导意见》中的押金监管规则就会发现，共享单车押金仅为债权性质的担保，并不属于金钱质押。虽然《指导意见》要求企业在银行开设专门存款账户用于存放押金，这一规则成功区分了企业收取的押金和企业自有资金，但是不同用户缴纳的押金仍然未加区分地存入同一账户。在这种情形下，不宜认定共享单车押金满足了“金钱特定化”这一要件。所以，用户和企业间并不成立金钱质押法律关系，而是普通的债权债务关系。用户在将押金移交给企业之后只享有债权，而押金的所有权则归属于企业。

（二）押金监管规则难以实现其目标

《指导意见》在押金缴纳、存放、退还等环节都引入第三方机构，从而尽可能实现押金与企业自有资金的分离，其目的是试图确保用户押金的绝对安全。虽然《指导意见》的规范不可谓不良善，但是囿于《指导意见》的法律效力位阶和押金的法律性质，其目的可能很难实现。

首先，根据《人民币银行结算账户管理办法》第十三条的规定，共享单车企业若想开立存放押金的专用存款账户，必须有法律、行政法规或者规章的明确规定，否则企业不能申请开立专用存款账户。[②] 因为《指导意见》只是多部门联合发布的规范性文件，[③] 而非部门规章，所以企业不能仅依据《指导意见》在银行开立专用存款账户。如此一来，《指导意见》希望押金能够专款专用的目的也就无法实现。

其次，即使押金能够存入专用存款账户，这一做法也不足以确保押金的绝对安全。从债务清偿的理论上讲，债务人应当以自己的全部财产偿还其所欠债务。既然押金所有权归属于企业，用户对企业所拥有的债权相对于其他债权人的债权也不具有优先性，那么当企业无法偿还银行贷款或者供应商货款时，债权人当然可以要求企业以押金清偿。

最后，《指导意见》要求企业退出市场时也需确保用户资金安全，这一规定在企业面临破产危机时形同具文。“确保安全”的表述十分模糊，如果其含义是要确保用户在共享单车企业破产

---

① 《关于适用〈中华人民共和国担保法〉若干问题的解释》第八十五条规定：“债务人或者第三人将其金钱以特户、封金、保证金等形式特定化后，移交债权人占有作为债权的担保，债务人不履行债务时，债权人可以以该金钱优先受偿。”

② 《人民币银行结算账户管理办法》第十三条规定：“专用存款账户是存款人按照法律、行政法规和规章，对其特定用途资金进行专项管理和使用而开立的银行结算账户。”

③ 部门规章均以部长令的形式发布，而《指导意见》并未以部长令的方式发布。

时也能得到足额清偿，那么这一规则有违反《破产法》之虞。因为用户享有的押金返还请求权属于无担保债权，在清偿时劣后于其他有担保债权，所以用户的押金安全并不能得到保障。甚至按照《企业破产法》（以下简称《破产法》）第三十一条的规定，在法院受理企业破产申请前六个月内退还给用户的押金，可能会被管理人追回。[①] 因此，当共享单车企业破产时，用户的押金安全并不能得到保障。

综上分析，《指导意见》虽然用心良苦，但是由于在制度设计上考虑不周，其确保用户押金安全的目标可能很难实现。

三、 对预付资金监管规则的反思

与押金监管规则相比，《指导意见》对预付资金的监管着墨甚少；同时《指导意见》将预付资金和押金等同视之，使用同一套体系加以监管。这种监管思路并不恰当，因为预付资金和押金完全是两种不同性质的资金，不能对二者等量齐观。

（一）预付资金的功能定位及权属划分

预付资金并非共享单车行业所独有，而是在商超、餐饮、美容等传统服务行业中普遍存在。所不同的是，传统服务行业多了单用途商业预付卡这一环节，消费者需要先办卡充值，再凭卡消费。作为互联网服务行业的代表，共享单车行业的充值、付款、退款等行为不再依赖于预付卡，都是通过网络完成，并记录在用户的个人账户中。虽然如此，共享单车的预付资金和单用途商业预付卡中储存的资金在功能定位上并无本质区别。

单用途商业预付卡可以提高商业交易的效率，对企业和用户都有益处。使用预付卡极大地提升了付款环节的便利度，避免了验钞、找零或者使用银行卡付款等烦琐步骤，节省了企业和用户的时间。[②] 除此以外，对用户来说，办理预付卡一般伴随着一定优惠，[③] 如“充 300 赠 100”，这样可以扩大同等充值金额的购买力。对企业来说，开通预付卡业务最直接的好处是可以提前获取未来应收账款，缓解企业生产经营过程中的资金压力；[④] 同时优惠活动建立在一定充值额度的基础上，这样有助于促进用户消费。[⑤] 和预付卡情形相同，共享单车的预付资金同样具有便利付款、补贴用户、变相融资、鼓励消费等功能。

---

① 《破产法》第三十二条：“人民法院受理破产申请前六个月内，债务人有本法第二条第一款规定的情形，仍对个别债权人进行清偿的，管理人有权请求人民法院予以撤销。但是，个别清偿使债务人财产受益的除外。”

② 林泽：《商业预付卡法律问题研究》，12－13 页，华侨大学法学院 2012 年硕士论文。

③ 赵云：《我国预付费消费合同法律规制探析——以消费者权益的法律保护为视角》，载《中国政法大学学报》，2013（2）。

④ 刘盛：《私法视域下的商业预付卡研究》，载《西南石油大学学报（社会科学版）》，2014（6）。

⑤ 林泽：《商业预付卡法律问题研究》，13 页，华侨大学法学院 2012 年硕士论文。

与押金充满争议的权属划分不同，无论从法律逻辑还是商业逻辑上讲，预付资金都应该由企业享有所有权。从法律逻辑上讲，在用户将预付资金交给企业之后，依据货币“占有即所有”的原则，预付资金即应该归属于企业所有，用户则享有要求企业提供约定商品或服务的债权，或者享有要求企业退还剩余预付资金的债权。从商业逻辑上讲，预付资金是企业将未来应收账款提前变现得来的收入。用户虽然承担一定风险，但是获得了一定优惠作为风险补偿。只要企业能够在未来交付商品或者提供服务，将预付资金划归为企业所有并受其支配并无不妥。

（二）预付资金监管规则有违法律逻辑和商业逻辑

《指导意见》从三个方面对预付资金的管理作出了规定：一是要求所有的预付资金都需要存入专用存款账户，并和企业的自有资金相区隔；二是要求预付资金的支付、退还服务应通过正规支付渠道；三是要求企业在退出市场时也要确保预付资金的安全。[①] 在这其中，第三项规则与前述押金情形类似，在企业面临破产风险时可能沦为一纸空文，此处不再赘述。而第一项“专款专用”的规定既有违行政法上比例原则的要求，也妨碍企业效率的提升。

从法律层面来讲，既然预付资金的所有权归属于企业，那么企业自然有权自由使用这笔资金。即使出于预防风险的考虑需要对企业使用预付资金的行为加以限制，监管部门也应当审慎对待，采用适当、必要、损害最小的监管规则，以符合比例原则的要求。[②] 而在风险可控的情况下（下文将对此展开论述），“专款专用”规则完全禁止企业使用预付资金，这并非损害最小的规则选项，明显与比例原则相违。

从商业层面来讲，“专款专用”规则最直接的影响是阻碍了企业利用预付资金进行融资，这对共享单车行业的发展十分不利。目前除了“ofo 单车”和“摩拜单车”，其他共享单车企业均难以获得银行贷款或者风投资本的青睐，普遍面临资金链紧张的局面。现在预付资金监管规则又禁止企业通过预付资金融资，这无疑使得中小型共享单车企业的资金环境更为恶化。在这种形势下，中小型共享单车企业可能只剩下直接退出市场这一种选择。但是这种结果无疑会降低市场竞争强度，并朝着以“ofo 单车”和“摩拜单车”为主的寡头垄断竞争态势发展。参考网约车行业的发展历程，一旦共享单车行业形成寡头垄断，共享单车的使用费很可能会大幅提高，企业的服务质量很可能会下滑。如此一来，用户利益必将受到严重损害。此外，预付资金监管规则还会阻碍预付资金补贴用户、鼓励消费等功能的发挥。由于企业即使获得预付资金也不能从中

① 《关于鼓励和规范互联网租赁自行车发展的指导意见》第（十二）条规定：“……企业对用户收取押金、预付资金的，应严格区分企业自有资金和用户押金、预付资金，在企业注册地开立用户押金、预付资金专用账户，实施专款专用，接受交通、金融等主管部门监管，防控用户资金风险。……互联网租赁自行车业务中涉及的支付结算服务，应通过银行、非银行支付机构提供，并与其签订协议。互联网租赁自行车运营企业实施收购、兼并、重组或者退出市场经营的，必须制订合理方案，确保用户合法权益和资金安全。”

② 姜明安主编：《行政法与行政诉讼法》，74－75 页，北京大学出版社、高等教育出版社，2011。

获益，甚至还需要向银行缴纳管理费用，因此企业很可能不会采取优惠补贴手段鼓励用户缴纳预付资金。在缺少优惠的情况下，用户向企业缴纳大额预付资金的热情也不会太高，促进消费的目的也可能因此落空。

可见，预付资金监管规则既有违法之虞，也会对共享单车行业造成较大冲击并最终损害用户利益，而产生这一切的根源就在于监管规则没有把企业正当的利益纳入考量。

（三）放松监管并不会带来不可控的风险

《指导意见》之所以对预付资金加以严格管理，是因为放任企业收取、使用预付资金存在较大危险性，比如企业可能过度收取预付资金并携款潜逃。但是这种风险并非预付资金制度本身的问题，而是放任不管的问题。本文所称的放松监管，不是不对预付资金加以监管，而是在保障预付资金制度功能正常发挥的同时，对其加以精细化监管。如果我们审视单用途商业预付卡的监管规则和效果，就会发现放松预付资金监管并不会带来不可控的风险。

商务部出台的《单用途商业预付卡管理办法（试行）》（以下简称《管理办法》）是管理单用途商业预付卡的重要监管规则。首先，《管理办法》原则上允许企业使用预付资金，但是企业收取预付资金需要申报备案；① 而且《管理办法》限制企业收取预付资金的总量，比如“集团发卡企业预收资金余额不得超过其上一会计年度本集团营业收入的30%”。② 其次，企业收取的预付资金也不能全部使用，《管理办法》要求企业将一定比例的预付资金进行银行存管。③ 再次，即使是剩下的不需要银行存管的预付资金，《管理办法》也限制了使用范围，企业只能用于主营业务。④ 最后，《管理办法》将发卡企业分为集团发卡企业、品牌发卡企业、规模发卡企业和其他发卡企业，⑤ 并针对不同类型企业在预收资金总量、资金存管比例等指标上适用不同监管规则。⑥ 此外，《管理办法》还要求监管部门对企业进行定期或不定期的抽查，⑦ 并对违反规定的

① 备案具体要求参见《单用途商业预付卡管理办法（试行）》第二章的规定。

② 《单用途商业预付卡管理办法（试行）》第二十五条第二款：“集团发卡企业预收资金余额不得超过其上一会计年度本集团营业收入的30%。”

③ 《单用途商业预付卡管理办法（试行）》第二十六条：“规模发卡企业、集团发卡企业和品牌发卡企业实行资金存管制度。规模发卡企业存管资金比例不低于上一季度预收资金余额的20%；集团发卡企业存管资金比例不低于上一季度预收资金余额的30%；品牌发卡企业存管资金比例不低于上一季度预收资金余额的40%。”

④ 《单用途商业预付卡管理办法（试行）》第二十四条：“发卡企业应对预收资金进行严格管理。预收资金只能用于发卡企业主营业务，不得用于不动产、股权、证券等投资及借贷。”

⑤ 参见《单用途商业预付卡管理办法（试行）》第三条、第四条和第七条。

⑥ 参见《单用途商业预付卡管理办法（试行）》第二十五条、第二十六条。

⑦ 《单用途商业预付卡管理办法（试行）》第三十三条：“商务部和地方人民政府商务主管部门应对发卡企业和售卡企业的单用途卡业务活动、内部控制和风险状况等进行定期或不定期的现场及非现场检查。发卡企业和售卡企业应配合商务主管部门的检查。”

企业加以高额处罚。[①] 可见，这些监管规则构建了严密体系防范企业滥用预付资金，集团企业、品牌企业和规模企业收取的预付资金应有较好的安全保障。

目前共享单车企业数量只有70余家，[②] 远少于发行单用途商业预付卡的企业数量，监管难度并不大。如果监管部门对部分小型共享单车企业的信用不太放心，也可以通过设置一定市场准入标准规避小企业带来的高风险。

综上所述，既然精细化监管可以有效应对预付资金可能存在的风险，也不会妨碍预付资金功能的发挥，那么监管部门为何还要对共享单车的预付资金一禁了之呢？

四、 重构押金及预付资金监管规则的建议

共享单车押金和预付资金属于不同性质的资金，二者面临的风险也不相同。监管部门应当抛弃统一监管、粗放监管的做法，针对押金和预付资金存在的问题适用不同的监管理念和监管标准。在保障用户利益的前提下，放松对企业追求财富的限制。

（一）重构押金法律关系

按照《指导意见》的规定，押金归属于企业所有。要确保押金的绝对安全，就是要确保企业破产时，用户以外的其他债权人也不能追索押金。为此就需要通过法律结构的设计，将押金所有权从企业转移给其他人。对此本文认为可以通过构建金钱质押法律关系来解决这一问题。

在金钱质押法律关系中，企业作为质权人控制账户及资金，但是资金所有权仍然归属于用户。为构建金钱质押法律关系，需要做到以下两点：第一，金钱质押是要式行为，根据《物权法》第二百一十条第一款的规定，企业与用户需要订立书面质押合同。[③] 当然企业不必另行起草质押合同，可以只在共享单车使用协议中加入押金质押条款。根据《物权法》第二百一十条第二款的规定，质押条款中须明确约定用户和企业成立押金质押法律关系，用户缴纳的押金只能作为其使用共享单车行为的担保，由银行存管，企业不得挪作他用。[④] 第二，根据《担保法司法解释》第八十五条的规定，每一位用户的押金均需实现特定化。[⑤] 为此可以企业的名义为每一位

---

① 《单用途商业预付卡管理办法（试行）》第六章针对不同情况设置了不同处罚标准。

② 孙杰、刘少媚：《共享单车投放超1 600万辆》，载《北京日报》，2017-09-23（7），资料来源：http://bjrb.bjd.com.cn/html/2017-09/23/content_178096.htm，2017年11月6日访问。

③ 《物权法》第二百一十条第一款规定："设立质权，当事人应当采取书面形式订立质权合同。"

④ 《物权法》第二百一十条第二款规定："质权合同一般包括下列条款：（一）被担保债权的种类和数额；（二）债务人履行债务的期限；（三）质押财产的名称、数量、质量、状况；（四）担保的范围；（五）质押财产交付的时间。"

⑤ 《关于适用〈中华人民共和国担保法〉若干问题的解释》第八十五条规定："债务人或者第三人将其金钱以特户、封金、保证金等形式特定化后，移交债权人占有作为债权的担保，债务人不履行债务时，债权人可以以该金钱优先受偿。"

共享单车用户创建单独的专用存款账户存放押金，从而使每一位用户的押金不仅和企业自有资金相隔离，而且和其他用户的押金相隔离。只要满足了“书面质押合同”“金钱特定化”和“转移占有”这三个要件，在用户和企业间便可形成金钱质押法律关系，押金的安全就有了充分的保障。即使出现共享单车企业濒临破产的情况，用户也可以通过行使《破产法》第三十八条规定的取回权将押金从管理人处取回，① 从而避免企业其他债权人对押金的追索要求。

此外，对于《指导意见》法律效力位阶不够，企业不能依此到银行开立专门存款账户的问题。本文认为，要求交通部等十部委将其升级为部门规章恐怕并不现实。一种变通的处理方法是在各地出台相应监管规则时将其以地方政府规章的形式发布，这样就可以满足《人民币银行结算账户管理办法》第十三条的要求。

（二）重构预付资金监管规则

正如前文所述，绝对禁止企业使用预付资金并不可取。监管部门应该采取的态度是在原则允许的前提下，加强监管，堵住可能存在的监管漏洞。本文认为，应该参照单用途商业预付卡的监管办法从以下方面设计预付资金监管规则。

第一，树立安全与效率兼顾的监管理念。监管部门出于安全考虑绝对禁止企业使用预付资金既违反行政法理论，又有损企业效率提升。导致这一问题出现的根源是监管者没有从企业和市场的角度思考这一问题。市场监管应当尊重市场规律，监管部门在重新制定预付资金监管规则时，应当心怀安全与效率兼顾的监管理念。在安全可控的前提下，监管者应当尽量为企业营造宽松的监管环境，尽量不要使用“有形之手”干预市场竞争。

第二，限制共享单车企业收取预付资金的额度。适度收取预付资金对企业、用户都有益处，但是企业如果掌握了过量资金，很可能就会不再专心于主业，而产生携款潜逃的念头。预付资金可以成为共享单车企业融资的一个来源，但是不应成为其主要来源，更不应允许共享单车企业收取过多的预付资金。因此，本文建议共享单车企业收取的预付资金总量不得超过上一会计年度主营业务收入的40%，同时每一位共享单车用户的预付资金余额不得超过100元。

第三，要求企业提取一定比例的备付金，备付金需存入银行专用存款账户。因为用户可以申请退还账户内的预付资金，所以如果共享单车企业将收取的预付资金都投入使用，将延迟用户获得预付资金的时间。为保障这部分用户的利益，应该要求共享单车企业将部分预付资金交由银行存管，存管比例不低于上一季度预付资金余额的40%。

第四，限制共享单车企业使用预付资金的范围。《管理办法》将预付资金的使用范围限制在

---

① 《破产法》第三十八条规定：“人民法院受理破产申请后，债务人占有的不属于债务人的财产，该财产的权利人可以通过管理人取回。但是，本法另有规定的除外。”

企业主营业务，特别强调不得用于投资或借贷领域。① 本文认为，这种做法过于严格。共享单车企业除了可以将预付资金用于企业主营业务外，还应当允许其购买低风险的投资产品，当然高风险的投资活动应当予以禁止。

第五，根据经营风险等级的不同对共享单车企业加以分类，并适用宽严相济的监管标准。共享单车企业可以很明显地分为三个梯队："ofo 单车"和"摩拜单车"属于第一梯队，它们可以轻松获得风投融资，靠补贴抢占了大量市场份额，也掌握了大量用户的预付资金；"永安行单车"和"优拜单车"等属于第二梯队，它们也有一定资本支持，能够基本实现盈亏平衡，掌握了一定预付资金；其他共享单车企业属于第三梯队，它们很难获得融资，但也掌握了部分预付资金。这三个梯队的企业所掌握的预付资金数量依次减少，经营风险则依次增强。与之相对应地，监管部门的监管力度应当依次加强，采取定期和不定期检查相结合的监管方法，尽量做到提前发现并应对风险。

五、 结语

作为对共享单车乱象的回应，《指导意见》有颇多值得赞赏之处，但是其中的押金及预付资金监管规则仍然有不少问题值得我们认真反思。现有押金监管规则，因为无法突破货币"占有即所有"的原则，所以很难在法律上实现确保押金绝对安全的目的。同时预付资金监管规则过于严格，既限制了企业扩大经营的自由，也间接损害了用户的利益。针对这些问题，本文提出重塑押金及预付资金监管规则的建议。本文认为可以利用金钱质押制度将押金的所有权从企业手中剥离，从而保障用户的押金安全。另外本文也建议参照《单用途商业预付卡管理办法（试行)》的相关规定，重新设计预付资金监管规则，在原则允许企业使用预付资金的基础上，加强预付资金监管，从而实现安全与效率的和谐统一。

（责任编辑：李佳澎）

---

① 《单用途商业预付卡管理办法（试行)》第二十四条："发卡企业应对预收资金进行严格管理。预收资金只能用于发卡企业主营业务，不得用于不动产、股权、证券等投资及借贷。"

互联网票据理财的法律实质及其合法性问题

■ 李佳澎*

摘要： 当前互联网票据理财的主流模式为P2P与票据质押的结合。多数学者认为其业务模式与普通P2P并无二致，不过是借款企业以商业汇票为质押物向投资者借款，众多投资者共享票据质权。但投资者共享票据质权存在诸多法律问题，众多投资者作为票据质权人在法律上无法成立。真正的票据质权人是平台而非投资者。而揭开其业务模式的面纱，互联网票据理财业务模式的实质是类资产证券化业务。但类资产证券化业务也并非一无是处，互联网票据理财作为运行良好的一个范例，或许未来可以成为P2P资产证券化迈向合法化的先驱。

关键词： 互联网票据理财　票据质权　类资产证券化

2014年前后，互联网票据理财平台兴起，凭借着低风险等特点获得人们的青睐。比较知名的互联网票据理财平台有金银猫、金票通、票据宝等。虽然互联网票据理财冠以“理财”的名称，但从表面看其与普通P2P网贷在法律本质上一样，平台不过是居间人角色，借贷法律的双方是投资者与借款人。①

此前有很多论文探讨互联网票据理财及其法律风险②，但相关论述一则对于互联网票据理财业务模式的解读和法律分析出现错误，误将其解读为P2P+共享票据质权，没有真正揭示出互联网票据理财的业务本质；二则更多侧重于对其法律风险点和完善措施的讨论，讨论也仅限于泛泛而谈；三则写作时间在《网络借贷信息中介机构业务活动管理暂行办法》（以下简称《网贷办法》）出台之前，无法紧跟现行的监管法规。本文旨在从现行主流的“票据质押融资模式”入手，分析其模式上的实质性问题，即互联网票据理财属于类资产证券化业务，并对其予以讨论分析。

---

* 北京大学法学院2016级硕士研究生。

① 黄斌：《互联网票据理财的法律风险及防范》，载《金融法苑》，2015（91）。

② 此前关于互联网票据理财模式及风险的分析论述，参见黄斌：《互联网票据理财的法律风险及防范》，载《金融法苑》，2015（91）；宋彦珺：《票据类理财产品研究——以金银猫平台“银企众盈”产品为例》，载《互联网金融与法律》，2014（7）。

一、 互联网票据理财运营模式简介

现存的互联网票据理财平台无一例外地宣称自己是“P2P + 票据质押”，即票据质押融资模式，且已成为互联网票据理财平台主流运作模式。简单来说，借款人以一张票据为质押物，通过互联网金融平台发布借款标的向投资者借款，约定到期还本付息。① 作为借贷质押物的票据以银行承兑汇票为主，相对来说商业承兑汇票风险较大，占比较小。同时在发布借款产品时，不仅借款期限和票据期限一致，而且到期时借款人应当偿还的本息金额正好等于票据金额，可以保证该张票据足额担保。在交易过程中，平台受投资者委托与票据托管银行签订票据托管协议，由托管银行协助验票并代为保管。

与普通 P2P 到期由借款人归还借款并“取回”担保物的运作模式不同，互联网票据理财在回款时并不赎回票据，主要是考虑到借款到期时，赎回票据手续烦琐，会给双方带来额外的交易成本。票据质权的行使本就方便快捷，到期时质权人可直接通过票据托管银行发起委托收款，直接用票据托收款作为自己的收益，避免了回款时由借款企业先把款项归还再赎回票据等种种烦琐的程序。② 换言之，质权人无须借助借款企业的回款，即可自行实现质权，获得收益。

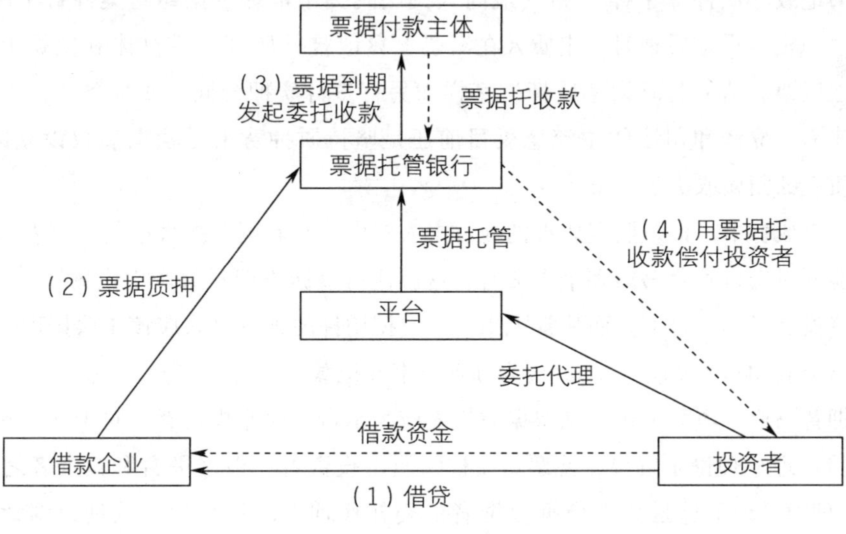

图 1　互联网票据理财运营模式

流程上，预先需要平台线下验票。由借款企业提供票据，平台验票审核通过后，与借款企业签订融资服务合同，允许其通过平台上线发布融资项目向投资者募集资金，同时约定后期通过

① 陆琦：《互联网票据理财的义务模式与风险辨识》，载《财会学习》，2016（6）。

② 陆琦：《互联网票据理财的义务模式与风险辨识》，载《财会学习》，2016（6）。

委托银行托收的方式偿付投资者，借款企业不再赎回票据。然后，就是如图1所示的线上发布借款标的以后的四步流程：投资者将资金借给借款企业，借款企业把票据质押，票据托管银行到期发起委托收款，用票据托收款偿付投资者。

从业务模式来看，互联网票据理财本质上是传统P2P网贷与票据质押的结合，与普通的P2P稍有不同的是票据是P2P借贷的质押品。整个交易帮助借款企业实现了变相的票据贴现，借款利率即为其自身可以接受的贴现利率；而投资者有票据作为担保，也降低了投资风险，双方各取所需。

二、票据质权法律问题

此前相关研究均一致认定投资者与借款企业之间构成直接借贷，众多投资者作为票据的质权人共享票据质权。① 但分析一带而过，漏洞颇多，尤其是对真正的票据质权人是谁这个问题并未给出正确的结论。

（一）票据质权的归属

票据质权的设立有其自身的要件。按照《票据法》第三十五条"汇票可以设定质押，质押时应当以背书记载'质押'字样"和《最高人民法院关于审理票据纠纷案件若干问题的规定》第五十五条"以汇票设定质押时，出质人在汇票上只记载'质押'字样未在票据上签章的，或者出质人未在汇票、粘单上记载'质押'字样而另行签订质押合同、质押条款，不构成票据质押"的规定来看，立法和司法的主流意见目前还是坚持质押背书是票据质权设立的必要条件。所以，票据质权的归属取决于背书。

如果需要完成背书，谁是票据质押的被背书人？由于互联网票据理财的投资者人数众多，一张票据不可能同时交付和背书给多个投资者，这就使得票据质押对象产生模糊性。② 投资者人数众多，难以将投资者一一背书。而从常识来看，票据质押的被背书人应该是票据理财平台。投资者和平台的《委托协议》约定"平台代为办理背书并记载"也印证了这一点。③

票据质押背书栏中填写平台，则票据质权人应为平台，而非投资者。对于这个问题，有人试图通过"间接代理"理论来解释，使票据质权归属于投资者。根据平台和投资者之间的《委托协议》，票据理财平台不过是众多票据投资者的委托代理人，只是代为处理票据背书等相关事项。借助于民法上的间接代理理论，尽管票据被代理人的名字没有出现在票据上，但鉴于委托代

---

① 宋彦珺：《票据类理财产品研究——以金银猫平台"银企众盈"产品为例》，载《互联网金融与法律》，2014（7）。

② 刘江伟：《互联网票据理财的法律风险及其化解建议》，载《西南金融》，2017（3）。

③ 宋彦珺：《票据类理财产品研究——以金银猫平台"银企众盈"产品为例》，载《互联网金融与法律》，2014（7）。

理法律关系，票据的质权人是投资者。[①] 因而，部分学者认为，互联网票据理财模式就是投资者和融资企业之间形成借贷关系，投资者“共享票据质权”的模式。[②]

笔者认为众多投资者享有票据质权的模式并不能成立，而借助于间接代理理论来进行解释更是错误的。理由主要有以下三点。

第一，票据代理必须以“显名代理”的方式作出。《票据法》第五条规定：“当事人可以委托其代理人在票据上签章，并应当在票据上表明其代理关系。”票据代理，尽管从民事代理衍生而来，但票据行为毕竟有其自身不同于一般民事行为的地方。[③] 票据是文义证券，票据上的权利义务只能依记载于票据上的文义而定。[④] 因而，民事代理与票据代理的一个显著区别在于民事代理实行原则的显名主义，兼以隐名方式进行补充；而票据代理坚持严格的显名主义，代理人在从事票据代理行为时，必须通过票据书面记载的方式，表明其所从事的仅仅是代理。

第二，票据和票据权利都具有不可分性。不可能有两个以上不同的所有人同时占有同一票据，也不可能同时存在两个以上的票据权利，由两个以上的主体享有。尽管《票据法》并没有专门规定票据的不可分性，但票据的不可分性早已成为学界共识。例如《票据法》第三十三条规定“将汇票金额的一部分转让背书或者汇票金额分别转让给二人以上的背书无效”即是不可分性在票据转让中的体现。所以，在民法上，权利人可以将自己的财产权利分割成若干部分，形成按份共有或共同共有。但在《票据法》上，权利人只能是一人。因而，所谓的众多投资者“共享质权”在《票据法》上不能成立。

第三，网贷平台上的投资者多数是自然人投资者。但一般认为，只有商事主体方可使用商业汇票。《支付结算办法》第七十四条规定：“在银行开立存款账户的法人以及其他组织之间，必须具有真实的交易关系或债权债务关系，才能使用商业汇票。”关于“使用”具体包括何种行为，支付结算办法并未给出明确含义。《支付结算办法》第二章第三节标题为“商业汇票”，条文涵盖从第七十二条至第九十六条。其中，第七十二条至第七十四条分别是关于商业汇票的定义（第七十二条）、分类（第七十三条）和使用（第七十四条）。然后余下的条文分别是关于票据的出票、承兑、提示付款等具体的票据行为。所以，从体系解释的角度，可将第七十二条至第七十四条理解为“商业汇票”的一个“总则”，其讲述了商业汇票的定义、分类与使用。既然规定在“总则”中，第七十四条的“使用”一词应包含签发、接受、背书、质押、提示付款等一

---

① 关于间接代理相关论述参见刘江伟：《互联网票据理财的法律风险及其化解建议》，载《西南金融》，2017（3）。

② 宋彦珺：《票据类理财产品研究——以金银猫平台“银企众盈”产品为例》，载《互联网金融与法律》，2014（7）。

③ 郑孟状：《票据代理中的若干法律问题》，载《中外法学》，1999（3）。

④ 谢石松：《试论票据代理中的法律问题》，载《中国法学》，1996（1）。

系列票据行为。所以，商业汇票权利主体限定为“在银行开立存款账户的法人以及其他组织”，普通自然人不可以作为商业汇票的权利主体。

综上所述，众多投资者绝非票据质权人，否则不仅有违票据法显名主义、不可分性等理论，更与支付结算办法相悖。抛开间接代理等“障眼法”，根据票据的显名主义，票据质权人应严格依据票据质押背书认定，因此，平台才是票据质权人。

（二）债权人与质权人的分离

互联网票据理财的借款协议上约定投资者和借款企业直接发生借贷关系。但根据前面的分析票据却质押给了平台，如此，质权人和债权人身份出现了分离。

《物权法》第一百七十九条规定：“为担保债务的履行，债务人或者第三人不转移财产的占有，将该财产抵押给债权人的，债务人不履行到期债务或者发生当事人约定的实现抵押权的情形，债权人有权就该财产优先受偿。前款规定的债务人或者第三人为抵押人，债权人为抵押权人，提供担保的财产为抵押财产。”《物权法》第一百七十九条对出质人和质权人身份作出明确规定，即出质人可为债务人或第三人，但质权人只能是债权人。与之类似，《物权法》有关抵押权的规定也限定了抵押权人只能是债权人。一般认为，这是担保物权从属于债权的体现。

既然如此，债权人不是质权人或者抵押权人，此种情况该如何处理？尤其当债权人要求实现担保物权时，是否允许其实现担保物权呢？从实践中的案例来看，各个法院的处理方法也不一样，有法院认为虽然主债权人与抵押权人不一致，但考虑到借款合同及抵押合同时间一致，数额一致、债权人、抵押权人、抵押人三方形成一致意见，并已办理抵押登记等情况，对原告（债权人）实现抵押权的诉讼请求予以支持。① 但也有法院认为根据《物权法》第一百七十九条规定，债权人应为抵押权人，加之《物权法》第一百七十九条规定抵押权不得与主债权分离而作为其他债权的担保，因此法院无法确认原告（债权人）享有抵押权，对于原告要求实现抵押权的诉讼请求，法院不予支持。②

这种债权人却不是质权人或抵押权人的情况多发于 P2P 领域。最高人民法院法官吴景丽，从技术方面对这一问题给出了未来的可能方向。她指出互联网金融的创新发展对现有的法律提出了挑战，法律应当跟进，可以探索网络借贷抵押登记制度，以解决出借人与抵押权人形式上不

---

① 参见岳阳市君山区人民法院民事判决书（2014）君民初字第 336 号，资料来源：http：//wenshu. court. gov. cn/content/content？DocID = 1e048c27 - d441 - 49a8 - 909e - 2f68abdbe757&KeyWord = % E5% 90% 9B% E6% B0% 91% E5% 88% 9D% E5% AD% 97% E7% AC% AC336% E5% 8F% B7，2017 年 11 月 4 日访问。

② 参见天津市和平区人民法院民事判决书（2015）和民一初字第 1024 号，http：//wenshu. court. gov. cn/content/content？DocID = fec7c223 - 14ab - 44f1 - a28f - 0414cf31872e&KeyWord = % E5% 92% 8C% E6% B0% 91% E4% B8% 80% E5% 88% 9D% E5% AD% 97% E7% AC% AC1024% E5% 8F% B7，2017 年 11 月 4 日访问。

一致的问题。[①]

三、法律实质：类资产证券化业务

以上是基于民法角度的分析，但我们看到诉诸纯粹的民事抵押质押登记制度的讨论，在解释上苍白无力。所谓的“网络借贷抵押登记制度”，姑且不论如何与线下的登记衔接，单是工商、车管、不动产登记管理等各部门之间协调就颇为头痛。而且所谓的“网络借贷抵押的登记制度”，也是漏洞百出，质押权设立不以登记为要件，通过网络登记制度解决质押方面的问题并不可行。另外，有些P2P平台提供投资者间债权份额相互转让，这意味着每发生一次转让，就要变更登记一次，无疑手续极为麻烦。

所以，网络借贷抵押登记制度不足以解决问题。尤其对本文重点讨论的互联网票据理财业务，票据质押本身即无须登记，诉诸于登记制度无异于缘木求鱼。如果我们跳出民法的思维，从金融法的角度，或许能有另一番见解。

（一）金融法视角下的审视

P2P网贷模式，向不特定投资者募集资金，在理论上本就构成公开发行证券。例如美国在监管P2P方面，基于其传统的证券法逻辑，将P2P网贷视为公开证券的发行行为，要求发行人必须按照证券法的要求进行注册。所以，P2P在实质意义上和债券发行行为是一样的，只不过鉴于现实需要，为P2P债券发行进行了某种程度的“豁免”。

P2P模式的演化某种程度上再现了债券市场从无担保信用债券向资产证券化迈进的历程。早期P2P采取无担保信用借贷形式，投资者能否得到偿付取决于借款者信用，与资本市场上的信用债券较为类似。但随着P2P的逐步发展及违约事件的发生，无担保信用借贷对投资者已没有吸引力。P2P平台开始探索将优质资产加入交易结构，以期降低投资风险。比如互联网票据理财就在传统的借贷中加入了票据这一资产。加入票据资产的根本目的是实现从借款人商业信用向资产信用的转化，打消投资者对借款人信用的疑惑。而互联网票据理财交易结构中的抵押质押等环节的设置是为了实现票据收益权的转移，是实现资产信用的一种工具。

而一旦P2P实现从商业信用到资产信用的探索，就有可能涉足资产证券化业务，也就是业界常说的P2P类资产证券化。

（二）互联网票据理财实质：类资产证券化业务

简单地说，资产证券化就是把能够产生稳定收入流的资产出售给一个独立的实体（SPV），由该实体以这些资产为支撑发行证券（所谓支撑的意思就是该证券由这些资产作为担保或者代

① 吴景丽：《P2P网贷中的担保、保理、配资和对赌问题》，载《人民司法》，2016（6）。

表了对这些资产的所有者权益），并用发行证券所筹集的资金来支付购买资产的价格。[①] 而标准意义上的资产证券化具有以下几个特征。首先，资产证券化是一种基于资产信用的融资方式。资产证券化偿付的来源主要是证券化基础资产及其所产生的现金流。其次，资产证券化是一种结构性融资方式。这种结构性，体现在证券化产品的结构性和参与主体的结构性上。最后，资产证券化是一种可以提供表外融资的融资方式。[②] 对于这几个特征，不妨对互联网票据理财进行一一的归入。

第一，互联网票据理财是基于资产信用的模式。资产证券化必须是以能产生可预见的现金流的资产为支撑而发行证券，也就是所谓的资产信用。[③] 与资产信用相对立的是发起人信用。究竟是资产信用还是发起人信用，最直观的表现是偿付投资者的资金来源不同，前者来源是资产产生的现金流，后者来源是发起人的还款。普通的 P2P 还款应当是到期借款企业来主动偿付，也就是发起人信用，但互联网票据理财并非如此。在互联网票据理财模式下，借款到期时，平台作为票据质权人，通过票据托管银行发起委托收款，然后票据承兑银行予以承兑付款，用这笔票据款项来偿付投资者。可以看到整个过程中，偿付投资者的资金不是来自原来的借款企业，而是票据产生的现金流。所以互联网票据理财是基于资产信用的模式，而且其基础资产是票据收益权。

第二，互联网票据理财是结构性融资方式。结构性体现在证券化产品的结构性和参与主体的结构性上。产品的结构性主要体现在发起人会根据资产的信用等级、期限、利率等对它们进行分解、重组等“深加工”，以及多样化证券化品种例如“优先级/次级”。参与主体的结构性主要体现在证券化参与主体的精细化和专业化分工上。[④] 由于监管的限制，互联网票据理财并未进行资产证券化业务例如区分优先级/次级，所以在产品的结构性方面并不明显，但在参与主体的结构性方面，其近似构建了完整的链条。首先，借款企业扮演了原始权益人的角色，它将自己持有的票据质押给平台。在这一过程中，借款企业与平台私下约定不再赎回票据，到期由平台直接发起票据委托收款。尽管双方并未签订一纸明文的票据收益权转让协议，但票据到期时，平台可以以质权人身份直接发起委托收款，通过票据质押实现了票据收益权的转移。其次，平台充当了发行人和计划管理人的双重角色。在典型的资产证券化模式下，应将基础资产出售给发行人，一般是特殊目的载体（SPV），再由 SPV 以证券化形式出售给投资者。在互联网票据理财模式下，由于票据收益权转移给了平台，所以平台充当了 SPV。当然，这仅仅是一种结构上的充当，因为平

---

① 彭冰：《资产证券化的法律解释》，18 页，北京大学出版社，2001。

② 洪艳蓉：《资产证券化法律问题研究》，16－19 页，北京大学出版社，2004。

③ 李尚公、沈春晖：《资产证券化的法律问题分析》，载《法学研究》，2000（4）。

④ 洪艳蓉：《资产证券化法律问题研究》，17 页，北京大学出版社，2004。

台无法真正发挥 SPV 破产隔离的作用。同时，由于到期需要由平台来发起委托收款，来收取票据资产产生的现金流，所以平台也是整个模式中的计划管理人。最后，投资者获得的是平台发行的以票据资产的信用为担保的证券。偿付投资者的资金来自票据的托收款。

第三，关于表外融资的问题，很显然互联网票据理财不符合表外融资的特征，它对于借款企业是一种表内融资。但表内融资和表外融资的问题似乎并不足以决定它是不是资产证券化。尤其是作为我国资产证券化重要形式之一的资产支持票据大量采用了表内证券化模式。所以表内融资的问题并不足以否定互联网票据理财不是资产证券化模式，不能改变其发行证券化产品的本质属性。

可见，互联网票据理财符合资产证券化的主要法律特征，其业务实质就是业界常说的 P2P 类资产证券化。而这显然违背了现行的监管办法。

（三）类资产证券化业务的逻辑及法律风险

其实，平台将业务做成类资产证券化业务，也有说不尽的“难言之隐”，主要来自两方面的考虑。

一是基于法律方面的考量，不得不采取类资产证券化模式，理由如上所述，票据的不可分性、显名主义、商事性都是其无法回避的问题。众多的自然人投资者无法成为票据权利主体，只能让平台加入其中，将票据质押给平台，再以票据收益权为基础“发行证券”。票据的不可分性、显名主义是否是绝对不可突破的呢？应当指出的是，票据诞生之初是作为支付结算工具而出现的，融资从来不是票据的“主业”，方便快捷的支付结算才是票据的使命。难以想象一张票据上有多个权利人如何方便、快速流转。而隐名代理等复杂的法律关系更是与追求简单明确快捷的支付结算相违背。所以，为互联网票据理财业务发展而要求票据和票据法去改变和突破，无异于“削足适履，杀头便冠”。

二是基于商业模式的考虑。互联网票据理财实际上就是帮助企业实现变相的票据贴现，解决贴现难问题。而传统意义上该业务由票据中介把持，且中介贴现利率较为稳定。所以，从降低贴现成本出发，借款企业在 P2P 上发布的借款利率必定低于中介的贴现利率。但从需求端看，P2P 票据理财的利率至少要跑赢货币市场基金，维持较高的利率，才会吸引投资者。票据理财产品“供给端”要求利率不能过高，“需求端”又要求利率不能太低，所以对于靠利差来维持生存的 P2P 平台来说，这是一个“薄利多销”的模式，必然要最大可能压缩每笔业务的成本。而 P2P 票据理财的最主要成本在于线下，集中在线下的验票和托管环节。采取类资产证券化模式，平台作为质权人直接发起委托收款，以票据收益权为还款来源，只需要在最开始交付票据时进行一次验票即可，省去了普通的 P2P 还款时解除质押返还票据等环节，降低了成本。

但是值得注意的是，互联网票据理财做成类资产证券化模式，给投资者带来的问题和风险也是显而易见的。有学者指出类资产证券化业务主要有法律风险、信用风险、道德风险、系统性风险四个方面风险。① 系统性风险应属所有金融业务普遍存在的风险，在此不予讨论。

首先是法律风险，主要体现为没有相关的监管法规体系，各主体的法律地位不明确，权利义务无法得到确认和保障。在互联网票据理财模式中，交易结构较为成熟，各方的法律地位还比较明确，问题主要集中在托管上，因为只要托管到位，保证票据安全，投资者的风险将会大大降低。但目前各家互联网票据理财平台对于自己的票据托管机构和托管协议都是遮遮掩掩、支支吾吾。加上《网贷办法》只是对平台资金托管作出要求，票据资产的托管就成为了盲区。问题也表现在两个方面。第一，票据质权人是平台，托管机构托管的是平台享有质权的票据，托管协议的效力只限于托管方和平台，换言之，托管协议是在为平台托管而非投资者托管，这就为平台可能挪用等问题埋下了隐患。第二，互联网票据理财在特定时间内有多少票据成为“入池资产”不仅事先无法确定，而且很难估量。事先无法预测和估量，那么事后通过托管报告的形式必然是自说自话，是否发挥有效的监督作用无法得到验证。平台不把票据交给托管方，而是挪为己用完全是有可能发生的事情。

其次是信用风险，主要是原始债务人的信用风险。在互联网票据理财中，银行承兑汇票几乎不存在信用风险，毕竟在当下银行破产尚属于小概率事件。信用风险主要集中在标的是商业承兑汇票时，作为原始债务人的承兑企业的商业信用风险。

最后是道德风险。这也是P2P类资产证券化业务最主要的风险。一般的P2P类资产证券化道德风险包括发起人的道德风险和网贷平台的道德风险。发起人的道德风险变现为将质量较差的“垃圾债券”包装成资产包，出售给毫不知情的投资者。但互联网票据理财是典型的单标型资产证券化，即借款企业以单独一张票据发布标的，整个交易结构的资产只有单张票据资产。在交易结构简化以后，投资者对于资产的质量、期限能有更清楚的了解，从而化解了资产包带来的种种风险，所以发起人的道德风险在此并不明显。较为棘手的是网贷平台的道德风险。在互联网票据业务中，票据的质权人是平台，而且发起委托收款时是以平台名义作出，托收款先流入平台账户，再分配给投资者。一旦平台“跑路”，投资者将血本无归。即使平台破产，投资者也只能作为一般债权人加入破产财产分配。

四、 互联网票据理财合法化的探索

互联网票据理财作为一款产品，一方面解决了部分企业贴现难的问题，另一方面又为投资者提供了“低风险、中收益”的产品，尤其是以银行承兑汇票作为标的，其不能兑付的概率极小，在商业模式上确有可取之处。但在法律上它属于类资产证券化业务，决定了其必须要面对《网贷办法》的考验。

---

① 徐英军：《网贷平台发行资产证券化产品的风险规制》，载《证券法苑》，2015（3）。

（一）《网贷办法》监管逻辑

《网贷办法》第十条列举了十三项网络借贷信息中介机构不得从事的活动，其中第（八）项“（八）开展类资产证券化业务或实现以打包资产、证券化资产、信托资产、基金份额等形式的债权转让行为”。现行监管规定对P2P类资产证券化作了禁止性规定。但监管者并不是单纯因为其模式上构成类资产证券化就对其加以禁止。无论是《网贷办法》还是银监会提出的十条监管原则，监管者一贯的思路是P2P平台只能做信息中介不能做信用中介。所谓的只能做信息中介即为P2P模式应尽可能接近于借款人与投资者之间的直接借贷，平台只起到撮合导流作用。其背后隐藏的监管逻辑是基于风险控制的考量。因为在直接借贷的模式下，投资者所承受的风险只有一个即债务人的信用风险。投资者不会受到平台“跑路”或者破产等因素的影响。

根据网贷之家发布的《P2P网贷行业2017年5月月报》，截至2017年5月底，网贷行业正常运营平台数量下降至2 148家，累计停业及问题平台数达到3 748家，仅2017年5月单月停业及问题平台数就达到了75家，其中问题平台19家（“跑路”4家、提现困难15家）、停业平台52家、转型平台4家。[①] 可以看出，平台发生问题对于投资者仍然是不小的威胁，监管者的思路总体是正确的。

那么从风险的角度出发，只要在P2P类资产化业务模式下，投资者的风险和常规的P2P模式一样，都只需承担债务人的信用风险，是不是允许类资产证券化业务也未尝不可呢？如果试图为互联网票据理财寻找一条出路，似乎这是使其获得合法化的最有利论据。

（二）互联网票据理财合法化进路

前文已对互联网票据理财业务的风险予以解释，所以笔者试图通过一些建议尽可能使其风险接近于直接借贷。

第一，关于法律风险，现行的《网贷办法》只明确了资金托管，对于互联网票据理财还应明确票据托管机构的法定职责和权利义务。同时，票据托管机构和资金托管机构主体同一，确认质押票据到位后再予以放款给借款人，防止平台和借款企业并未实现票据质押和托管就擅自发布标的等虚假行为，从事后托管主动“走向前台”实现事前监管。

第二，信用风险。当标的是商业承兑汇票时，投资者要承担承兑企业的信用风险。但是应指出这种信用风险和普通的P2P模式下借款人信用风险都是P2P能否偿付的直接决定性因素，二者具有相同性，只不过把借款人换成了承兑人。对于一个理性的投资者来说，对于商业信用需要投资者自身予以判断，这是其理所应当承担的风险。不过，在此应当对投资者作出特别的信息披露和提示，指明其能否得以偿付取决于承兑企业，引导投资者对承兑企业作出理性判断。

---

① 参见《月报：5月P2P平台数减少66家　问题平台19家》，载网贷之家：http：//www. wdzj. com/news/yanjiu/106602. html，2017年8月19日访问。

第三，关于道德风险如何化解，应当是重点解决的问题。毕竟 P2P“跑路”早已屡见不鲜。而化解的手段似乎也只有设置 SPV 这一条道路。其实，为 P2P 搭建 SPV 早已有先例。在机构投资者进入 Lending Club 投资以后，就意识到平台的风险。为了化解该风险，Lending Club 在对机构投资者发行相关产品（信托凭证）的时候通过自己旗下的一个子公司，一个具有破产隔离作用的 SPV 来发行。一旦 Lengding Club 破产，机构投资者不受 Lending Club 母公司破产的影响，有效规避了风险。①

但我国目前还没有 P2P 平台设置 SPV 的先例。在标准的资产证券化领域，我国发挥 SPV 作用的主要是特殊目的信托（SPT）和资产支持专项计划。但也不能盲目地将特殊目的信托和资产支持专项计划引入 P2P 类资产证券化领域，因为虽然从金融安全的角度出发，通过 P2P 平台发售信托、资管产品，将使 P2P 平台资产证券化得到稳定发展，但由于平台准入门槛不高，在工商登记注册地地方金融监管部门备案登记即可，就目前的金融分业监管体系而言，在未取得资质和缺乏相应监管的情形下销售信托、资管产品可能产生监管漏洞，影响系统性金融安全。② 况且互联网票据理财借款项目呈现小额分散的特点，一般以不超过百万居多，如果每单都设立一个特殊目的信托或资管专项计划，未免有大材小用、浪费资源之嫌。

所以，对于 P2P 类资产证券化业务并不一定要严格以特殊目的信托等形式，只需要做到单独建账核算，同时保证与 P2P 平台适度隔离即可。可行的路径有两条：一是由互联网票据理财平台设立子公司，然后由子公司作为一个整体性的特殊目的公司（SPC）来负责类资产证券化业务，保证即使平台“跑路”，投资者依然不受影响，并为每单产品单独核算。但是平台的子公司能否正常独立履行职责确实让人怀疑。二是由金融监管部门牵头设立专司 SPV 职能的非营利性实体公司（SPC），专门承接线上资产证券化业务，借助政府部门的公信力为网络证券化产品增信，像资产支持专项计划项目那样，做到每个线上 ABS 产品单独管理、建账核算。③ 如此既化解了 P2P 平台的道德风险，又方便监管部门对类资产证券化业务予以监管。

五、 结语

互联网票据理财至今仍活跃在 P2P 舞台上，并且每一次都是一售而空。当然我们看到其实质是类资产证券化业务。尽管目前类资产证券化业务仍是 P2P 的禁区，但它选择了较为优质的资产——票据，以单张票据发起 P2P 票据收益权资产证券化，既帮助企业解决了贴现难，又让

① 《还原真实的 Lending Club：它到底是不是信息中介?》，资料来源：http：//www. sohu. com/a/74068159_355147，2017 年 11 月 4 日访问。

② 陈柯晔：《论 P2P 资产证券化合法性视域下的特殊目的实体选择》，载《贸大法律评论》，2016（1）。

③ 徐英军：《网贷平台发行资产证券化产品的风险规制》，载《证券法苑》，2015（3）。

投资者享受到较高的收益。只要能明确各方权利义务、允许设置SPV方面给予其空间，那么其风险和普通的P2P并无大的差别。尤其是有银行承兑汇票作为质押标的时，风险甚至远远低于普通P2P。仅仅因为其属于类资产证券化业务就叫停禁止，不免让人感到惋惜。《网贷办法》不应成为互联网票据理财的阻碍，反倒应借助其监管思路，为我们探索票据理财业务迈向合法化提供了一定的思考和指引。

（责任编辑：李一茗）

《金融法苑》征稿启事

《金融法苑》由北京大学金融法研究中心主编，以金融法研究为对象，采用以书代刊的形式出版。自1998年创刊至今，《金融法苑》已公开出版百辑，目前一年出版两辑，每辑15~18篇论文，约20万字，由中国金融出版社出版。《金融法苑》已被北京大学法学院列为学院核心刊物，并自2014年起入选CSSCI来源集刊。《金融法苑》目前授予“北京大学期刊网”“中国知网”“元照数据库”“北大法宝”“超星数字期刊”等数据库电子版权。凡向《金融法苑》投稿的作者，视为同意上述授权，本刊所支付的作者稿酬已包含上述著作权使用费；如不同意，请在投稿时注明，编辑部将作适当处理。

《金融法苑》设有“热点观察”“专论”“金融实务与法律”“金融法前沿”“公司与证券”“银行与法律”“财会与法律”“保险与法律”“WTO与金融”“金融刑法”“金融创新”“金融监管”“金融法庭”“海外传真”等栏目，及时反映金融法理论、热点事件、立法与实务等最新研究成果和动态，文风活泼，文字清新，深入浅出，侧重阐明事理，解决问题。作为专业特色明显的刊物，《金融法苑》在学术界和实务界有着良好的影响，适合立法者、金融法务工作者、相关专业的师生阅读和参考。

为规范《金融法苑》用稿，提高编辑质量和效率，编辑部拟订《〈金融法苑〉写作要求和体例》，请投稿者务必自觉遵守。自2014年1月起，本刊只接受电子版投稿，投稿邮箱为：jinrongfayuan@126.com。投稿文档请按如下格式标明，并同时标注于邮件主题上：“投稿日期_ 作者_ 文章名”，例如：“20031022_ 吴志攀_ 银监会的职责与挑战”。

凡投寄本刊的稿件，请勿一稿多投。投寄本刊的稿件三个月内未收到编辑部用稿反馈的，可自行处理。在编辑部编辑稿件过程中，如遇到他刊拟采用的，请作者及时告知相应的决定，以免造成重复刊发。

有意投稿者还可关注北京大学金融法研究中心网站（www.finlaw.pku.edu.cn）和微信公众号（“Pkufinlaw”和“北京大学金融法研究中心”），获取金融法研究中心和《金融法苑》的出版资讯、学术活动、征稿主题等相关信息。网站地址和微信公众号二维码请见本辑封底。

《金融法苑》 写作要求和注释体例

一、 字数要求

一般不超过 8 000 字（包含注释，以 Word 的字数统计为准），特别优秀的论文可适当增加 1 000 ~ 2 000 字。

二、 编排体例

1. 文章标题：居中，三号加粗宋体字，标题一般不超过 25 个字，尽量不使用无实质意义的副标题；

2. 作者：居中，小四号宋体字，用 * 标记脚注，注明学习/工作单位、电子信箱、联系电话、通讯地址（邮编）等；

3. 中文摘要：小四号宋体字，不超过 300 字，写明文章的主要观点、研究方法等；

4. 关键词：小四号宋体字，2 ~ 5 个关键词，需体现文章核心内容；

5. 正文：目次采用“一、（一）1.（1）1）”顺序，尽量避免过多层次，标题加粗，全文小四号宋体字，1.5 倍行距，段前段后不空行；

6. 注释：采用当页脚注，每页重新编号，①②③格式，五号宋体字，单倍行距，注释间不空行。

三、 内容规范

文章需符合基本学术规范和著作权规则。对违反法律法规、学术规范的文章，由作者本人承担一切后果。

四、 格式规范

（一） 数字

1. 文章中涉及的确切数据一般用阿拉伯数字表示。例如：20 世纪 80 年代，不采用“1950 年代”的写法。

2. 约数用汉字表示。例如：大约十年，近二十年来。

3. 法律条文，应该以中文大写数字表示，包括所引用的法条中涉及的条款。例如：《中华人民共和国刑法》第十一条。引用法律或案例应准确无误，作者应核对与文章内容时点对应的有效法律条文内容，注意条文序号是否已被调整。

4. 农历的年、月、日一般用中文汉字；古代皇帝的年号也用汉字。例如："光绪二十九年"等。

（二）图表

1. 图表应简洁大方，同一图表尽量避免跨页排版。

2. 图表标题应标明序号，置于图表上方，图表下方注明资料来源。

（三）法律规范或其他规范性文件

1. 无论中西文法律或规范性文件，首次出现，写明全称（注明中华人民共和国），以后可以用简称，但需在首次出现的全称之后用括号界定。

2. 必要时，在法规之后注明其生效或实施时间。

（四）注释

1. 总体要求

（1）注释以必要为限，对相关文献、资料等来源进行说明，以便读者查找。直接引证不使用引导词，间接引证应使用引导词。支持性或背景性的引用可使用"参见""例如""例见""又见""参照""一般参见""一般参照"等；对立性引证的引导词为"相反""不同的见解，参见""但见"等。

（2）注释的标识位置。一般紧跟着要说明的词语或句子。一般地，注释标识放在逗号和句号后面，也可在句号前，根据所需注释的内容而定。涉及引号时，如果引号里有句号，注释标在引号后。如果引号里无句号，注释标在引号和句号之后。

（3）超过100字引文的处理。正文中出现100字以上的引文，不必加注引号，直接将引文部分左右缩排两格，并使用楷体字予以区分。100字以下引文，加注引号，不予缩排。

（4）重复引用文献、资料的处理。重复引用的，需标注全部注释信息，不采用同前注、同上注等简略方式。

（5）作者（包括编者、译者、机构作者等）为三人以上，第一次出现时，最好都列明，如果有主编，撰写者可以省略。第二次出现可仅列出第一人，使用"等"予以省略。

（6）引证二手文献、资料，需注明该原始文献资料的作者、标题，在其后注明"转引自"该援用的文献、资料等。

（7）引证信札、访谈、演讲、电影、电视、广播、录音等文献、资料等，在其后注明资料形成时间、地点或出品时间、出品机构等能显示其独立存在的特征。

2. 具体注释范例

中文作品

（1）专著

作者:《书名》(卷或册或版次),页码,出版社,出版年。

例如:

李琛:《论知识产权法的体系化》,第 110 页,北京大学出版社,2005。

储怀植:《美国刑法》(第 3 版),第 90 – 97 页,北京大学出版社,2005。

葛克昌、陈清秀:《税务代理与纳税人权利保护》,第 30、35 页,北京大学出版社,2005。

(2)编辑作品或编辑作品中的文章

作者及署名方式:《书名》(卷或册或版次),页码,出版社,出版年。

作者:《文章名》,载编辑作品主编人:《编辑作品名称》,页码,出版年,出版社。

例如:

刘剑文主编:《出口退税法律问题研究》,第 21 页,北京大学出版社,2004。

张建伟:《法与经济学:寻求金融法变革的理论基础》,载吴志攀、白建军主编:《金融法路径》,第 31 页,北京大学出版社,2004。

(3)译著

[国别] 作者著,译者译:《书名或文章名》,页码,出版社,出版年。

例如:

[美] 兰德斯、波斯纳著,金海军译:《知识产权法的经济结构》,第 460 页,北京大学出版社,2005。

(4)学位论文

作者:《论文名称》,页数,学校系所年份。

例如:

李英:《一般反避税条款之法律分析》,第 19 页,北京大学法学院 2004 年硕士论文。

(5)期刊、报纸类作品

作者:《文章名》,载《书名或杂志名》,年代和期数。

例如:

刘剑文:《论避税的概念》,载《涉外税务》,1999(2)。

刘军宁:《克林顿政府经济政策》,载《人民日报》,1993 – 03 – 23(6)。

(6)研讨会论文

作者:《篇名》,主办单位,"研讨会名称",时间。

例如:

王文宇:《台湾公司法之现况与前瞻》,韩忠谟教授法学基金会,"两岸公司法制学术研讨会",2003 年 7 月。

(7)法院判决、公告等

《名称》，（年份）编号名称（说明：具体名称是否添加根据文中情况判断。）

例如：

（2001）海知初字第104号民事判决书。

《国家税务总局关于出口货物退（免）税若干问题的通知》，国税发〔2003〕139号。

（8）网络资讯

原则上，如果同样内容有纸质文献，请选用纸质参考，以方便保存查阅。

文献内容（格式同上），资料来源：网址，访问时间。

例如：

王波：《台湾中正大学黄俊杰教授访谈》，资料来源：http：//www. cftl. cn/show. asp? c_ id = 478&a_ id = 1381，2005年4月17日访问。

外文作品

（1）基本说明

1）重复引用文献的，在再次引用时需标注出全部注释信息，不采用Id. 等简略形式。

2）文章标题大小写

除冠词与介系词之外，书名和文章名称的第一个字母都要大写。例如：A Theory of Justice.

3）缩写加上句点

例如：

e. g. ；等等：et al. ；主编：ed. ；第×页：p. ＊；第×－×页：pp. ＊－＊。

4）顺序和中文著作基本相同。多个作者之间不用顿号，而用“&”或者逗号。作者与书名之间用逗号；书名和杂志名用斜体，作者名、文章名用正体；文章名、书名无需书名号。

5）字体用Times News Roman

6）组织机构、法案名称等，第一次使用全称，后用括号注明英文全称和简称，之后可使用简称。

例如：国际货币基金组织（International Monetary Fund，IMF）

（2）著作

例如：

William E Scheurman（ed.），The Rule of Law under Siege，Berkeley：University of California Press，1996，p. 144. Bellow & Kettleson，The Politics of Society in Legal Society Work，36 NLADA Brief-case 5（1979），pp. 11－16.

（3）期刊文章

例如：

Robert J. Steinfeld，Property and Suffrage in the Early American Republic，41 Stanford Law Review 335（1989），p. 339.

关于《金融法苑》的订阅

感谢广大读者对《金融法苑》的喜爱和支持。北京大学金融法研究中心限于人手，无法一一为读者们办理纸质版杂志的订阅服务。为此，中心特委托《金融法苑》的出版商中国金融出版社代为办理，由其读者服务部具体承办《金融法苑》的订阅服务。

中国金融出版社读者服务部电话：（010）66070833　62568380

（在每本《金融法苑》的封二都可以查看到读者服务部的信息）

如您不想采用订阅的方式，也可通过当当网、亚马逊、京东或新华书店等网站购买到纸质版的《金融法苑》。

北京大学金融法研究中心

2015 年 1 月 30 日